Alfred Schüller und Stefan Voigt (Hg.)

Von der Ordnungstheorie zur Institutionenökonomik:
Rückblick und Entwicklungsoptionen eines Marburger Forschungsprogramms

Schriften
zu Ordnungsfragen der Wirtschaft

Herausgegeben von

Prof. Dr. Gernot Gutmann, Köln
Dr. Hannelore Hamel, Marburg
Prof. Dr. Helmut Leipold, Marburg
Prof. Dr. Alfred Schüller, Marburg
Prof. Dr. H. Jörg Thieme, Düsseldorf
Prof. Dr. Stefan Voigt, Marburg

Unter Mitwirkung von

Prof. Dr. Dieter Cassel, Duisburg
Prof. Dr. Karl-Hans Hartwig, Münster
Prof. Dr. Hans-Günter Krüsselberg, Marburg
Prof. Dr. Ulrich Wagner, Pforzheim

Redaktion: Dr. Hannelore Hamel

Band 90:   Von der Ordnungstheorie zur Institutionenökonomik:
           Rückblick und Entwicklungsoptionen eines Marburger
           Forschungsprogramms

Lucius & Lucius · Stuttgart · 2008

Von der Ordnungstheorie zur Institutionenökonomik

Rückblick und Entwicklungsoptionen eines Marburger Forschungsprogramms

Aus Anlaß des 50jährigen Bestehens der Forschungsstelle zum Vergleich wirtschaftlicher Lenkungssysteme

herausgegeben von

Alfred Schüller und **Stefan Voigt**

Mit Beiträgen von

Anne van Aaken, Leszek Balcerowicz, Thomas Eger,
Karen Horn, Wolfgang Kerber, Christian Kirchner,
Razeen Sally, Dieter Schmidtchen, Alfred Schüller,
Stefan Voigt, Dirk Wentzel

Lucius & Lucius · Stuttgart · 2008

Anschrift der Herausgeber:

Prof. Dr. em. Alfred Schüller
Philipps-Universität Marburg
Wirtschaftswissenschaftliche Fakultät
Universitätsstraße 25
35032 Marburg

Prof. Dr. Stefan Voigt
Philipps-Universität Marburg
Wirtschaftswissenschaftliche Fakultät
Barfüßertor 2
35032 Marburg

Bibliografische Information der Deutschen Nationalbibliothek

Die Deutsche Nationalbibliothek verzeichnet diese Publikation in der
Deutschen Nationalbibliografie; detaillierte bibliografische Daten sind
im Internet über http://dnb.d-nb.de abrufbar.

(Schriften zu Ordnungsfragen der Wirtschaft; Bd. 90)
ISBN 978-3-8282-0438-6

© Lucius & Lucius Verlagsges. mbH · Stuttgart · 2008
Gerokstraße 51 · D-70184 Stuttgart
www.luciusverlag.com

Umschlaggestaltung: Isabelle Devaux, Stuttgart

Druck und Einband: ROSCH-BUCH Druckerei GmbH, 96110 Scheßlitz
Printed in Germany

ISBN 978-3-8282-0438-6
ISSN 1432-9220

Vorwort

Die Marburger Forschungsstelle zum Vergleich wirtschaftlicher Lenkungssysteme wurde im Jahr 2007 ein halbes Jahrhundert alt. Aus diesem Anlass fanden am 19. und 20. Oktober 2007 eine Festveranstaltung und ein wissenschaftliches Kolloquium in der Alten Aula der Philipps-Universität und im Sitzungssaal des Marburger Schlosses statt. Der vorliegende Band enthält die Beiträge, die zum 50jährigen Jubiläum der Forschungsstelle präsentiert wurden.

Hauptredner des Festaktes am 19. Oktober war Prof. Dr. *Leszek Balcerowicz,* der sich seit Anfang der 80er Jahre der Forschungsstelle in besonderer Weise verbunden fühlt. In der schwierigen Umbruchzeit von 1989 bis 1991 sowie von 1997 bis 2000 war er polnischer Finanzminister und von 2001 bis 2007 Präsident der polnischen Nationalbank. In seinem Beitrag beschäftigt sich *Balcerowicz* systematisch mit der Frage, welche Wirkungen Institutionen auf das wirtschaftliche Wachstum haben.

Flankiert wurde die Festrede von *Balcerowicz* von zwei Beiträgen, die sich einerseits mit der bisherigen Institutstätigkeit, andererseits mit künftigen Entwicklungsoptionen beschäftigen. Im Beitrag zu den ersten 50 Jahren der Forschungsstelle wird ausführlich an *K. Paul Hensel,* den Gründer der Forschungsstelle erinnert. Dabei wird die auf dessen Wirken aufbauende und weiterführende Forschungsarbeit und Publikationstätigkeit auf dem Gebiet der Ordnungsökonomik und des wirtschaftlichen Systemvergleichs - mit weitläufiger internationaler Ausstrahlung – hervorgehoben.

Für die künftigen Entwicklungsoptionen wird aufgezeigt, dass nach der 1989 einsetzenden Systemtransformation und mit den weltweit vordringenden marktwirtschaftlich geprägten Systemen ein neues großes Kapitel des wissenschaftlichen Systemvergleichs begonnen hat – etwa im Hinblick auf die ökonomischen Konsequenzen unterschiedlicher Verfassungen des Staates, der Gerichtsbarkeit und der Demokratie. Die damit verbundenen institutionenökonomischen Fragestellungen erfordern eine stärkere Internationalisierung des wissenschaftlichen Systemvergleichs. In Ergänzung zur bisherigen Bezeichnung *„Forschungsstelle zum Vergleich wirtschaftlicher Lenkungssysteme"* firmieren die Marburger Forscher deshalb seit 2007 auch unter dem Namen *„Marburg Center for Institutional Economics"* – kurz MACIE. Auch für die Neuausrichtung der Forschungsstelle wird es darum gehen, bewährte Elemente aus der Vergangenheit mit neuen Elementen und Methoden der Ordnungsökonomik zu kombinieren. Dies zu fördern, ist das Anliegen der *„Doris und Dr. Michael Hagemann-Stiftung".* Die Stiftungsurkunde wurde von den Eheleuten Hagemann im Rahmen des Festaktes überreicht.

Mit dem wissenschaftlichen Kolloquium am 20. Oktober zum Thema „Entwicklungsoptionen der Ordnungsökonomik" erhielten Vertreter verwandter, sich zum Teil überschneidender oder auch konkurrierender Ansätze Gelegenheit, ihre Gedanken über die Zukunft der Ordnungsökonomik zu präsentieren und hierbei besonders das Verhältnis der eigenen Forschungsrichtung zur Ordnungsökonomik zu beleuchten. Hierfür möchten wir den Referenten und Korreferenten in der Reihenfolge ihrer Beiträge herzlich danken: *Christian Kirchner* und *Wolfgang Kerber, Thomas Eger* und *Dieter Schmidtchen, Razeen Sally* und *Anne van Aaken, Karen Horn* und *Dirk Wentzel.*

Für die freundlichen und überaus engagierten Grußworte danken wir dem Hessischen Staatsminister für Wirtschaft, Verkehr und Landesentwicklung, Herrn *Alois Rhiel*, dem Präsidenten der Philipps-Universität, Herrn *Volker Nienhaus*, sowie dem Dekan des Fachbereichs Wirtschaftswissenschaften, Herrn *Bernd Hayo*.

Zu Dank verpflichtet sind wir besonders Dr. *Michael* und *Doris Hagemann*, der *Hanns Martin Schleyer-Stiftung*, der *Universitätsstiftung der Philipps-Universität Marburg* und der *Marburger Gesellschaft für Ordnungsfragen der Wirtschaft e.V.* für die finanzielle Unterstützung der Veranstaltung und der Drucklegung dieses Bandes. In diesen Dank möchten wir auch Frau Dr. *Hannelore Hamel* für die redaktionelle Arbeit und organisatorische Hilfestellung sowie Frau *Christel Dehlinger* für die Herstellung der Druckvorlage einbeziehen.

Wir freuen uns, diesen Band nunmehr vorlegen zu können und hoffen, dass er viele Leser finden und zu neuen Ideen und Diskussionen über die Ordnungsökonomik und systemvergleichende Forschung für das 21. Jahrhundert anregen wird.

Marburg, im September 2008

Alfred Schüller   *Stefan Voigt*

Prof. Dr. *Stefan Voigt* (Leiter der Forschungsstelle/MACIE seit 2006), Prof. Dr. *Leszek Balcerowicz* (Warschau), Prof. Dr. *Alfred Schüller* (Leiter der Forschungsstelle 1976-2005), Dr. *Alois Rhiel* (Hessischer Staatsminister für Wirtschaft, Verkehr und Landesentwicklung)

Inhalt

Teil 1: Festveranstaltung

50 Jahre
Forschungsstelle zum Vergleich
wirtschaftlicher Lenkungssysteme

Alfred Schüller und Stefan Voigt (Hg.), Von der Ordnungstheorie zur Institutionenökonomik
Schriften zu Ordnungsfragen der Wirtschaft · Band 90 · Stuttgart · 2008

50 Jahre
Forschungsstelle zum Vergleich
wirtschaftlicher Lenkungssysteme:
Rückblick und Ausblick*

Alfred Schüller

Inhalt

---

* Die Vortragsfassung wurde für den Druck nachträglich durch Anmerkungen am Ende des Textes ergänzt.

1.   Einleitung

Viele Anwesende fühlen sich den Personen, die aus der Forschungsstelle ein Markenzeichen des Marburger Wirtschaftswissenschaftlichen Fachbereichs gemacht haben, eng verbunden[1]. Mehr als 30 Jahre konnte ich die Forschungsstelle leiten – in enger Zusammenarbeit mit meinem langjährigen Stellvertreter *Hans-Günter Krüsselberg* und der Geschäftsführerin *Hannelore Hamel*, nach Konstituierung der Forschungsstelle als „Wissenschaftliche Betriebseinheit" im Jahre 1979 mit den Kollegen *Wolfgang Förster, Ulrich Fehl, Wilhelm Meyer* und *Wolfgang Kerber* als Mitdirektoren und schließlich mit den Geschäftsführern *Ralf Weber* und *Thomas Welsch* in der Nachfolge von *Hannelore Hamel*. Ihnen allen, meinen Fachbereichskollegen, Mitarbeitern, Doktoranden und den zahlreichen treuen Wegbegleitern, geistigen und materiellen Förderern der Forschungsstelle, von denen heute viele unter uns sind, sei herzlich gedankt.

Wir feiern ein wissenschaftliches Erntedankfest und die Neubestellung des bisherigen Forschungsfeldes mit einem viel versprechenden Saatgut, von dessen hoher Qualität *Stefan Voigt*s bisherige Forschungsarbeit zeugt. Gleichsam als Früchtekorb der bisherigen Arbeit wurde Ihnen auf dem Weg hierhin das neue Verlagsverzeichnis der Schriften der Forschungsstelle überreicht, das Herr Prof. Dr. *von Lucius* freundlicherweise für diesen Tag hat erstellen lassen. Mit der folgenden Besinnung auf die Vergangenheit der Forschungsstelle ist beabsichtigt, das Zusammenwirken von drei Orientierungspunkten ins Blickfeld zu rücken: Personen und Institutionen in Abhängigkeit von Traditionen.[2]

2.   Hensel und die Forschungsstelle

Der Gründer der Forschungsstelle, *K. Paul Hensel,* wäre am 24. Januar 2007 hundert Jahre alt geworden. Auch deshalb gebührt ihm heute eine ganz besondere Würdigung. Das, was ihn zeit seines Lebens bewegte, prägt die Forschungsstelle[3] bis heute: die Logik und die Praxis der Entfaltung alternativer Wirtschaftssysteme. *Hensel* fand aus der Praxis den Weg zur Theorie. Von seiner Herkunft als Handwerker zeugt heute noch sein Gesellenstück aus dem Jahre 1925, ein stattlicher, ausziehbarer Konferenztisch im Stiftungszimmer der Forschungsstelle, Barfüßertor 2.

Bei der Arbeit mit Hobel und Säge wollte er wissen: Wie funktioniert die komplexe wirtschaftliche Wirklichkeit in Deutschland und im Ausland, was folgt daraus für die menschliche Lebenserhaltung und -gestaltung? Das ökonomische Denken vieler Intellektueller und Publizisten war ungeschult und konfus. Auch die *Kapitalismus-Sozialismus*-Debatte trug mehr zur geistigen Verwirrung als zur Klärung der damaligen krisenhaften Lage bei. Diese äußerte sich Anfang der 30er Jahren in einer beschleunigten, ja dramatischen Fortsetzung des vorangegangenen wirtschaftlichen, politischen und kulturellen Niedergangs Deutschlands und des Verfalls der freiheitlichen Weltwirtschaft.

Hensel dürfte gespürt haben: Überzeugende Antworten auf die komplizierten Wirtschaftsfragen der Zeit erfordern eine fachwissenschaftliche Ausbildung und Spezialisierung. Mit Hobel und Säge finanzierte er den Besuch der Abendschule. Mit der Begabtenprüfung konnte er 1931 in Berlin das Studium der Nationalökonomie beginnen und

1933 in Freiburg fortsetzen. Die „Freiburger Schule" mit *Walter Eucken* als führendem Kopf wurde *Hensels* geistige Heimat.

Mit dem Eindringen in *Euckens* Ordnungsdenken erhielt *Hensel*, seit 1. August 1938 Assistent bei *Eucken*, eine erhellende Vorstellung vom Aufbau, von der Funktionsweise und den Ergebnissen alternativer Wirtschaftssysteme. Als Frucht des analytisch nüchternen, vorurteilsfreien Umgangs mit dem neuen Systemwissen dürfte *Hensel* dann auch für *Euckens* wirtschafts- und gesellschaftspolitische Hauptfrage sensibilisiert worden sein: „Wie muß die Wirtschafts- und Sozialordnung beschaffen sein, damit sich in Freiheit ein menschenwürdiges, wirtschaftlich erfolgreiches Leben entwickeln kann"?[4]

Von *Eucken* wusste er: Die Begriffsgebilde „Kapitalismus" und „Sozialismus" sind für befriedigende Antworten völlig ungeeignet. Damit können die geschichtlich gewachsenen mannigfaltigen Ordnungsformen des Wirtschaftens nicht hinreichend genau bestimmt und in einen Zusammenhang von Gesamtordnungen gebracht werden, der einen systematischen Vergleich ermöglicht.

1940 wurde *Hensel* zum Dienst in der „Reichsstelle für Leder" verpflichtet. In dieser kriegswirtschaftlichen Planeinrichtung erhielt er eine Vorstellung von der komplizierten Praxis einer planwirtschaftlichen Lenkung. Sie war nicht durch schlichten Rückgriff auf den deutschen Staatssozialismus der Kriegswirtschaft des Ersten Weltkriegs oder auf den Organisationsplan der Deutschen Reichspost zu bewältigen, wie *Lenin* 1917 mit seiner terroristischen Machtpolitik auf verhängnisvolle Weise glaubte, ohne der Frage der Logik der Systementfaltung hinter der staatswirtschaftlich-dirigistischen Lenkungspraxis Beachtung zu schenken. *Karl Marx* hatte sich bekanntlich auf die Erforschung der „ökonomischen Bewegungsgesetze" des Kapitalismus konzentriert. Es lag ihm fern, für die sozialistische Gesellschaft und Wirtschaft eine funktionsfähige und menschenwürdige Ordnung zu entwerfen. Bis heute wirken die katastrophalen geistigen und materiellen Folgen des Versäumnisses, ja der Weigerung der Anhänger von *Marx* nach, sich um die Lösung des Lenkungsproblems in der genossenschaftlichen Gesellschaft „freier Menschen" zu bemühen, deren Entstehung von der Überführung der Produktionsmittel in Gemeineigentum erwartet wird.

Hensel stellte fest: Es gibt eine vergleichsweise leistungsfähige *Logik der marktwirtschaftlichen Systementfaltung*, die im Rahmen eines dezentralen Allokationsmechanismus mit Hilfe der preisgesteuerten Geld- und Wirtschaftsrechnung in der Lage ist, die – wie wir heute sagen würden – vier gesamtwirtschaftlichen Aufgaben einer *knappheitsgerechten* Information, Motivation, Koordination und Kontrolle wirtschaftlichen Handelns der Menschen zu lösen.[5] Dagegen überzeugte ihn die damals als Ergebnis der sog. „Rechnungsdebatte" auch bei *Eucken* vorherrschende Auffassung der Österreichischen Schule nicht, nach der eine ökonomisch zureichende Wirtschaftsrechnung in einem sozialistischen Wirtschaftssystem ohne preisgesteuerte Geldrechnung nicht möglich sei.

Hensels Antwort war die 1954 erschienene Habilitationsschrift „Einführung in die Theorie der Zentralverwaltungswirtschaft. Eine vergleichende Untersuchung idealtypischer Lenkungssysteme an Hand des Problems der Wirtschaftsrechnung".[6] Im Kern ging es um den Nachweis einer *Logik der Systementfaltung* im Rahmen eines zentralen Allokationsmechanismus mit Hilfe der Naturalrechnung:

Hierzu entwickelte *Hensel* im Rahmen eines vollständig zentral geplanten und gelenkten (idealtypischen) Wirtschaftssystems die Bedingungen für eine Mechanik der
Plansalden (genannt „Planmechanismus") als Grundlage für einen rationalen Rechnungszusammenhang zwischen allen Möglichkeiten einer *knappheitsgerechten* Verwendung der verfügbaren Produktionsfaktoren, gestützt auf die für Zentralverwaltungswirtschaften typische Methode der naturalen Bilanzierung knapper Produktionsfaktoren und Güter. Angenommen wird, dass der zentrale Wirtschaftsplaner von einer
gegebenen Rangordnung der Bedarfe ausgeht und über die für eine bedarfsgerechte
Produktion in sachlicher, zeitlicher und räumlicher Hinsicht erforderlichen Informationen, Anreize, Koordinations- und Kontrollmöglichkeiten verfügt. Es wird unterstellt,
daß die Akteure im Rahmen der vorgegebenen Regeln das tun, was die zentralen Planer
erwarten, um ihre Ziele zu erreichen.

In der Gegenüberstellung des „Preismechanismus" als Ordnungsprinzip der Marktwirtschaft und des „Planmechanismus" als Ordnungsprinzip der Zentralverwaltungswirtschaft sah *Hensel* die entscheidende analytische Grundlage für die vergleichende
Erforschung konträrer Wirtschaftssysteme.[7]

Allerdings räumte *Hensel* im Wissen um das problematische Verhältnis des institutionell Denkbaren und Machbaren ein: Die Annahmen seines Modells sind im *realtypischen* Programm von Zentralverwaltungswirtschaften nicht oder nur höchst unvoll-
kommen gegeben[8] – ähnlich wie auch reale Marktwirtschaften vom Allokationsmechanismus des Modells der vollständigen Konkurrenz weitgehend abzuweichen pflegen
und Fragen des menschlichen Verhaltens, der menschlichen Wissensnutzung und der
institutionellen Ausgestaltung für die Lösung des Informations-, Anreiz-, Koordinati-
ons- und Kontrollproblems aufwerfen, die mit dieser Methode nicht befriedigend zu
beantworten sind.[9]

So war bis Ende 1989 in realtypischen Zentralverwaltungswirtschaften die Möglichkeit einer knappheitsgerechten Verwendung der verfügbaren Produktionsfaktoren ausgeschlossen. Die gesamtwirtschaftliche Rechenmaschine bestand aus unzähligen tiefge-
henden Brüchen. Diese waren *unheilbar*, konnten also – im Gegensatz zu den *heilbaren*
Brüchen im Marktpreissystem – auch nicht durch noch so fein ausgetüftelte ökonomische Hebel der Rechnungsführung und Reformen der Wirtschaftsorganisation, die zur
„Vervollkommnung" des bestehenden Systems dienen sollten, überbrückt werden. In
Wirklichkeit entsprach die Reformrhetorik der zentralen Planer einem Antreiber, der
sich in der Rolle des Getriebenen gefangen sieht. Das praktische Scheitern der sozialistischen Wirtschaftssysteme bestätigt eindrucksvoll: Nach wie vor ist das nationalöko-
nomische Problem des Sozialismus das Problem der rationalen Wirtschaftsrechnung,
das im Hinblick auf die vier Allokationsaufgaben in der Praxis unlösbar ist.

Diese Erkenntnis hat nichts an Aktualität verloren, wie z. B. die institutionellen
Denk- und Handlungsmuster unseres Gesundheitssystems zeigen.[10] Diese sind mangels
Zulassung von Erfahrungen mit knappheitsgerechten Preis-Leistungs-Verhältnissen im
Rahmen eines geordneten Wettbewerbs von einem hoheitlichen Anordnen, Zuteilen,
Limitieren, Fördern und Betreuen beherrscht. Das Ergebnis ist eine hochgradig defekte
Rechenmaschine mit gravierenden Versorgungs- und Finanzierungsmängeln, mannig-
fachen Anreiz- und Steuerungsdefiziten. Auf dem Weg eines letztlich unausweichlichen

wettbewerbsorientierten Systemwechsels schleppt sich die Politik – wie bis 1989 großräumig im „sozialistischen Weltsystem" – von einer Organisationsreform zur nächsten –
verbunden mit dem Versuch, im Rahmen eines Gesundheitsfonds Wettbewerb ohne
substanzielle Wahlfreiheit, also nach sozialistischen Maßstäben zu initiieren. Manches
erinnert an *Lenins* Feststellung: „Jetzt, da eine sozialistische Regierung an der Macht
ist, besteht unsere Aufgabe darin, den Wettbewerb zu organisieren".[11]

3. Ordnungstheorie und Neue Institutionenökonomik

Das Österreichische, Freiburger und Marburger Ordnungsdenken[12], also die deutsch-
sprachige Art des Institutionalismus, betont im Umgang mit dem Knappheitsproblem
die Bedeutung der Wirtschaftsrechnung in Verbindung mit der Struktur der Eigentumsrechte (Property Rights) – nicht nur als Entscheidungsgrundlage für die Lösung des In-
formations-, Anreiz-, Koordinations- und Kontrollproblems, sondern zugleich für die
Erklärung des Prozesses der Institutionalisierung der verschiedenen Wirtschaftssysteme.

Wer vor diesem theoretischen Hintergrund des Systemvergleichs im Anschluss an
Ronald Coase[13] die Kategorien und Kalküle der Neuen Institutionenökonomik (etwa
Transaktionen, Transaktionskosten, Property Rights, Externalitäten, Vertrags- und Haf-
tungsregeln, Verfassungsregeln usw.) scharf ins Auge fasst, wird Verwandtschaften
erkennen, zwischen denen mehr Anziehendes als Abstoßendes besteht.[14] Deshalb wurde
in der Forschungsstelle in den letzten dreißig Jahren daran gearbeitet, beide Sichtweisen
zu verbinden, um den Blick auf Fragen der Entstehung, des Wandels (Stichworte: Reform und Transformation) und der Gestaltbarkeit von Wirtschaftssystemen zu schärfen
und den Zugewinn an Erkenntnis herauszuarbeiten – etwa im Hinblick auf das Verhältnis von Transaktionskosten und alternativen Property Rights-Strukturen[15], von gesetzten
und gewachsenen Ordnungen, formalen und informalen Regeln oder zur Klärung der
komplexen Beziehungen zwischen Unternehmensordnung und Wirtschaftsordnung.[16]

Freilich ist hierfür die ordnungstheoretische Systemorientierung unverzichtbar. Zur
Verdeutlichung können die Kategorien Property Rights und Transaktionskosten dienen:
Die Ökonomik der Property Rights deckt sich vom Grundverständnis her mit dem, was
in der Ordnungstheorie die Planungsrechte sind. In diesen sah *Walter Eucken* den „ar-
chimedischen Punkt", von dem alles wirtschaftliche Geschehen seinen Ausgangspunkt
nimmt. Unter diesem Blickwinkel der Freiburger Schule wurde herausgearbeitet, daß
die Theorie unsere Einsichten in das ökonomische Wirkungsspektrum der Planungsrechte nur bei Berücksichtigung von Hypothesen über die Eigenarten der jeweils bestehenden oder gewünschten wirtschaftlichen Gesamtordnung zu bereichern vermag. Diese
Erkenntnis ist meines Erachtens gleicherweise für die Property Rights-Analyse wie für
die moderne Transaktionskostenökonomik unverzichtbar. So lässt sich zeigen, daß die
Tranaktionskostenanalyse in Verbindung mit einer Analyse des Rechts relativ leicht
gegen spontane Marktlösungen missbraucht werden kann, wenn die Behauptung möglicher Transaktionskosteneinsparungen in der Gegenwart gegenüber den dauerhaften Anforderungen und Vorteilen eines offenen Marktsystems in einen ungebührlichen (Vor-)
Rang erhoben wird. Dies geschieht z. B., wenn die staatliche Einschränkung des dispo-
sitiven Rechts zugunsten des zwingenden Rechts mit Transaktionskostenvorteilen be-

gründet und der Vormarsch des unabdingbaren Rechts einseitig als das Streben nach rechtlich verlässlichen Bedingungen des Wirtschaftens gedeutet wird, ohne in Betracht zu ziehen, daß es hierbei um den Versuch geht, die Privatautonomie und den institutionellen Wettbewerb zu beschränken, um Sondervorteile zu sichern.

Wer das vermeiden will, muss sich um gründliche Kenntnisse der Funktionsweise des wettbewerblichen Marktsystems und deren Verbesserung bemühen. Dies gilt erst recht, wenn es – wie ich meine – zutreffen sollte, dass die Wettbewerbskräfte im politischen Bereich aus sich heraus nicht für die Entstehung effizienter Regeln sorgen. Die Ausführungen, die *James M. Buchanan* 1984 zur Relevanz bzw. Irrelevanz von Transaktionskosten gemacht hat[17], werden im Kern mit Argumenten begründet, die sich mit *Euckens* konstituierenden Prinzipien der Politik der Wettbewerbsordnung decken. Im Hinblick auf dieses Konzept und damit auf die Frage nach dem theoretischen Verständnis der Funktionsweise von Marktsystemen bietet die Neue Institutionenökonomik unzweifelhaft bemerkenswerte Möglichkeiten, um zu einem erweiterten und feiner strukturierten Verständnis der tatsächlich ablaufenden Wettbewerbsprozesse zu gelangen.

Insgesamt folgt aus dem Blickwinkel der Wirtschaftsrechnung in Verbindung mit der Struktur der Eigentumsrechte als der unverzichtbaren Entscheidungsgrundlage für die Lösung der vier gesamtwirtschaftlichen Allokationsaufgaben: Der wirtschaftliche Systemvergleich ohne diese ordnungstheoretische Systembestimmung wird „immer nur ein Torso bleiben".[18] Auch *Wladimir Gutnik* kommt in seiner Einführung in die von ihm besorgte russische Übersetzung der 6. Auflage der „Grundbegriffe zur Ordnungstheorie und Politischen Ökonomik" (Moskau 2006)[19] zu dem Ergebnis: Der Erkenntnis- und Gestaltungswert der amerikanischen Ausprägungen des Institutionalismus ist für schwierige Aufgaben der praktischen Wirtschaftspolitik (etwa in Umbruchsituationen) weniger hilfreich als die deutsche Ordnungsökonomik.

Mit dem Hinweis auf das Verwandtschaftsverhältnis von Ordnungstheorie und Neuer Institutionenökonomik möchte ich besonders *Helmut Leipold* erwähnen – seit 1971 Mitarbeiter der Forschungsstelle und nach seiner Habilitation Apl. Professor in Marburg. Sein 1975 zuerst erschienenes Buch „Wirtschafts- und Gesellschaftssysteme im Vergleich: Grundzüge einer Theorie der Wirtschaftssysteme" ist mit fünf Auflagen ein führendes Lehrbuch und nicht selten zur Pflichtlektüre im deutschen Sprachraum geworden. *Leipold* hat maßgebliche Beiträge zur Rezeption der verschiedenen Theorieansätze der Neuen Institutionenökonomik, deren Synthese mit der deutschen Ordnungstheorie geleistet und für Fragen des Systemvergleichs nutzbar gemacht. Sein 2006 erschienenes Buch „Kulturvergleichende Institutionenökonomik"[20] ist ein mutiger Schritt auf dem Weg, die Ordnungstheorie zu einem umfassenden sozialwissenschaftlichen Konzept der Ordnungsökonomik weiterzuentwickeln – im Sinne dessen, was *Wilhelm Röpke* im Anschluss an *Walter Eucken* eine „Synthese auf breiter Front" genannt hat[21] und was heute im Anschluss an *Ronald Coase* als Aufgabe der „New Institutional Economics" bezeichnet wird.

4. Theorie und Praxis

Die Gründung der Forschungsstelle im Jahre 1954 in Freiburg und deren Fortführung mit *Hensels* Berufung nach Marburg im Jahre 1957 diente vor allem

- der wechselseitigen Befruchtung von Theorie und Praxis,
- der Nachwuchsförderung (siehe Punkt 5),
- der Pflege von Auslandskontakten (siehe Punkt 6) und
- einer kontinuierlichen Publikationstätigkeit (siehe Punkt 7).

Der Kontakt zur Praxis erwuchs zunächst aus der politischen Teilung Deutschlands und der Möglichkeit, die Konsequenzen der gegensätzlichen Logik und Praxis der Systementfaltung für die materiellen Grundlagen der menschlichen Lebensgestaltung zu erforschen.

Es war aus dieser Sicht folgerichtig, dass *Ludwig Erhard* dafür sorgte, dass *Hensel* 1954 neben *Erich Welter* nachträglich in den 1952 geschaffenen Forschungsbeirat für Fragen der Wiedervereinigung Deutschlands berufen wurde. Damit wollte *Erhard* diesem Beirat, dem er wegen seiner korporatistischen Zusammensetzung misstraute, ein stärkeres ordnungspolitisches Profil geben.[22] Hierbei konnte sich *Erhard* auf *Euckens* Erkenntnis stützen:

> „Wir müssen uns daran gewöhnen, dass feierliche Fragen nach der geistig-seelischen Existenz des Menschen mit sehr nüchternen Fragen der wirtschaftlichen Lenkungsmechanik untrennbar verbunden sind. Schwärmer können diese Fragen nicht beurteilen; frei schwebende Spekulationen gleiten über die schwierige und kantenreiche Sache hinweg."[23]

Tatsächlich waren – nach den Protokollen der Sitzungen des Forschungsbeirates zu urteilen – *Hensel* und *Welter* bis zur Auflösung des Beirats 1975 die herausragenden kantigen Forscherpersönlichkeiten.

Mit einer ordnungstheoretischen Vergleichsanalyse können selbstverständlich keine zwingenden politischen Forderungen begründet werden. Wohl aber können politisch verwertbare Erkenntnisse über Gesamtbilder wirtschaftlicher Zusammenhänge und über die Konsequenzen gewonnen werden, die entstehen, wenn der Ordnungszusammenhang mißachtet wird. Diese Konsequenzen werden im folgenden an zwei Beispielen aus der Arbeit der Forschungsstelle erläutert.

4.1. Systemvergleichende versus systemimmanente Betrachtung

Seit Ende der 60er Jahre wurde dem Gedanken „Transformation und Wiedervereinigung" die politische Empfehlung „Anerkennung der Realitäten" entgegengesetzt. Geistige Vorarbeit hierfür leistete in Deutschland der damals politisch einflussreiche Soziologe *Peter Christian Ludz*. Er empfahl, die Zentralverwaltungswirtschaften, also auch die DDR, aus ihrem Selbstverständnis heraus, also „systemimmanent", zu analysieren. Die Verantwortlichen dieser Regime sollten nur sich selber leben, sich also autonom fühlen können, jedenfalls keiner strengen wissenschaftlichen und politischen Beurteilung ausgesetzt sein, die sich aus einem systemvergleichenden Blickwinkel ergibt. Ohnehin würde die Macht der Politik den Kampf gegen das ökonomische Gesetz gewinnen, meinte 1967 ein offizieller Vertreter des Ministeriums für innerdeutsche Beziehungen. Nicht in Betracht gezogen wurde folgende Tatsache: Die DDR-Ordnung diente in erster Linie dem Zweck, das Eigeninteresse der Menschen und den Wettbewerb um die Wahrnehmung dieser Interessen den Zielen der herrschenden Staatspartei und der von ihr im Rahmen der Volkswirtschaftsplanung vorgegebenen Verwendung der produktiven Kräfte unterzuordnen. Dieser Zweck bedingte ein die gesamte Gesellschaft umfassendes Meinungs-, Informations-, Entscheidungs- und Kontrollmonopol der SED über die Verwendung der produktiven Kräfte.

Mit der menschenverachtenden Rücksichtnahme der systemimmanenten Forschung auf ein Verständnis von Freiheit ausschließlich im Dienste der kommunistischen Staatsordnung wurde der bisherige Systemvergleich als naiv-unhistorische, unreflektierte, miefig-illusionäre „westliche Sicht", als blinder Normativismus abgelehnt, ebenso die Forderung freier Wahlen am Anfang der Wiedervereinigung. Aus diesem Blickwinkel wurde aus der vergleichenden Systemforschung ein Generationenproblem gemacht: Hier die älteren Forscher, engagiert aus eigenem Erleben mit dem normativen Wiedervereinigungsanspruch, aus einer systemvergleichenden Betrachtung analysierend; dort die jüngere Generation, „kühl" und mit dem notwendigen „Abstand" systemimmanent analysierend, das liberale westliche Freiheitsverständnis relativierend, die „Realitäten" anerkennend und fordernd, dass die Realitäten das Denken darüber zu bestimmen haben. Kritisches über die DDR und andere Ostblockstaaten zu sagen, war jedenfalls weithin nicht mehr opportun, krasse Fehleinschätzungen der wirtschaftlichen Leistungsfähigkeit des „sozialistischen Weltsystems" im allgemeinen und der DDR im besonderen drangen in Publizistik und Politik vor.

So wurde 1972 vor dem Hintergrund der vergleichsweise leichten Abschwächung der westdeutschen Konjunktur von 1966/1967 im Handel mit der DDR und generell im Osthandel eine Chance gesehen, die als unabänderlich eingeschätzten Funktionsschwächen der Marktwirtschaft zu korrigieren und aus vermeintlich planstabilen umfangreichen Wirtschaftsbeziehungen mit Zentralverwaltungswirtschaften ein Mittel der Systemstabilisierung zu machen.

Dieser Beurteilungswandel[24] beruhte auf Fehleinschätzungen, die aus der mangelnden Bereitschaft von Wirtschaft und Politik resultierten, die Praxis der zentralverwaltungswirtschaftlichen Systementfaltung mit ihren unheilbaren Funktionsmängeln und menschenunwürdigen Begleiterscheinungen zur Kenntnis zu nehmen.[25] Der ordnungspolitischen Kurzsichtigkeit ist auch der Forschungsbeirat, kurz vor *Hensels* Tod am 20. April 1975, zum Opfer gefallen.[26] [27] Zu dieser Fehleinschätzung gehörte auch die Annahme, dass die unzureichende Leistungs- und Wettbewerbsfähigkeit der DDR mehr auf einem *entwicklungsbedingten* wirtschaftlichen und technologischen Rückstand als auf *ordnungsbedingten* Ursachen beruhte.[28]

Die *Immanenzbetrachtung* ist eine vielfache Begleiterscheinung auch heutigen politischen Denkens und Handelns. So werden bestimmten wirtschaftlichen Sachgebieten *Sonderstellungen* eingeräumt, die im Widerspruch zum Gesamtbild einer marktwirtschaftlichen Wettbewerbsordnung stehen. Der preisgesteuerte Rechnungszusammenhang der Marktwirtschaft wird brüchig und verdunkelt. Begleiterscheinungen der entstehenden institutionellen Verinselung der Wirtschaftspolitik sind abgesonderte *Rechts-*

und Verwaltungssysteme, die dem Einfluss der übergeordneten Idee der Wettbewerbsordnung entzogen sind und von punktuell denkenden Politikern gestaltet werden. In
Deutschland drückt sich dies in einer unverhohlenen Präferenz der Politik für eine staatliche Arbeits- und Gesundheitsverwaltungswirtschaft aus. Die Ressorts für Sonderinteressen erhalten im Zusammenspiel mit den jeweiligen Verbänden den Charakter von
eigenständigen politischen Machtkörpern, von Regierungen in der Regierung. Für dieses Verständnis der Institutionalisierung des Wirtschaftsgeschehens dürfte die ordnungstheoretische Sicht des wirtschaftspolitischen Punktualismus[29] weiterhin unverzichtbar sein – auch im Vergleich zu entsprechenden oder abweichenden Ordnungsent-
wicklungen im Ausland.

4.2. Dritte Wege – die Präferenz für „sozialistische Marktwirtschaften"

Die konträre Logik der Systementfaltung in West- und Ostdeutschland wurde in der
Forschungsstelle immer nur als ein Teilproblem der geistig-politischen Teilung Europas
und des weltweiten *Wettkampfs der Systeme* angesehen.[30] Um diesem zu entkommen,
wurden in Wissenschaft und Politik *Konstruktionspläne* für Systemmischungen (Dritte
Wege) erarbeitet – mit unterschiedlichen Begründungen: In der sog. *Konvergenzdebatte*
war die Annahme bestimmend, der Industrialisierungsprozess unterliege systemüber-
greifend bestimmten Sachzwängen, die gleichsam mit eigengesetzlicher Kraft zur Annäherung und Mischung der Institutionen in Recht, Wirtschaft und Politik führe.[31] In
der Bundesrepublik wurde in den 60er Jahren versucht, die Idee der Sozialen Marktwirtschaft, die im Kern auf *Walter Eucken*s Konzeption der Wettbewerbsordnung beruht, zugunsten des *Keynes*ianischen Gedankens der Globalsteuerung zurückzudrängen.[32] In Verbindung damit wurden eine Einschränkung des preisgesteuerten Allokationsmechanismus und eine rechtliche, zumindest aber faktische Vergesellschaftung der
Produktionsmittel angestrebt.[33] Dies geschah – in bewusster oder unbewusster Anknüp-
fung an konkurrenzsozialistische Ideen der 20er Jahre – mit dem Ziel, die Mängel zen-
tralverwaltungswirtschaftlicher und marktwirtschaftlicher Ordnungen zu vermeiden. In
der CSSR und in Ungarn stand der Versuch im Vordergrund, sich dem von der UdSSR
aufgezwungenen zentralverwaltungswirtschaftlichen System und der bevormundenden
Praxis des „sozialistischen Weltsystems", soweit es ideologisch erlaubt erschien, zu
entziehen.

Insgesamt rückten damit sog. „Dritte Wege" ins Blickfeld der Ordnungstheorie und
der vergleichenden Systemforschung.[34] Hiervon zeugen zahlreiche Arbeiten über Theorie und Praxis „sozialistischer Marktwirtschaften" und über die „Konvergenzhypothe-
se".[35] Zum Thema „Synthese zwischen Plan und Markt" hat das Buch „Die sozialistische Marktwirtschaft in der Tschechoslowakei"[36] in Ost und West große Aufmerksamkeit gefunden, bei den Verantwortlichen der UdSSR und der DDR Befürchtungen wegen Ansteckungsgefahren ausgelöst.

In diesem Zusammenhang ist auch *Michael Hagemann*s Dissertation „Arbeiterselbstverwaltung und Einkommensprinzip in den jugoslawischen Unternehmungen"
entstanden.[37] Ich freue mich über die Anwesenheit des *Ehepaars Hagemann*. Sie, ver-
ehrte Frau *Hagemann*, und Sie, lieber Herr Dr. Hagemann, hatten schon bisher eine offene Hand für die Forschungsstelle. Nun wollen Sie mit der „Doris und Dr. Michael

Hagemann-Stiftung" das weitere Wachsen, Blühen und Gedeihen der Forschungsstelle im Fachbereich Wirtschaftswissenschaften zu ihrer eigenen Lebensaufgabe machen und weitere Stifter zum Stiften anstiften.

Der heutige Festredner, *Leszek Balcerowcz*, hat, bevor er *Baumeister der polnischen Transformation* wurde, seine Kritik an dem in der Wissenschaft und in der Politik beliebten *Konstruktivismus* der Dritten Wege[38] (in Übereinstimmung mit zahlreichen Arbeiten der Forschungsstelle) etwa wie folgt zusammengefasst: „Die Suche nach einem Dritten Weg zwischen Plan- und Marktwirtschaft ist Zeitverschwendung. Der Sprung auf das marktwirtschaftliche Ufer ist politisch riskant, aber unverzichtbar."[39] Die seit 1973 in der polnischen Wissenschaft beliebte Reformdiskussion über eine Synthese von Plan und Markt auf der Grundlage eines dezentralisierten Systems „parametrischer" Steuerung nach dem Prinzip „hier ein paar Stellschrauben lockern, dort einige anziehen" bezeichnete er als unfruchtbar.

5.   Nachwuchsförderung

Die Leitung der Forschungsstelle war in Personalunion mit dem Lehrstuhlinhaber von Anfang an eng mit den Lehraufgaben in den wirtschaftswissenschaftlichen Studiengängen verknüpft. Meine Veranstaltungen auf den Gebieten Ordnungstheorie und -politik, Geldtheorie und -politik, Währungen/Banken/Finanzmärkte, Wettbewerbstheorie und Marktprozesse, europäische Integration und internationale Wirtschaftsbeziehungen wurden unter Beachtung systemspezifischer Ordnungseinflüsse und Erfahrungen durchgeführt[40] – seit 1989 erweitert um den Fragenkreis Systemtransformation, europäische und weltwirtschaftliche Integration.[41]

Für zahlreiche Studenten, Doktoranden, geistige Mitstreiter aus dem In- und Ausland ist die Forschungsstelle zur lebendigen Lehrwerkstatt und zum Mittelpunkt der wissenschaftlichen Arbeit geworden. Aus *Hensel*s Zeit nenne ich *Hannelore Hamel* und *Gernot Gutmann*. Sie sind seinerzeit mit *Hensel* nach Marburg gekommen und haben hier – wie später auch *Dieter Peschel, Ulrich Wagner, H. Jörg Thieme, Dieter Cassel, Reinhard Peterhoff, Helmut Leipold* und andere – mit *Hensel* und dann auch mit mir eng zusammengearbeitet.[42] Aus der Zeit nach 1976 nenne ich die Mitarbeiter am Lehrstuhl und in der Forschungsstelle *Paul Jansen, Gerhard Opitz, Alexander Barthel, Hartmut Lauth, Michael Dehnhardt, Ulrich Freyn, Ralf L. Weber, Dirk Wentzel*[43], *Rebecca Strätling, Gerrit Fey, Ralf Geruschkat, Sandra Ludwig, Dieter Starke, Thomas Welsch*.

Wer weiß, wie alternative Wirtschaftssysteme funktionieren, was sie für die Lösung der vier großen Allokationsaufgaben und für das gesamte menschliche Leben zu leisten vermögen, wird eher einschätzen können, was vom eigenen Wirtschaftssystem vernünftigerweise erwartet werden kann und was nicht bzw. was zu tun ist, um Misserfolge der Wirtschafts- und Sozialpolitik zu vermeiden oder zu überwinden.

Wenn Staatsminister Dr. *Alois Rhiel*, über dessen Grußwort ich mich sehr gefreut habe, sich in der Politik gegen ordnungspolitische Ignoranz, Gleichgültigkeit oder Mutlosigkeit stemmt, dann drückt sich darin sein in Marburg erworbenes Systemwissen aus. *Rhiel*s Doktorarbeit „Kommunalwirtschaft und Wirtschaftsordnung"[44] war eine der ersten systemvergleichenden Arbeiten auf diesem Gebiet. Nach *Rhiel* entspricht die kommunale Wirtschaftstätigkeit, wie sie sich seit dem 19. Jahrhundert in Deutschland mit einer rasch fortschreitenden Etablierung von Versorgungsmonopolen entwickelt hat, in vieler Hinsicht nicht der Logik der marktwirtschaftlichen Systementfaltung, während für die Wirtschaftordnung der DDR z. B. das vorherrschende Prinzip einer den Wettbewerb ausschließenden Sozialisierung und staatlichen Lenkung unverzichtbar war. Nach 1989 harrt auf dem Gebiet der kommunalen Wirtschaftstätigkeit noch manche Aufgabe der Lösung durch Systemtransformation. Maßstab und Richtung des Handelns ist für *Rhiel* als Minister die Erkenntnis, dass erfolgreiche Wirtschaftspolitik in erster Linie Ordnungspolitik aus dem Geist der marktwirtschaftlichen Wettbewerbsverfassung ist. Hierbei ist immer mit ernsthaften Interessen zu rechnen, wirtschaftliche Freiheitsrechte in Verbindung mit politischer und privatwirtschaftlicher Macht einzuschränken.

Ein wichtiger Teil der Nachwuchsförderung ist dem Radeiner Forschungsseminar zu verdanken. *Hensel* hat es zusammen mit dem Marburger Wirtschaftshistoriker *Ingomar Bog* 1967 in der Zeit der „Kulturrevolution" an der Marburger Universität zunächst als Doktorandenseminar ins Leben gerufen.[45] Seit 40 Jahren kommen seitdem in dem kleinen Bergdorf Radein in Südtirol unter wechselnder wissenschaftlicher Leitung alljährlich nach Ende des Wintersemesters Wirtschaftswissenschaftler, Historiker und Juristen zahlreicher deutscher und ausländischer Universitäten mit ihren Mitarbeitern zu einem intensiven Gedankenaustausch zusammen. Thematische Schwerpunkte bilden die Weiterentwicklung der theoretischen Grundlagen und Anwendungsfragen des Denkens in Ordnungen und der Vergleich von Wirtschafts- und Gesellschaftssystemen. Die Ergebnisse werden regelmäßig in den „Schriften zu Ordnungsfragen der Wirtschaft" publiziert. In enger Zusammenarbeit mit den Vorsitzenden des Radein-Vereins e. V. (nach dem Tod von *Hensel* waren dies *Ingomar Bog, Dieter Cassel, H. Jörg Thieme* und derzeit *Karl Hans Hartwig*) und mit den wissenschaftlichen Leitern des jeweiligen Seminars hat die Forschungsstelle bis vor einigen Jahren alle Seminare organisatorisch vorbereitet und betreut.

Gescheitert ist leider meine 1991 begonnene Bemühung, unter der Federführung der Forschungsstelle ein Pflichtwahlfach „Wirtschaft Ostmitteleuropa" einzuführen – als Basis für eine erweiterte Graduiertenfortbildung. Angestrebt wurden eine gründliche Sprachausbildung, die Vermittlung systematischer wirtschaftswissenschaftlicher Kenntnisse auf den Gebieten Ordnungsökonomik, Entwicklungs- und Außenwirtschaftsökonomik, der Erwerb breit angelegter historischer und landeskundlicher Kenntnisse über die betreffenden Länder durch Vertreter des Herder-Instituts (*Dr. Karl von Delhaes*), des Seminars für Osteuropäische Geschichte (Prof. *Dr. Hans Lemberg*), der Geographie (Prof. *Dr. Ekkehard Buchhofer*) und der Wirtschaftsgeschichte.

Für das *Pflichtwahlfach* war im Hinblick auf die künftig zu erwartenden dynamischen Wirtschaftsbeziehungen mit diesem Raum und für die Betreuung von Direktinvestitionen ein größerer Bedarf an wirtschaftswissenschaftlich geschulten Fachleuten mit sprachlichen und landeskundlichen Voraussetzungen zu erwarten. Hintergrund für die geplante *erweiterte Graduiertenfortbildung* war der seit Jahrzehnten bestehende Dialog der Forschungsstelle mit Wissenschaftlern aus den betreffenden Ländern (auch aus Russland). Dieser Dialog hatte sich nach 1989 erheblich intensiviert und zu jüngeren Wissenschaftlern hin verlagert. Zuletzt wurden in der Forschungsstelle ständig mehrere Stipendiaten betreut, die sich auf Promotion oder Habilitation vorbereiteten. Darüber hinaus war eine steigende Anzahl von Anfragen aus dem Ausland und von inländischen Förderorganisationen nach Informationsveranstaltungen und Kolloquien zu registrieren. Publikationen der Forschungsstelle wurden verschiedentlich in die jeweiligen Fremdsprachen übersetzt. Das Ausbildungsprogramm war unter den Beteiligten schon weitgehend abgesprochen – im Bewusstsein, dass die Attraktivität des Vorhabens erheblich vom Sprachenangebot abhängen würde: Russisch, Polnisch, Tschechisch, wobei anzunehmen war, dass Russisch die bei weitem bevorzugte Sprache sein würde.

Leider stellte sich 1992 heraus, dass in Marburg kein kontinuierliches Angebot an Sprachkursen in Russisch für unsere Studenten gesichert werden konnte. So habe ich dieses Projekt nicht weiter verfolgt, dafür aber ein – wie sich dann herausstellte – attraktives Angebot meines betriebswirtschaftlichen Kollegen *Erich Priewasser* für ein gemeinsames Pflichtwahlfach „Finanzmärkte, Währungen und Banken" angenommen. In diesem Zusammenhang konnten dann Erkenntnisse des wirtschaftlichen Systemsvergleichs in vieler Hinsicht einbezogen werden.

6.   Auslandskontakte

Die Begegnung mit ausländischen Fachkollegen diente dem ständigen Austausch von Erfahrungen zur Ordnung der Wirtschaft, vor allem zur Verbesserung der Kenntnis des Zusammenhangs von politischer, rechtlicher und wirtschaftlicher Ordnung.

Besonders rege war der Gedanken- und Literaturaustausch mit Wissenschaftlern und Institutionen Polens, Ungarns, der Tschechischen Republik, Sloweniens, Russlands, der Ukraine, der Volksrepublik China, Süd-Koreas und der USA. Neben Gastvorträgen und längeren Forschungsaufenthalten von Mitgliedern der Forschungsstelle in diesen Ländern wie auch vor allem von osteuropäischen Kollegen in Marburg fanden hier wie dort gemeinsame Seminare statt, in denen Fragen und Probleme der verschiedenen Wirtschaftssysteme diskutiert wurden.

Seit Anfang der 80er Jahre sind enge Kontakte zu *Leszek Balcerowicz* entstanden, der nach 1989 als erster Finanzminister Polens (1989-1991) mit dem sog. *Balcerowicz-Plan*[46] seinem Land eine wirtschaftliche Schocktherapie entsprechend der Logik der marktwirtschaftlichen Systementfaltung verordnete. Der Reformplan beruhte auf folgenden Elementen: Freigabe von Güter- und Faktorpreisen, Schaffung eines modernen Finanzwesens, Einführung eines freien Wechselkurses, eine grundlegende makroökonomische Stabilisierung sowie eine schnellstmögliche Privatisierung. Dieser Weg der radikalen Marktöffnung hat in Polen eine rasche wirtschaftliche Gesundung eingeleitet. Schon 1992 gab es in einem Land des ständigen wirtschaftlichen Mangels ein rasch zunehmendes, an den Präferenzen der Käufer orientiertes Warenangebot bei steigendem Pro-Kopf-Einkommen. *Balcerowicz'* Gegner, Ex-Kommunisten, Gewerkschaftler, Christlich-Nationale, Radikalnationale und die Bauernpartei, versuchten die Wähler mit wohlfahrtsstaatlichen Geschenken zu korrumpieren. *Balcerowicz* wurde als neoliberales Schreckgespenst diffamiert und geriet politisch ins Abseits.[47]

Aus den intensiven Auslandskontakten sind Übersetzungen von Werken aus dem Marburger Forschungsschwerpunkt entstanden, zuletzt von Prof. *Dr. Rasto Ovin* (Maribor), Prof. *Dr. Wladimir Gutnik* und Prof. *Dr. Alexander Chepurenko* (Moskau), Prof. *Dr. Elena Andreeva* und Prof. Dr. *Andrej Shelomentsev* (Ekaterinburg), Prof. *Feng Xingyuan* (Peking), Dr. *Piotr Kalka* (Westinstitut Posen). Die im Jahre 2006 entstandene russische und chinesische Übersetzung der 6. Auflage der „Grundbegriffe zur Ordnungstheorie und Politischen Ökonomik" ist besonders hervorzuheben. Für die vorzügliche Übersetzungsarbeit und für die Verbreitung der Bücher an russischen und chinesischen Hochschulen bin ich mit dem Mitherausgeber *Hans-Günter Krüsselberg* und allen Autoren der Forschungsstelle und des Fachbereichs Prof. *Gutnik* und Prof. *Feng* sehr dankbar.

An dieser Stelle ist der langjährige Mitarbeiter der Forschungsstelle Dr. *Reinhard Peterhoff* zu erwähnen, der in bewundernswerter Weise für Sprachen (Tschechisch, Polnisch, Russisch usw.) begabt ist und der sich immer wieder für längere Aufenthalte unter den besonderen Unwägbarkeiten des Lebens im „sozialistischen Weltsystem" gestählt hat.[48] *Peterhoff* ist ein Beispiel dafür, wie wechselseitige Abhängigkeit in der Teilung von Wissen und Sorgen um die Belange der Philipps-Universität und der Forschungsstelle friedfertig macht und – *neo-institutionenökonomisch* ausgedrückt – eine vorzügliche Voraussetzung für die Entstehung von informalen Sympathieclubs unter den Mitarbeitern ist – auch im Verhältnis zum Lehrstuhlinhaber. Ich bin *Peterhoff* für seine vorbildliche Arbeit als Brückenbauer zwischen der alten und der neuen Forschungsstelle außerordentlich dankbar.[49]

7.   Publikationstätigkeit

Euckens Idee der Interdependenz der verschiedenen Lebensordnungen, der wirtschaftlichen, rechtlichen und politischen Ordnungen, lässt eine Weite des Denkens in ordnungsökonomischen Zusammenhängen erkennen, die sich von Beginn an auch in den Marburger Schriften zur systemvergleichenden Forschung widerspiegelt. So konnte *Hensel* 1965 den Marburger, später Kölner Juristen *Klemens Pleyer* als Mitherausgeber der Reihe „Schriften zum Vergleich von Wirtschaftsordnungen" gewinnen.

Bis zu *Hensels* Tod im Jahre 1975 waren 26 Bände über wirtschafts- und rechtswissenschaftliche Ordnungsfragen erschienen. Nach *Hensels* Tod wurde die Reihe von *Klemens Pleyer*, Gernot *Gutmann*, *Hannelore Hamel* und *Alfred Schüller* fortgeführt. 1995 bzw. 2000 wurde der Herausgeberkreis durch *H. Jörg Thieme* und *Helmut Leipold* erweitert, 2006 durch *Stefan Voigt*. Inzwischen sind 90 Bände erschienen.   •

Der Systemvergleich wurde nach 1975 systematisch um außenwirtschaftliche Fragen und ab 1990 verstärkt um Fragen der Transformation sozialistischer Wirtschaftssysteme erweitert – auch unter Einbeziehung ausgewählter Ordnungsbereiche in Deutschland und in den USA[50], der europäischen und weltwirtschaftlichen Integration sowie der internationalen Wirtschaftsorganisationen. Auch andere neue ordnungsökonomische Schwerpunkte haben zu einer thematischen Akzentverschiebung der Reihe geführt: Welche Einflüsse haben politische Entscheidungsträger und entscheidungsrelevante Bürokratien sowie unterschiedliche Mentalitäten und Wertvorstellungen in den Regionen der Welt auf die Entstehung, Beschaffenheit und den Wandel von Wirtschafts- und Gesellschaftssystemen, deren Logik und Praxis der Systementfaltung?[51]

Angesichts der größeren Problem- und Methodenvielfalt lag es nahe, die Reihe ab 1997 unter dem Titel „Schriften zu Ordnungsfragen der Wirtschaft" fortzuführen. Jetzt freuen sich die Herausgeber sehr, als neuen Mitherausgeber *Stefan Voigt* gewonnen zu haben.

Seit 1981 veröffentlicht die Forschungsstelle aktuelle ordnungsökonomische Forschungsergebnisse in der Reihe „Arbeitsberichte zum Systemvergleich". Seit 1994 werden diese Arbeitsberichte von mir im Rahmen der neu gegründeten *Marburger Gesellschaft für Ordnungsfragen der Wirtschaft e. V. (MGOW)* unter dem Titel „Studien zur Ordnungsökonomik" herausgegeben.

Die MGOW wurde 1993 als gemeinnütziger Verein gegründet,

– um die Publikationstätigkeit der Forschungsstelle finanziell zu unterstützen,

– um den Gedankenaustausch mit in- und ausländischen Kollegen zu fördern,

– um Forschungsprojekte und gemeinsame Vortragsveranstaltungen von besonderer Bedeutung zu realisieren,

– um die Kontakte zu ehemaligen Mitarbeitern der Forschungsstelle und einen intensiven Dialog zwischen Wissenschaft und Praxis zu pflegen.

Spätestens im Zusammenhang mit der MGOW und der Publikationstätigkeit möchte ich zwei Personen und die Bibliothek der Forschungsstelle besonders erwähnen:

1. *Ralf L. Weber*. Das Unbegreifliche seines überraschenden Todes am 1. März 1999 im Alter von 34 Jahren bewegt bis heute alle, die ihn in den fast zehn Jahren seiner Tätigkeit[52] als Assistent, Geschäftsführer der Forschungsstelle sowie der MGOW in Erinnerung haben. Er erlebte mit uns den Zusammenbruch der sozialistischen Planwirtschaften und die Erfahrung, wie sehr die ordnungstheoretischen Fragestellungen der Marburger gerechtfertigt waren. *Weber* erlebte auch, wie diese Forschungsrichtung im In- und Ausland einen neuen starken Auftrieb erhielt, zumal erhebliche Theoriedefizite offensichtlich wurden, wenn es hieß, den Wandel und den Wechsel von Wirtschaftssystemen zu erforschen. Für mich und alle meine Mitarbeiter war dies, auch in Verbindung mit einer sich über mehrere Semester erstreckenden Lehrtätigkeit in Halle und der Mitwirkung in den Gründungskommissionen in Leipzig, Frankfurt/Oder und Erfurt (bei Aufrechterhaltung aller Verpflichtungen in Marburg und für das ORDO-Jahrbuch) eine bis heute unvergessliche Herausforderung, Belastung, aber auch Genugtuung.

Für *Weber* galt: Seine eigenen Dinge sah er am besten getan, wenn er sie in dem aufgehoben fühlte, was dem Ganzen der Forschungsstelle diente.

2. Dies gilt auch für *Hannelore Hamel*, freilich mit Blick auf die gesamte Geschichte der Forschungsstelle. 1957 hat sie als vollbeschäftigte wissenschaftliche Kraft mit *Hensel* einen Privatdienstvertrag abgeschlossen. Auf „unbestimmte Zeit" sind die übertragenen Obliegenheiten gewissenhaft wahrzunehmen, heißt es in § 1. Nach § 2 hat sie „die festgesetzten Dienststunden einzuhalten. Mehrarbeit wird, sofern sie aus besonderen Gründen notwendig ist und sich in vertretbaren Grenzen hält, nicht abgegolten". Dabei ist es auch nach der zwischenzeitlichen Pensionierung geblieben, wie alle diejenigen wissen, die in den Schriftenreihen der Forschungsstelle oder im Jahrbuch ORDO publizieren und davon profitieren, dass bei Frau *Hamel* für die inhaltliche und formale

Textgestaltung das Prinzip „Das Bessere ist der Feind des Guten" einen unverhandelbaren Stellenwert hat.

3. Die umfangreiche Publikationstätigkeit war Voraussetzung für den Aufbau der Spezialbibliothek der Forschungsstelle. Denn die laufend geführten 80 Zeitschriften beruhten zum überwiegenden Teil auf Tauschbeziehungen mit 15 inländischen und 23 ausländischen Instituten. Wer sich über Schriften zum Systemvergleich, zur Ordnungstheorie und Institutionenökonomik, zur Geld- und Außenwirtschaftstheorie und über die ehemals sozialistischen Wirtschaftssysteme sowie seit 1990 über deren Umgestaltung (Transformation) und Integration in die Weltwirtschaft informieren wollte, kam gerne zu uns in die Forschungsstelle. Zuletzt verfügte unsere Bibliothek über einen Bestand von annähernd 30.000 Einzeltiteln. Darin enthalten ist die Bibliothek, die *Erich Hoppmann* der MGOW zugeeignet hat und die sich im Stiftungszimmer der Forschungsstelle befindet; darin enthalten sind auch zahlreiche Monographien und Lehrbücher, die in den letzten Jahren aus Spenden der Mitglieder der MGOW angeschafft werden konnten.

8. Ausblick

1. Ordnungsformen der Wirtschaft, Regeln des Rechts, der Moral und Politik sind Bestandteile einer Gesamtordnung. Die Untersuchung dieser Zusammenhänge wird auch in Zukunft eine große wissenschaftliche Herausforderung sein. Hierfür sind im weltweiten Wettbewerb der Gesellschafts- und Wirtschaftsordnungen bei größerer Vielfalt nationaler und internationaler Ordnungsformen und Regeln menschlichen und politischen Handelns die analytischen Mittel, Vergleichs- und Erfolgsmaßstäbe immer wieder neu zu bedenken und zeitgemäßer zu fassen.

Die tief greifende ordnungspolitische Zäsur von 1989 bestätigt[53]: Selbst radikaler politischer und militärischer Macht gelingt es nicht, die fundamentalen ökonomischen Gesetze dauerhaft außer Kraft zu setzen, wohl aber schwer überwindbare moralische, wirtschaftliche und soziale Schäden zurückzulassen. Die deutsche Ordnungstheorie dürfte, in Verbindung mit Erkenntnissen der Neuen Institutionenökonomie und der Evolutorischen Ökonomik[54], weiterhin unverzichtbar sein, wenn es darum geht, das Versagen von staatsdirigistischen Lenkungssystemen zu erklären, einen zieladäquaten Leitfaden für die Umgestaltungspolitik zu gewinnen und die Funktionsbedingungen von marktwirtschaftlichen Systemvarianten zu beurteilen.

Bei der Vorstellung der Evolution als einem historischen Festzug, in dem das Schild „Auf dem Weg zur Marktwirtschaft" voran getragen wird, ist die Offenheit geschichtlicher Prozesse in Betracht zu ziehen. Wem zum Wohle der Menschheit daran liegt, dass das ganze weltweite Wirtschaften immer wieder wegweisend in die institutionellen Bahnen einer Wettbewerbsordnung geleitet wird, sollte darum bemüht sein, das Wissen um die Stärken und Schwächen der verschiedenen Wirtschaftsordnungen lebendig zu halten, damit den Menschen ein unnötiges pathologisches Lernen erspart werden kann. Die beharrliche Beschäftigung mit allen Aspekten des Gesellschafts- und Wirtschaftssystems der DDR ist in Deutschland weiterhin ein Gebot der akademischen und staatsbürgerlichen Bildung, damit sich in der Politik nicht die Vorstellung durchsetzen kann, die wirtschafts- und sozialpolitischen Illusionen der SED-Diktatur könnten unter den Bedingungen der Demokratie Realität werden.

2. Wissenschaftler sollten sich bei dieser Bemühung nicht vor der Wertung drücken, dass hierzu ein ordnender Wille und starke politische Kräfte wünschenswert und notwendig sind, um die individuelle Freiheit vor parteipolitischen, staatlichen und privaten Machteinflüssen zu schützen[55] und die damit verbundenen wirtschaftlichen und sozialen Schäden abzuwenden. *Leszek Balcerowicz,* auf dessen Festrede ich mich nun freue, hat sich offensichtlich an die Erkenntnis von *Wilhelm Röpke* gehalten, nach der Werturteile „unter bestimmten Voraussetzungen nicht nur legitim, sondern dringend geboten sind".[56] 1999 stellte *Balcerowicz* in einem Interview mit der Neuen Zürcher Zeitung fest: „Ich bin nicht in die Politik gegangen, um Karriere zu machen, sondern um gewisse Dinge zu erledigen." Von diesen Dingen nahm er wohl an, dass es nicht viele in Polen waren, die dies hätten tun können. Leider sei für die meisten Politiker und die Bürger eine schlechte Wirtschaftspolitik „nahe liegend". Für eine gute Wirtschaftspolitik müsse man ständig kämpfen, notfalls auch versuchen, ins Zentrum der Macht zu gelangen. Das sagt ein sonst eher scheuer, in sich gekehrter Wissenschaftler.[57]

3. Das Thema „Dritte Wege" bleibt uns in neuartigen Unternehmens- und Wirtschaftsverfassungen auf der Grundlage einer preisgesteuerten Wirtschaftsrechnung, komplizierten Eigentumsrechtsstrukturen und vielfältigen institutionellen Experimenten erhalten:

— Von den bisherigen sozialistischen Ordnungen im Osten ragen die Experimente mit neuen Varianten einer „sozialistischen" oder „zentral gelenkten" Marktwirtschaft in Russland und China hervor – allein schon wegen der politischen und weltwirtschaftlichen Bedeutung dieser Länder. Das Potential an hochkonzentrierter wirtschaftlicher Macht mit einem großen struktur- und ablaufbestimmenden Einfluss der Politik auf die Wirtschaft verdient in seiner Bedeutung für die Logik und Praxis der Systementfaltung nach innen und außen besondere Beachtung, zumal es unter den Bedingungen einer staatskapitalistisch-industriepolitischen Ausrichtung der Wirtschaftsordnung in diesen Ländern schwierig sein dürfte, eine Erfolg versprechende parlamentarische Opposition aufzubauen. Die Einflüsse, die von dieser Art nationaler *Fesselung der Wirtschaft durch den Staat* auf die internationalen Wirtschaftsbeziehungen ausgehen, regen dazu an, die analytische Arbeit auf dem Gebiet „Wirtschaftssysteme und internationaler Handel"[58] und der wirtschaftspolitischen Beurteilung im Hinblick auf mögliche Wettbewerbsverzerrungen und Marktstörungen wieder verstärkt aufzugreifen.[59]

— Im Kampf um die demokratische Mehrheitsherrschaft drängen starke Ordnungskräfte auf *schleichenden* Wegen zu Mischlösungen, etwa zum Ausbau korporatistischer Strukturen, zum Exekutiv- und Verordnungsstaat oder anderen Formen verdeckter autoritärer Herrschaftsausübung. Diese Art zunehmender *Fesselung des Staates durch Wirtschafts- und Sozialverbände* ist Begleiterscheinung einer wohlfahrtsstaatlichen Entwicklung, die der Lösung der vier Allokationsaufgaben durch das wettbewerbliche Marktpreissystem vielfach entgegenwirkt.

In beiden Fällen schrumpft der Spielraum für die Entdeckung und Nutzung leistungs-
fähigerer Ordnungsbedingungen, dagegen wächst mit der bürokratischen Lenkung die
unproduktive Kostenbelastung der Unternehmen.

Wie wirken bestimmte Bausteine marktwirtschaftlicher Systeme in autoritären Systemen, und wie wirken umgekehrt bestimmte Bausteine autoritärer Systeme, die isoliert
herausgenommen und in ein Marktsystem eingebaut werden? Solche Fragen stellen sich
aktuell z. B. mit Blick auf China und Russland, aber auch im Hinblick auf Bestrebungen
in der EU nach Maastricht, die marktwirtschaftliche Politik der Wettbewerbsordnung
zugunsten einer punktuellen Industrie- und Sozialpolitik zurückzudrängen. Die Frage
stellt sich auch angesichts politischer Neigungen in Deutschland, Elemente des famili-
enpolitischen Leitbilds der DDR zu kopieren. Übersehen wird, dass alle Möglichkeiten
der Bedürfnisbefriedigung in autoritären Systemen, wie etwa im Nationalsozialismus
oder in der DDR, ebenso zentral bestimmt waren wie die Steuerung der Produktion und
der Beschäftigung.

Wie entwickelt sich auf Dritten Wegen das Bewusstsein für die individuelle Freiheit
als Wert an sich und als Vorbedingung für die meisten moralischen Werte, kurz als
Vorbedingung für Zivilisation?[60] Die Antwort auf diese Frage hat Konsequenzen für das
Subsidiaritätsverständnis in der Gesellschaft. So kann sich auf dem Weg zum Vorsorge-
staat die Neigung verstärken, die Fähigkeit der Menschen, der Familien und anderer
personennaher Gemeinschaften zur Eigenverantwortung und Selbsthilfe systematisch zu
unterschätzen. Und wenn die Parteien im politischen Prozess mit angemaßten Wissens-
vorsprüngen und größerer Hilfskompetenz staatsnaher Zuständigkeitsebenen werben,
können die Menschen schließlich das Gefühl für den Anspruch verlieren, vor einer Auf-
gabenanmaßung höherer Instanzen geschützt zu werden. Ordnende Kräfte, deren Eigeninteressen durchaus rational darauf gerichtet sein können, die Idee des Vorsorgestaates
als Mittel der Herrschaftssicherung zu missbrauchen, werden keine Mühe haben, die
hierfür notwendige Kompetenzordnung so zu deuten, dass diese mit dem Subsidiaritäts-
prinzip in Übereinstimmung gebracht werden kann. Wenn sich das in einer Gesellschaft
vorherrschende Verständnis des Subsidiaritätsprinzips mit den grundlegenden Bestim-
mungsgründen der Gesellschafts- und Wirtschaftsordnung ändert, liegt es nahe, die
Theorie der Wirtschaftsordnungen als Erkenntnisweg zur Analyse des Subsidiaritätsprinzips zu nutzen, sich jedenfalls nicht mit rechtlichen, historisch-kulturellen, sozial-
ethischen und politischen Sinninterpretationen zu begnügen.[61]

4. Seit einiger Zeit sind wir Zeugen der Entstehung einer universitären Lehr- und
Forschungsverwaltungswirtschaft auf der Grundlage von Mehrjahresplänen. Wer sich
mit der Logik und der Praxis zentral gelenkter Wirtschaftssysteme befasst hat, erinnert
sich: Die Planung auf Basis von Erfüllungsberichten und die Verknüpfung von Prä-
mienzahlungen mit der Erfüllung von zentral vorgegebenen Leistungs- und Belastungs-
kennziffern instrumentalisiert die Akteure nicht nur zu Planerfüllern, sondern führt zur
Fehlsteuerung der materiellen Interessen und des Krafteinsatzes, verleitet zu Anpassungen und Innovationen, deren Wirkungen dem Gewollten zuwiderlaufen. Das wachsende
Eingreifen der staatlichen Obergewalt in die Studienaufsicht haben schon die *Gebrüder
Grimm*, die ab April 1802 in Marburg bei *Friedrich Carl von Savigny* studierten, be-
klagt. Sie meinten, aus den vielen Studienvorschriften käme „einförmige Regelmäßig-

keit", das ganz Gute würde dadurch gehemmt, wenn auch das ganz Schlechte wohl aus Schule und Universität abgewehrt würde. Auch würde die Semesterarbeit zu stark nach dem Examen ausgerichtet, manche Vorlesungen würden nur der Vorschrift wegen gehört, andere könnten nicht gehört werden. Die Kritik schloss mit dem Satz: „Möge es nur den Professoren selbst niemals vorgeschrieben werden, was und wie sie lesen sollen!"[62] Wissenschaft gedeiht am besten in Freiheit, in Ruhe und Respekt für die Forscher, nicht im Glauben an die Planbarkeit von Wissenschaft und an die obrigkeitliche Gestaltbarkeit durch ökonomische Hebel der Rechnungsführung.

Anmerkungen

[1] Gerade für diese Zuhörer könnte das Blättern in den fünf großen Bilderalben, die Frau *Dr. Hannelore Hamel* im Abstand von jeweils zehn Jahren zusammengestellt hat, ein belebteres Ganzes vom Geist der Forschungsstelle ergeben, als ich es, der ja die ersten zwanzig Jahre nicht miterlebt hat, vermitteln kann.

[2] Traditionen im Sinne von gemeinsamen Denkweisen, Bestrebungen und Wertvorstellungen nehmen nach *Popper* in der Sozialtheorie „gewissermaßen eine Mittelstellung ein zwischen Personen und Institutionen". Karl R. *Popper*, Vermutungen und Widerlegungen: Das Wachstum der wissenschaftlichen Erkenntnis, Teilband I: Vermutungen. Originalausgabe „Conjectures and Refutations, London 1963; deutsche Übersetzung: Tübingen 1994, S. 194.

[3] Die Forschungsstelle zum Vergleich wirtschaftlicher Lenkungssysteme ist ein Institut der Philipps-Universität Marburg im Fachbereich Wirtschaftswissenschaften. Sie wurde 1954 in Freiburg von *K. Paul Hensel* gegründet, der aus der ordoliberalen Freiburger Schule der Nationalökonomie hervorgegangen ist. Nach dessen Berufung an die Philipps-Universität Marburg wurde die Forschungsstelle 1957 als Forschungsschwerpunkt in der Rechts- und Staatswissenschaftlichen Fakultät etabliert. Bis 1961 blieb sie ein Institut an der Philipps-Universität. Einen Ruf an die Universität Köln lehnte *Hensel* nicht zuletzt deshalb ab, weil die Forschungsstelle in die Philipps-Universität eingegliedert und damit ihre institutionelle Basis gesichert wurde. Nach dem Tod von *K. Paul Hensel* im Jahre 1975 übernahm *Alfred Schüller* mit der Nachfolge im Lehramt auch die Leitung der Forschungsstelle. Im Jahre 1992 erhielt *Schüller* einen Ruf als einer von drei Gründungsdirektoren an das Max-Planck-Institut zur Erforschung von Wirtschaftssystemen in Jena, dem ersten wirtschaftswissenschaftlichen Institut der Max-Planck-Gesellschaft. Diesen Ruf lehnte *Schüller* auch deshalb ab, weil er in der Verknüpfung der Forschungsstelle mit dem volkswirtschaftlichen Schwerpunkt Ordnungstheorie sowie internationale Wirtschaftsbeziehungen an der Philipps-Universität gute Möglichkeiten für zukunftsweisende Forschungsaktivitäten sah. Mit der Entscheidung für den Verbleib in Marburg wurde auch der Fortbestand der Forschungsstelle gesichert.

[4] Siehe ORDO, Erster Band, 1948, Vorwort, S. VII.

[5] Die *Wirtschaftsrechnung* ist die unverzichtbare Entscheidungsgrundlage für die Bewältigung der vier gesamtwirtschaftlichen Allokationsaufgaben, die sich in allen Wirtschaftssystemen stellen und deshalb als *systemindifferent* bezeichnet werden können: *Erstens* die *Information* über relative Knappheiten sowohl hinsichtlich des Bedarfs, des Bestandes an wirtschaftlichen Gütern sowie hinsichtlich der potentiellen Produktionsmöglichkeiten für die Knappheitsminderung; *zweitens* die *Motivation*, sich um bestmögliche Informationen zu bemühen und diese wirkungsvoll zu nutzen; *drittens* die *Koordination* der daraus hervorgehenden Handlungen und deren Anpassung an veränderte Knappheitseinschätzungen, schließlich *viertens* die *Kon-*

trolle als notwendige Überprüfung dessen, was bei der Bemühung um Knappheitsminderung angestrebt und erreicht wurde und was dafür aufzuwenden war – im Sinne eines Erlös-/Kostenvergleichs als systemumfassende Wirtschaftlichkeitsrechnung. Hätten wir, so *Ludwig von Mises*, keine Wirtschaftsrechnung, „dann wäre alles Produzieren mit weiter ausholenden Prozessen ... ein Tappen im Dunkeln". Folglich erhellt die Wirtschaftsrechnung das Dunkel des Wirtschaftsgeschehens. Die Räder des wissens- und arbeitsteiligen Wirtschaftens können hierdurch sinnvoll, also in gleichgerichteter Bewegung ineinandergreifen. Jede moderne Wirtschaft würde „einem sinnlosen Chaos weichen müssen, wenn man sie der Möglichkeit zu rechnen berauben würde" (*Ludwig von Mises*, Die Wirtschaftsrechnung im sozialistischen Gemeinwesen, Archiv für Sozialwissenschaften und Sozialpolitik, Band 47, 1920/1921, S. 86-126, hier S. 97).

[6] 1. Auflage 1954, 3., unveränderte Auflage, Stuttgart und New York 1979.

[7] In der Terminologie der Träger des Wirtschafts-Nobelpreises von 2007 *Leonid Hurwicz, Eric Maskin und Roger Myerson* könnten die beiden konkurrierenden Lösungen der *Logik der Systementfaltung* als Varianten eines gesamtwirtschaftlichen Mechanismusdesign im Sinne der „Mechanismus-Design-Theorie" genannt werden.

[8] Auf einer Tagung, die 1982 aus Anlass des 25jährigen Bestehens der Forschungsstelle unter dem Titel „Innovationsprobleme in Ost und West" (Hg. *A. Schüller*, *H. Leipold* und *H. Hamel*, Stuttgart und New York 1983) stattfand, erinnerte Prof. *Steve Pejovich*, Texas A&M University, mit Blick auf die Innovationsprobleme des „sozialistischen Weltsystems" an die Bedeutung des Zusammenhangs von Eigentumsordnung und rationaler Wirtschaftsrechnung. Prof. *Kotov* aus Moskau wies dies erregt mit dem Hinweis auf *Hensels* Planmechanismus zurück, hatte freilich übersehen, dass *Hensel* im Vorwort ausdrücklich den idealtypischen Charakter seiner Untersuchung hervorgehoben hat.

[9] Siehe *Friedrich A. von Hayek*, Die Verwertung des Wissens in der Gesellschaft (1946), in: Individualismus und wirtschaftliche Ordnung, Erlenbach-Zürich 1952, S. 103-121.

[10] Siehe *Dieter Cassel*, Ordnungspolitische Reformoptionen im deutschen Gesundheitswesen: Wo liegt Toulon? In: *Helmut Leipold* und *Dirk Wentzel* (Hg.), Ordnungsökonomik als aktuelle Herausforderung, Stuttgart 2005, S. 243-261.

[11] *Wladimir I. Lenin*, Wie soll man den Wettbewerb organisieren? In: *W. I. Lenin*, Über den sozialistischen Aufbau, Berlin 1970, S. 7. Der ordnungspolitische Hintergrund waren Hungersnöte, die in den Wirren des Kriegskommunismus ausbrachen, nachdem die Bauern sich angesichts eines unsinnigen Höchstpreisdiktats weigerten, die Bevölkerung mit Agrarprodukten zu versorgen.

[12] Siehe *Peter Engelhard* und *Heiko Geue* (Hg.), Theorie der Ordnungen. Lehren für das 21. Jahrhundert, Stuttgart 1999.

[13] Siehe *Ronald H. Coase*, The Nature of the Firm, in: Economica, Vol. 4, pp. 386-405. *Ronald H. Coase*, The Problem of Social Cost, in: Journal of Law and Economics, Vol. 3, 1960, pp. 1-44.

[14] Siehe *Alfred Schüller*, Ordnungstheorie – Theoretischer Institutionalismus: Ein Vergleich, in: *Hannelore Hamel* und *Alfred Schüller* (Hg.), Ordnungstheorie: Methodologische und institutionentheoretische Entwicklungstendenzen, Arbeitsberichte zum Systemvergleich, Nr. 11, Marburg 1987. *Alfred Schüller*, Korreferat zum Referat von *Thomas Eger* und *Hans G. Nutzinger*, Traditionelle Ordnungstheorie, Neue Institutionenökonomik und Evolutorische Ökonomik im Vergleich, in: *Dieter Cassel* (Hg.), Perspektiven der Systemforschung, Berlin 1999, S. 45-53.

[15] Siehe *Helmut Leipold*, Der Einfluß von Property Rights auf hierarchische und marktliche Transaktionen in sozialistischen Wirtschaftssystemen, in: *Alfred Schüller* (Hg.), Property Rights und ökonomische Theorie, München 1983, S. 185-217. *Alfred Schüller*, Ökonomik der Eigentumsrechte in ordnungstheoretischer Sicht, in: *Dieter Cassel, Bernd-Thomas Ramb* und *H. Jörg Thieme* (Hg.), Ordnungspolitik, München 1988, S. 155-183.

[16] Siehe *Helmut Leipold* und *Alfred Schüller* (Hg.), Zur Interdependenz von Unternehmens- und Wirtschaftsordnung, Stuttgart und New York 1986.

[17] *James M. Buchanan*, Rights, Efficiency, and Exchange: The Irrelevance of Transactions Cost, in: *Manfred Neumann* (Hg.), Ansprüche, Eigentums- und Verfügungsrechte, Berlin 1984, S. 9-24.

[18] *Gernot Gutmann*, Probleme des Vergleichs alternativer Wirtschaftssysteme: Dargestellt am Beispiel der Bundesrepublik Deutschland – DDR, in: *Gottfried Zieger* (Hg.), Recht, Wirtschaft, Politik im geteilten Deutschland. Festschrift für *Siegfried Mampel* zum 70. Geburtstag, Köln, Berlin, Bonn, München 1983, S. 271-295, hier S. 279.

[19] *Alfred Schüller* und *Hans-Günter Krüsselberg* (Hg.), Grundbegriffe zur Ordnungstheorie und Politischen Ökonomik, 6., durchgesehene und ergänzte Auflage, Arbeitsberichte zu Ordnungsfragen der Wirtschaft, Nr. 7, Marburg 2004.

[20] *Helmut Leipold*, Kulturvergleichende Institutionenökonomik, Stuttgart 2006.

[21] *Wilhelm Röpke*, Civitas Humana, 1. Auflage 1944, 3. Auflage, Erlenbach-Zürich 1949, S. 25.

[22] *Erhard* wusste, was droht, wenn Volkswirtschaften wie auch Beiräte mit gruppenweise orientierten Wünschen nach Spezialordnungen und Teilordnungen durchsetzt sind: Widersprüchlichkeiten und Verwirrung der Öffentlichkeit.

[23] *Walter Eucken*, Grundsätze der Wirtschaftspolitik, 6., durchgesehene Auflage, Tübingen 1990, S. 184.

[24] Siehe *Alfred Schüller*, Hensel und der Beirat für Fragen der Wiedervereinigung Deutschlands, Manuskript, Marburg 2007.

[25] Siehe *Alfred Schüller*, Osthandelspolitik als Problem der Wettbewerbspolitik: Kritische Bestandsaufnahme und Neuansatz für die Außenwirtschaftspolitik gegenüber Zentralverwaltungswirtschaften, Frankfurt/Main 1973. *Alfred Schüller* und *Ulrich Wagner* (Hg.), Außenwirtschaftspolitik und Stabilisierung von Wirtschaftssystemen, Stuttgart und New York 1980. *Alfred Schüller*, Die Verschuldungskrise Polens als Ordnungsproblem, in: ORDO, Bd. 33, 1982, S. 3-38.

[26] *Hensel* hat bis zuletzt am Gedanken der Überwindung der Teilung Deutschlands als politische Aufgabe und wissenschaftliche Fragestellung festgehalten. 1972 hat er ähnlich wie *Franz Böhm* und *Wilhelm Röpke* vor ihm den Zusammenbruch der Wirtschafts- und Gesellschaftssysteme der sozialistischen Staaten eindrucksvoll vorhergesagt. *K. Paul Hensel*, Grundformen der Wirtschaftsordnung. Marktwirtschaft – Zentralverwaltungswirtschaft, 1. Auflage, München 1972; 4. Auflage, Hamburg 1992, S. 176 ff.

[27] Auch nach 1975 setzte sich die Fehleinschätzung fort. Einer der Gründe hierfür kann darin gesehen werden, dass es auf dem Gebiet der vergleichenden Deutschland-Forschung nicht gelungen ist, die Hoheit eines Instituts über die statistisch-empirische Berichterstattung in Westdeutschland und in der Welt zu brechen. Ich erinnere an den letzten Bericht zur Lage der Nation im geteilten Deutschland von 1987. Zum innovativen, heute noch lesenswerten Teil A (Die Wirtschaftssysteme) haben einige der hier Anwesenden größere Beiträge beigesteuert. Dagegen wurde der vom DIW erstellte empirische Teil B nach der Wende dahingehend kritisiert, dass es mit den Mitteln der Statistik im Westen gelungen sei, zur Überschätzung der DDR beizutragen. Siehe *Peter von der Lippe*, Materialien zum Bericht zur Lage der Nation im geteilten Deutschland 1987 als statistische Grundlage für die Staatsverträge mit der ehemaligen DDR, in: *Gernot Gutmann* und *Ulrich Wagner* (Hg.), Ökonomische Erfolge und Misserfolge der deutschen Vereinigung – Eine Zwischenbilanz, Stuttgart, Jena und New York 1994, S. 3-35.

[28] Siehe *Alfred Schüller*, Zur Frage der Fortentwicklung des Innerdeutschen Handels, in: Deutschlandarchiv, 13. Jg., Heft 7, 1980, S. 712-725.

[29] Siehe *Alfred Schüller*, Der wirtschaftspolitische Punktualismus: Triebkräfte, Ziele, Eingriffsformen und Wirkungen, in: ORDO, Bd. 49, 1998, S. 105-126.

[30] Diese Kluft war ja auch ein Kennzeichen der Auseinandersetzung nach dem Ersten und Zweiten Weltkrieg innerhalb Deutschlands. In Westdeutschland wurde dieser Kampf mit dem Godesberger Programm vom 15. November 1959 beendet, allerdings nur formal. Denn schon bald in den 60er Jahren zog es viele mit staatskapitalistischen Ideen „vorwärts in die Vergangenheit" zurück. Auch an der Marburger Universität gab es starke Bestrebungen, die auf eine Änderung unserer demokratischen Staats- und Gesellschaftsform im Geiste des Marxismus zielten.

[31] Siehe *K. Paul Hensel*, Konvergenz der Wirtschaftssysteme, in: *K. Paul Hensel*, Systemvergleich als Aufgabe, Aufsätze und Vorträge, Stuttgart und New York 1977, S. 208 ff. *Helmut Leipold*, Stichwort „Konvergenztheorie", in: *Alfred Schüller* und *Hans-Günter Krüsselberg* (Hg.), Grundbegriffe zur Ordnungstheorie und Politischen Ökonomik, 6., durchgesehene und ergänzte Auflage, Marburg 2004, S. 195-196.

[32] Siehe *Alfred Schüller*, Soziale Marktwirtschaft als ordnungspolitische Baustelle: Die Verbindung von „Freiburger Imperativ" und „Keynesianischer Botschaft" – ein nationalökonomischer Irrweg, in: ORDO, Bd. 56, 2005, S. 61-75.

[33] Eine an gesamtwirtschaftlichen Programmierungen ausgerichtete „planorientierte Investitionslenkung", mit deren Hilfe Wirtschaftsstrukturen nach Maßgabe hoheitlicher Bedarfsprojektionen im Hinblick auf politisch vorgegebene Ziele „aktiv gesteuert" werden sollten. Diesem Konzept einer staatlich gelenkten oder sozialistischen „Marktwirtschaft" sollte die Vergesellschaftung des nationalen Kreditapparates dienen. So neben vielen anderen: *Werner Meißner*, Materialien zum Thema „Überbetriebliche Investitionslenkung", Frankfurt/Main o.J.

[34] Siehe *Helmut Leipold* (Hg.), Sozialistische Marktwirtschaften, München 1975; *Alfred Schüller*, Zur Effizienz sozialistischer Marktwirtschaften, in: Anton Rauscher (Hg.), Selbstinteresse und Gemeinwohl, Berlin 1985, S. 159-227.

[35] Siehe *K. Paul Hensel*, Systemvergleich als Aufgabe: Aufsätze und Vorträge, herausgegeben von *Hannelore Hamel*, Stuttgart und New York 1977.

[36] *K. Paul Hensel*, Die sozialistische Marktwirtschaft in der Tschechoslowakei, mit Beiträgen von *Hannelore Hamel*, *Ulrich Wagner* und *Rudolf Knauff*, Stuttgart 1968.

[37] *Michael Hagemann* war seit 1968 *Hensels* Doktorand und hat bis 1972 in der Forschungsstelle an einem Projekt über die sozialistische Marktwirtschaft in Jugoslawien mitgearbeitet. Es ging darum, die Zusammenhänge zwischen der Eigentumsordnung (gesellschaftliches Eigentum), dem System der unternehmensinternen Willensbildung (Arbeiterselbstverwaltung), dem System der betrieblichen Ergebnisrechnung („Einkommensprinzip") und der Lenkung des wirtschaftlichen Gesamtprozesses zu untersuchen. *Hensel* beurteilte die Ergebnisse von *Hagemanns* Doktorarbeit als „außerordentlich bemerkenswert", hätte ihn deshalb gerne in der Forschungsstelle angestellt. *Hagemann* zog es jedoch vor, in die Praxis der Wirtschaftsprüfung zu gehen.

[38] Als Mitarbeiter des Sekretariats des polnischen Rates für den Technischen Fortschritt bildete *Balcerowicz* 1978 ein Team von Wirtschaftswissenschaftlern der jüngeren Generation mit dem Ziel, einen Entwurf für eine Wirtschaftsreform in Polen zu erarbeiten. Der Bericht erschien 1980 und wurde in der Öffentlichkeit lebhaft diskutiert. 1983 wurde der Text auch in Deutschland unter dem Titel „Wirtschaftsreform in Polen. Der Entwurf aus der Hochschule für Planung und Statistik 1980" vom Marburger Herder-Institut auf Initiative von *Dr. Karl von Delhaes* veröffentlicht. Darin wurde mit fachlichem Weitblick und persönlichem Mut eine Reformkonzeption zu einem Zeitpunkt erarbeitet, zu dem dies im völligen Widerspruch zur Parteilinie stand. Nach Verhängung des Kriegsrechts im Jahre 1981 gab *Balcerowicz* die Mitgliedschaft in der polnischen kommunistischen Partei auf. 1985 und 1986 nahm er am Radein-Seminar teil und referierte in der Marburger Forschungsstelle über „Typen und Abläufe von Wirtschaftsreformen in sozialistischen Ländern". Am 1. September 1988 begann *Balcerowicz* einen dreimonatigen Studienaufenthalt in der Forschungsstelle. Gut ein Jahr später berichtete *Stefan Dietrich*

in der FAZ, Nr. 216 vom 18. 9. 1989: *Balcerowicz* ist einer der vier „Sturmspitzen'" in der Regierung *Mazowiecki* geworden, die Polens Wirtschaft „umkrempeln" sollen.

[39] Vortrag über „Typen und Abläufe von Wirtschaftsreformen in sozialistischen Ländern", in der Forschungsstelle zum Vergleich wirtschaftlicher Lenkungssysteme, Marburg, 6. Oktober 1986.

[40] Von den Dissertationen, die daraus hervorgegangen sind, nenne ich hier diejenigen meiner Mitarbeiter: *Paul Jansen*, Das Inflationsproblem in der Zentralverwaltungswirtschaft, Stuttgart und New York 1982; *Ulrich Freyn*, Zum Problem der Wirtschaftsrechnung und der dynamischen Preisbildung in sozialistischen Planwirtschaften: Offene Fragen der intertemporalen Opportunitätskostenkalkulation, Marburg 1985; *Alexander Barthel*, Betriebssteuern als Lenkungsinstrument in sozialistischen Planwirtschaften: Zur „wirtschaftlichen Rechnungsführung" der DDR, Stuttgart und New York 1990; *Dirk Wentzel*, Geldordnung und Systemtransformation: Ein Beitrag zur ökonomischen Theorie der Geldverfassung, Stuttgart, Jena und New York 1994; *Ralf L. Weber*, Außenwirtschaft und Systemtransformation: Zur Bedeutung der Zahlungsbilanzrestriktion im Übergang von der Zentralplanwirtschaft zur Marktwirtschaft, Stuttgart, Jena und New York 1994; *Rebecca Strätling*, Die Aktiengesellschaft in Großbritannien im Wandel der Wirtschaftspolitik: Ein Beitrag zur Pfadabhängigkeit der Unternehmensordnung, Stuttgart 1999; *Gerrit Fey*, Banken zwischen Wettbewerb, Selbstkontrolle und staatlicher Regulierung: Eine ordnungsökonomische Analyse, Stuttgart 2006; *Dieter Starke*, Unternehmensinsolvenzen im Wandel von Gesellschafts- und Wirtschaftssystemen: Eine Untersuchung im Lichte des Kritischen Rationalismus und der Evolutionsökonomik, Stuttgart 2007; *Ralf Geruschkat*, Das Internet als spontane Ordnung aus wettbewerbsökonomischer Sicht, Frankfurt/Main 2008.

[41] Siehe *Alfred Schüller*, Nationale Reformen und internationale Ordnung: Zur Frage einer ordnungspolitischen Neuordnung des RGW, Jahrbuch für Neue Politische Ökonomie, 10. Band: Systemvergleich und Ordnungspolitik, Tübingen 1991, S. 167-198. *Alfred Schüller und Ralf L. Weber*, Von der Transformation zur Integration: Eine ordnungs-, handels- und währungspolitische Aufgabenstellung, in: *Helmut Gröner* und *Alfred Schüller* (Hg.), Die europäische Integration als ordnungspolitische Aufgabe, Stuttgart, Jena und New York 1993, S. 445-491. *Alfred Schüller*, Weltwirtschaftliche Integration der Transformationsländer als ordnungsökonomische Aufgabe, in: *Ulrich Fehl* und *Alfred Schüller* (Hg.), Wettbewerb und weltwirtschaftliche Integration: Triebkräfte des Transformationsprozesses, Stuttgart 2002, S. 26-55.

[42] *Gernot Gutmann* hat im Anschluss an *Hensel*s System der naturalen Wirtschaftsrechnung eine Theorie der geldwirtschaftlichen Planung erarbeitet. Daraus ist *Gutmann*s Buch „Theorie und Praxis der monetären Planung in der Zentralverwaltungswirtschaft", Stuttgart 1965, entstanden, mit dem er sich 1964 in der Rechts- und Staatswissenschaftlichen Fakultät der Philipps-Universität Marburg habilitiert hat. *Helmut Leipold* hat sich 1982 als Mitarbeiter der Forschungsstelle mit dem Thema „Staatseigentum und Innovation: Ein Beitrag zur ökonomischen Theorie sozialistischer Eigentumsrechte" habilitiert.

[43] *Dirk Wentzel* hat in der Forschungsstelle, seiner „wissenschaftlichen Heimat", wie er im Vorwort sagt, die Arbeit „Medien im Systemvergleich: Eine ordnungsökonomische Analyse des deutschen und amerikanischen Fernsehmarktes", Stuttgart 2002, geschrieben. Auf dieser Grundlage wurde er im Jahre 2001 im Marburger Fachbereich Wirtschaftswissenschaften habilitiert.

[44] Frankfurt/Main 1982.

[45] In den 60er Jahren begann sich in der Bundesrepublik insgesamt das geistig-kulturelle und (wirtschafts-)politische Klima zu verändern. Am deutlichsten war der geistige Wandel an Bestrebungen zu spüren, die Universitäten zu demokratisieren, im Geist des Neomarxismus zu politisieren, gruppenparitätisch zu legitimieren und nach rätedemokratischen Grundsätzen zu organisieren – ungeachtet der spezifischen Aufgaben der Hochschullehrer und der Hochschulen im Sinne des Grundrechts auf Freiheit von Forschung und Lehre (Art. 5 Abs. 3 GG).

[46] Siehe *Leszek Balcerowicz*, 800 dni: Szok kontrolowany (800 Tage: Ein kontrollierter Schock), Warszawa 1992.

[47] Nach dem Verlust seines Regierungsamtes wurde *Balcerowicz* als Vorsitzender der liberalen „Freiheitsunion" 1997 noch einmal Finanzminister, bevor er von 2001 bis Januar 2007 als Präsident der polnischen Nationalbank den Zloty zu einer der härtesten Währungen Europas machte. Die Regierung *Kaczynski* mit ihrer Bewegung „Recht und Gerechtigkeit" verfolgte mit der Nichtverlängerung des Vertrags als polnischer Notenbankchef unter anderem das Ziel, die Unabhängigkeit der Zentralbank einzuschränken, um inflationstreibende politische Ideen und Leidenschaften leichter finanzieren zu können.

[48] Seit 1985 hat *Peterhoff* mich bei der Arbeit für die Zweigstelle Marburg der Deutschen Gesellschaft für Osteuropakunde (DGO) unterstützt, die organisatorisch viele Jahre an die Forschungsstelle gebunden war – in enger Zusammenarbeit mit dem Institut für osteuropäische Geschichte unter Prof. *Lemberg* und dessen Nachfolger Prof. *Plaggenborg*.

[49] Zum Wohle unserer Alma Mater Philippina hat *Peterhoff* immer wieder Argumente bemüht, die seinem ausgeprägten Langzeitgedächtnis zu verdanken sind. So würde er es mit mir begrüßen, wenn es gelänge, mehr Licht in das Dunkel der Frage zu bringen, ob, inwieweit und mit welchen Konsequenzen hochschulpolitische Gruppierungen und Universitätsmitglieder den Verführungsbemühungen des zweiten deutschen Unrechtssystems, nämlich der DDR, erlegen sind.

[50] Siehe *Bettina* und *Dirk Wentzel* (Hg.), Wirtschaftlicher Systemvergleich Deutschland/USA, Stuttgart 2000.

[51] Siehe Verzeichnis der Publikationen der Forschungsstelle 1957-2007.

[52] Mit Unterbrechung von einer einjährigen Praxistätigkeit beim Deutschen Industrie- und Handelskammertag (DIHT) in Bonn.

[53] Siehe *Alfred Schüller*, Ansätze einer Theorie der Transformation, in: ORDO, Bd. 43, 1992, S. 35-63.

[54] Siehe *Heiko Geue*, Evolutionäre Institutionenökonomik. Ein Beitrag aus der Sicht der österreichischen Schule, Stuttgart 1997; *Bertram Wiest*, Systemtransformation als evolutorischer Prozess, Stuttgart 2000; *Ulrich Fehl*, Warum Evolutorische Ökonomik? In: ORDO, Bd. 56, 2005, S. 77-93.

[55] Siehe *Erich Hoppmann*, Walter Euckens Ordnungsökonomik – heute, in: ORDO, Bd. 46, 1995, S. 41-55.

[56] *Wilhelm Röpke*, Civitas Humana, 4. Auflage, Bern und Stuttgart 1979, S. 151 ff.

[57] Siehe *Gerhard Schwarz*, Polens „Schock-Therapie": Die Zähigkeit des Leszek Balcerowicz, Wirtschaft im Gespräch, in: Neue Zürcher Zeitung, Nr. 31 vom 8. 2. 1999, S. 7.

[58] Vergleiche die nach wie vor grundlegende Arbeit von *Ernst Heuß*, Wirtschaftssysteme und internationaler Handel, Zürich und St. Gallen 1955.

[59] Siehe *Alfred Schüller*, Zahlungsbilanzausgleich und Marktstörungen im Verkehr zwischen zentral geleiteten und marktwirtschaftlichen Volkswirtschaften, in: ORDO, Bd. 25, 1974, S. 31-55.

[60] Siehe *Friedrich A. von Hayek*, Die Verfassung der Freiheit. Erster Teil: Der Wert der Freiheit, Tübingen 1971, S. 13-29.

[61] Siehe *Alfred Schüller*, Subsidiarität im Spannungsfeld zwischen Wettbewerb und Harmonisierung. Interpretationsversuche aus ordnungspolitischer Sicht, in: *Knut Wolfgang Nörr* und *Thomas Oppermann* (Hg.), Subsidiarität: Idee und Wirklichkeit. Zur Reichweite eines Prinzips in Deutschland und Europa, Tübingen 1997, S. 69-104.

[62] Siehe *Alfred Höck*, Die Brüder Grimm als Studenten in Marburg, Marburg 1985, S. 29.

*Alfred Schüller und Stefan Voigt (Hg.), Von der Ordnungstheorie zur Institutionenökonomik
Schriften zu Ordnungsfragen der Wirtschaft · Band 90 · Stuttgart · 2008*

Institutionen und Wirtschaftswachstum[1]

Leszek Balcerowicz

Inhalt

---

[1] Der Vortrag bei der Festveranstaltung der Marburger Forschungsstelle war eine Kurzfassung meines
     englischen Aufsatzes „Institutional Systems and Economic Growth" (*Balcerowicz* 2008), in: *Anders
     Aslund* and *Marek Dabrowski* (eds.), Challenges or Globalization: Imbalances and Growth, Washing-
     ton D.C. 2008, pp. 153-199. Dieser Aufsatz war die Vorlage der hier veröffentlichten deutschen Über-
     setzung, für die ich Herrn *Sang-Min Park*, Marburg, sehr herzlich danke.

1. Einleitung

Die Lebensstandards vor 1800 haben sich weder zwischen Ländern noch über die
Zeit kaum verändert (*Parente* and *Prescott* 2002). Wirtschaftswachstum im modernen
Sinne begann Anfang des 19. Jahrhunderts zunächst in Großbritannien und den ethnisch
durch Großbritannien beeinflussten Ländern, dann in weiteren westlichen Ländern. Mit
diesem Wirtschaftswachstum war eine unvorhersehbare Anhebung des Lebensstandards
im Westen verbunden. Während die Gruppe der westlichen Volkswirtschaften einen
großen Sprung vorwärts machte, gab es gleichzeitig innerhalb dieser Gruppe eine starke
Annäherung (Konvergenz) der Einkommensniveaus, besonders zwischen 1950 und
1973. Die Nachkriegszeit war außerdem durch einen eindrucksvollen Aufholprozess
einiger anderer Länder gekennzeichnet: Japan und später die Ostasiatischen „Tiger-
Staaten" und Chile in Lateinamerika. Auf der anderen Seite hatten viele andere Länder
divergierende Einkommensniveaus, besonders in Afrika, Lateinamerika und im Ost-
block.

Die Erklärung dieser langfristigen Entwicklungen ist eine der fundamentalen Aufgaben empirisch orientierter Wirtschaftswissenschaften. Obwohl es hierzu eine Vielzahl
von Publikationen gibt, bleibt noch vieles zu erklären. Es wird weithin angenommen
(und ich teile diese Ansicht), dass Wachstumsmodelle, die sich auf die unmittelbaren
Determinanten von Wachstum (Produktivität, Kapitalakkumulation) konzentrieren,
langfristige Wachstumsunterschiede nicht überzeugend erklären können, da Unterschiede in diesen Faktoren ihrerseits erklärt werden müssen. Durch diese Erkenntnis wurde
eine immer noch wachsende Literatur begründet, die sich mit den fundamentalen Determinanten langfristiger Entwicklungsunterschiede beschäftigt, insbesondere mit den
institutionellen Voraussetzungen für langfristiges Wachstum. Die vorliegende Arbeit
ordnet sich in diese Literatur ein, möchte aber zusätzlich folgende Beiträge leisten:

Erstens unterscheide ich zwischen innovationsbedingtem Wachstum, welches potenziell universell und dauerhaft ist, und anderen Wachstumskräften, die eher situations-
spezifisch und temporär sind (Abschnitte 2 und 8).

Zweitens entwickle ich ein simples Modell individueller Wahlhandlungen (Abschnitt
3) und zeige daran den Einfluss unterschiedlicher Systeme von Institutionen (Abschnitt
4), wobei ich zwischen Informations- (Abschnitt 5) und Anreizbarrieren (Abschnitt 6)
für innovationsbedingtes Wachstum unterscheide. In Abschnitt 6 werden ausführlich
Institutionen diskutiert, die innovationsbedingtes Wachstum (und damit Konvergenz)
behindern. Ich werde zeigen, dass das Set solcher hinderlicher Institutionen größer ist in
geschlossenen Volkswirtschaften (vgl. *Sachs* and *Warner* 1995) und in Volkswirtschaften, in denen Produzenten Monopolstellungen genießen (vgl. *Parente* and *Prescott*
1999). Die bestehende Literatur wird ergänzt durch das Aufzeigen zahlreicher Wir-
kungsmechanismen von Institutionensystemen, die das Wachstum behindern.

Während sich Abschnitt 6 mit Wachstumshindernissen beschäftigt, werden in Abschnitt 7 historische Beispiele erfolgreichen Wirtschaftswachstums gegeben. Hierbei
werde ich unterscheiden zwischen einigen wenigen Fällen, in denen Länder durchge-
hend unverändert liberale Ordnungen und hohes Wachstum zeigten, und einer viel grö-

ßeren Zahl von Fällen, in denen eine ursprünglich wachstumshinderliche Ordnung durch erfolgreiche Reformen transformiert wurde.

In Abschnitt 8 werden diese Reformen analysiert, wobei ich zwischen ökonomischen und politökonomischen Erwägungen unterscheide, gleichzeitig aber auch auf die Zusammenhänge zwischen den beiden eingehen werde. Ich werde mich in einer ökonomischen Analyse der Reformpakete auf ihre Richtung, ihren Umfang und ihre Zeitstruktur konzentrieren. Weiterhin werde ich mich kritisch mit sogenannten „unkonventionellen" Reformen (z.B. Gemeinde- und Dorfunternehmen in China) auseinandersetzen. In diesem Abschnitt werden außerdem Unterschiede von erfolgreichen Reformen erklärt, einerseits durch institutionelle Wachstumshindernisse (die langfristig das Wachstum erschweren), andererseits durch spezifische Wachstumskräfte (die kurzfristige Wachstumsschübe erleichtern).

In Abschnitt 9 gehe ich auf Wachstumseinbrüche ein, da diese das langfristige Wachstum ebenfalls beeinflussen können. Außerdem wird der Zusammenhang zwischen Wachstumseinbrüchen und institutionellen Systemen beleuchtet. Vor dem Hintergrund dieser Analyse werde ich zwischen zwei (sich überlappenden) Sets von Institutionen unterscheiden: antreibenden (Abschnitt 5, 6, 7 und 8) und stabilisierenden Institutionen (Abschnitt 9). Abschnitt 10 liefert einige Schlussfolgerungen.

2. Innovationsbedingtes Wachstum

Es ist weithin anerkannt, dass eine bloße Ausweitung gleichbleibender Produktionsprozesse langfristig kein Wachstum generieren kann. Nach der ökonomischen Theorie wird unter solchen Bedingungen die sinkende Grenzproduktivität des Kapitals dazu führen, dass das Wirtschaftswachstum stagniert. Wirtschaftsgeschichtliche Beobachtungen unterstützen diese Voraussage: Vor 1800 gab es kaum eine (globale) technologische Entwicklung, und das Wirtschaftswachstum war sehr gering. Seit 1800 nahm dagegen der technische Fortschritt zu und ermöglichte damit das moderne Wirtschaftswachstum.

Daraus lässt sich schließen, dass systemische Innovationen die Produktivität steigern, die Entwicklung neuer, wohlfahrtssteigernder Produkte[2] vorantreiben und schließlich dafür sorgen, dass das Wirtschaftswachstum anhält, sofern kontinuierlich weiter innoviert wird und keine negativen Schocks das Wachstum beeinträchtigen. Ich definiere Innovationen hierbei, im Sinne *Schumpeters*, als Anwendung neuer Geschäftspraktiken. Hierzu zählen Erfindungen von unabhängigen Individuen, aber auch von F&E Abteilungen in Firmen und anderen Organisationen. Sie können nicht nur den Produktionsprozess, sondern auch Verkehrs- und Kommunikationsbereiche sowie die Unternehmensorganisation beeinflussen (z.B. *Just-in-time* Fertigung).

Innovationen erfordern meist neue Kapitalgüter (Investitionen), sie sind also darin „verkörpert".

---

[2] Im Folgenden werde ich diese als „echte" Innovationen bezeichnen, um sie von „einfachen" Innovationen abzugrenzen, die in einigen institutionellen Systemen betrieben wurden, die aber weder die Produktivität noch die Konsumentenrente erhöhten.

Daraus folgt, dass Investitionshindernisse auch das innovationsbedingte Wachstum beeinträchtigen. Im Umkehrschluss ist das Nicht-Vorhandensein solcher Barrieren und damit eine hohe Investitionsrate noch kein Garant für hohe Wachstumsraten, da Innovationen auch durch andere Faktoren behindert werden können (vgl. Abschnitt 6).

Innovationsbedingtes Wachstum geht mit strukturellen Veränderungen einher, insbesondere mit der Umlenkung von Ressourcen in neue Produktionsprozesse und Produkte. Andererseits werden aber nicht alle strukturellen Änderungen durch Innovationen ausgelöst, sondern können auch durch Veränderungen in den Einkommenselastizitäten der Nachfrage bedingt sein.

Innovationen können aus der jeweiligen Gesellschaft selber stammen, aber auch importiert worden sein. Die technologischen Vorreiter einer Branche sind meist wenig interessiert an solchen ausländischen Technologietransfers. Ihr Fortschritt hängt vielmehr von ihren eigenen innovativen Aktivitäten ab, mit denen sie die „technology frontier" vorantreiben. Technologische Nachzügler können dagegen potenziell vom Technologietransfer profitieren, sofern die heimischen F&E Kapazitäten ausreichen, um die ausländischen Technologien zu adaptieren (vgl. *Griffith* et al. 2004).

Da erfolgreiche Innovationen die allgemeine Produktivität erhöhen und durch Produktinnovationen die gesellschaftliche Wohlfahrt steigt, haben die technologisch führenden Länder auch die höchsten Pro-Kopf-Einkommen. Umgekehrt sind Länder mit niedrigeren Technologie-Niveaus durch niedrigere Lebensstandards gekennzeichnet. Sie haben jedoch die Möglichkeit, zu den reicheren Ländern aufzuschließen, indem sie deren Technologien adaptieren. Dies entspricht dem innovationsbedingten Wachstumsprozeß aufholender Länder[3].

Ausländischer Technologietransfer ermöglicht es rückständigen Volkswirtschaften also, schneller zu wachsen als die entwickelten. Denn die weniger entwickelten Wirtschaften können bereits erfundene und erprobte Technologien günstiger und schneller adaptieren, als es den entwickelten Volkswirtschaften möglich ist, die „technology frontier" zu erweitern[4].

Niedrige Pro-Kopf-Einkommen sind allerdings kein Garant dafür, dass ein armes Land wächst, geschweige denn, dass es schneller wächst als ein reiches. Gegenwärtige Armut an sich generiert kein Wachstum, verdammt ein Land aber auch nicht zwangsläufig dazu, arm zu bleiben (Stichwort Armutsfalle). Entwicklung erfordert vielmehr, dass die Ursachen der Rückständigkeit beseitigt und durch Bedingungen ersetzt werden, die produktive Technologietransfers ermöglichen und andere Wachstumskräfte stärken. Diese Bedingungen werden oft als „social capability" bezeichnet (vgl. *Abramovitz* 1986), meist in Bezug auf heimische Kapazitäten, ausländische Technologien zu erler-

---

[3] Nach *Weede* (2006) bestehen die Vorteile der Institutionen entwickelter Volkswirtschaften, aus denen das technische Wissen resultiert, nicht nur in den eigenen Wohlfahrtsgewinnen, sondern auch in den Wohlstandssteigerungen, die weniger entwickelte Länder durch den Technologieimport erzielen können.

[4] Vgl. *Barro & Sala-i-Martin* (1997). Endogene Wachstumsmodelle, insbesondere von *Romer*, legen allerdings den Schluß nahe, dass Konvergenz durch Technologietransfer nicht möglich ist. Nach *Sachs & Warner* (1995) ist diese These allerdings empirisch nicht bestätigt.

nen und zu adaptieren. In einem Literaturüberblick hebt *Keller* (2004) z.B. genau diesen Aspekt hervor, ohne jedoch auf Anreizprobleme einzugehen.

Allein innovationsbedingtes Wachstum ist nachhaltig. Es gibt allerdings weitere Triebkräfte des Wachstums, die im Folgenden als situationsspezifische Wachstumskräfte bezeichnet werden. Ein Beispiel hierfür sind allokative Effizienzgewinne durch die Wahrnehmung komparativer Kostenvorteile im Außenhandel. Diese Wachstumsgewinne lassen sich auch bei gleichbleibenden Technologien und Produkten erzielen. Im komparativen Handelsvorteil kann ein Erklärungsansatz für die verbesserten Lebensbedingungen der europäischen Handelsnationen zwischen dem 15. und 17. Jahrhundert gesehen werden.

Es gibt noch weitere situationsspezifische Kräfte, die vorübergehendes Wachstum generieren können. Sie sind sozusagen inhärent in den Bedingungen der rückständigen Länder enthalten und unterscheiden sich je nach Art der Unterentwicklung. Beispielsweise wurde in kommunistischen Systemen unter enormer Verschwendung produziert. Gleichzeitig wurden manche Sektoren systematisch unterdrückt (z.B. die Landwirtschaft in China, die Dienstleistungen in der Sowjetunion). Systeme wie die Arbeiterselbstverwaltung in Jugoslawien waren durch eine systematische Unterbeschäftigung gekennzeichnet. Die Beseitigung solcher systemspezifischer Ineffizienzen kann kurzfristig Wachstumsschübe und Konvergenzprozesse auslösen. In Abschnitt 8 werde ich auf diese situationsspezifischen Wachstumseinflüsse zurückkommen.

Die Abschnitte 5, 6 und 7 beschäftigen sich vorab mit dem innovationsbedingten Wachstum, da dieses zu nachhaltiger Entwicklung und Konvergenz führt.

3. Determinanten individueller Entscheidungen

Aus Sicht des methodologischen Individualismus beruhen wirtschaftliche Ergebnisse wie z.B. das Wirtschaftswachstum letztendlich auf individuellen Wahlentscheidungen – als das Resultat der Interaktion zweier Faktoren: erstens der individuellen Dispositionen (Veranlagungen) und zweitens der jeweiligen Entscheidungssituationen (vgl. *Balcerowicz* 1995, pp. 4-15).

Menschliche Dispositionen treten als bleibende individuelle Charakteristika in wechselnden Entscheidungssituationen auf (vgl. *Maddison* 1991). Sie können in motivationale und kognitive Faktoren unterschieden werden. Motivationale Faktoren orientieren sich am Nutzen unterschiedlicher Objekte und Handlungen. Kognitive Faktoren bestimmen die individuelle Kapazität zur Informationsverarbeitung (z.B. Lernfähigkeit).

Die Entscheidungssituation umfaßt mehr als eine (physische oder technologische) Handlungsoption (vgl. *Greif* 2006), z.B. auch Situationen, in denen das Individuum keine Wahlmöglichkeiten wahrnimmt, weil es sich für eine Option entscheidet als die vermeintlich beste aller Optionen.

Die Gesamtheit der Dispositionsmöglichkeiten eines Individuums stellt sein motivationales Potenzial dar und bestimmt die motivierenden Faktoren (Motivatoren). Man spricht von einem Motivator, wenn eine Intensitätsänderung im motivationalen Potential vom Individuum psychologisch als Belohnung oder Strafe empfunden wird. Die erwarteten Unterschiede in der Bedeutung der Motivatoren für verschiedene Handlungsoptionen entsprechen positiven oder negativen Anreizen.

Im Allgemeinen unterscheide ich vier Kategorien von Motivatoren. Mit ihrer Hilfe läßt sich die individuelle Nutzenfunktion beschreiben:

(1) $U = U(EM, ES, IM, E)$

Hierbei steht *EM* für *externe pekuniäre* Motivatoren, z.B. Einkommen oder Vermögen für Konsumzwecke. *ES* beschreibt *externe soziale* Motivatoren, die sich aus der Verbindung mit anderen Individuen ergeben. Hierzu gehören Reputation, gesellschaftliche Stellung, Prestige, Macht usw. Diese Motivatoren entstehen aus emotionalen Bedürfnissen und aus der Neigung, das eigene Selbstwertgefühl zu erhalten und zu steigern (vgl. *Madsen* 1968). *ES* erklärt auch die Macht sozialer Normen, also die Durchsetzung von Normen durch informelle Reaktionen anderer Gruppenmitglieder – im Gegensatz zu formalisierten Durchsetzungsmechanismen (vgl. *Elster* 1989).

Einige Motivatoren gehören gleichzeitig in die *EM*- und die *ES*-Kategorie. Beispielsweise dienen Einkommen oder Vermögen vielen Menschen nicht nur zu Konsumzwecken, sondern auch als Indikator der gesellschaftlichen Stellung.

IM bezeichnet *intrinsische* Motivatoren, z.B. Leistungsmotivation (vgl. *McCleland* 1961), oder die Freude an einer intellektuell stimulierenden Tätigkeit. Diese Motivation entsteht aus dem menschlichen Bedürfnis nach sensorischer und intellektueller Stimulation (vgl. *Hebb* 1949). *E* bezeichnet den unerfreulichen Aufwand, der mit langweiliger oder aufreibender Tätigkeit verbunden ist[5]. Ohne diese Kategorie von Motivatoren wäre die schwache Innovationskraft von Monopolen (relativ zu Unternehmen im Wettbewerb) schwer zu erklären (Vgl. Abschnitt 6).

Die individuellen kognitiven und motivationalen Dispositionen bestimmen das realisierbare Entscheidungsset. Ein realisierbares Set hat zwei Dimensionen:

— ein Set von Handlungen, das vom Individuum als realisierbar wahrgenommen wird;

— die wahrgenommene Motivationsverteilung über diese verschiedenen Handlungen, daraus resultierend der relative Nutzen jeder Handlung, mit anderen Worten also die Präferenzordnung der verschiedenen Handlungen[6].

In Bezug auf Innovationsbarrieren bedeutet dies, dass ein Individuum dann nicht innovieren wird, wenn

— die Neuerungen außerhalb des realisierbaren Set liegen (vgl. *Elster* 1989); es besteht also eine Informationsbarriere bezüglich der Innovation;

— die Innovationen zwar innerhalb des realisierbaren Set liegen, aber aufgrund der gegebenen Entscheidungssituation und der motivationalen Dispositionen einen zu ge-

---

[5]   Handlungen unterscheiden sich also je nachdem, ob sie inhärent belohnend oder mit unangenehmem Aufwand verbunden sind. Belohnende Handlungen erfordern weniger externe Motivatoren als Handlungen, die mit *E* verbunden sind.

[6]   Diese Einteilung muss nicht vollständig sein. Oft wird – bei gegebenen motivationalen Dispositionen - eine bestimmte Handlung gegenüber anderen nicht geordneten Handlungen präferiert.

ringen Nutzen erwarten lassen (etwa gegenüber Routineaufgaben, Raub, *Rent-Seeking*); hier stoßen Innovationsmöglichkeiten auf eine Anreizbarriere.

Auf der aggregierten Ebene der Gesellschaft kann man die *Informationsbarriere* entsprechend als eine Situation auffassen, in der alle relevanten gesellschaftlichen Entscheidungsträger auf mögliche Innovationen verzichten. Analog existiert die *Anreizbarriere* auf gesellschaftlicher Ebene, wenn Innovationen zwar in den realisierbaren Sets einiger Entscheidungsträger vorhanden sind, aber wegen ihres niedrigen relativen Erwartungsnutzens nicht gewählt werden. Die Realisierung von Innovationen scheitert in der Realität also mal an Informationsbarrieren, mal an Anreizbarrieren.

In Abschnitt 5 werde ich die Determinanten von Informationsbarrieren und deren Interaktion mit den Determinanten von Anreizbarrieren diskutieren. Anreizbarrieren werden dann in Abschnitt 6 behandelt.

Im folgenden Abschnitt werde ich zunächst die Verbindung von Determinanten individueller Entscheidungen mit den institutionellen Gesamtsystemen behandeln.

4. Von individuellen Entscheidungen zu institutionellen Systemen

In der Diskussion um Wirtschaftswachstum und andere gesamtwirtschaftliche Größen wird zunehmend anerkannt, dass Kapitalakkumulation, Produktivitätswachstum und Technologietransfers lediglich vordergründige Determinanten darstellen. Denn diese hängen wiederum von fundamentaleren Faktoren ab, in erster Linie von Institutionen[7]. In meine Definition von Institutionen fallen alle immateriellen und relativ langlebigen Faktoren, die das Verhalten der Individuen beeinflussen (vgl. *Balcerowicz* 1995 und *Greif* 2006). Institutionen lenken individuelle Handlungen, insbesondere die Interaktion zwischen Individuen (Transaktionen) in dem Sinne, dass ausreichend große Unterschiede oder Veränderungen in Institutionen zu veränderten Handlungen und Interaktionen führen. Gewöhnlich unterscheidet man zwischen formalen (mit der Existenz des Staates verbundenen) und informalen (z.B. das Kastensystem in Indien) Institutionen. Informale Institutionen, also soziale Normen und informelle Netzwerke, konstituieren das, was oft als die Kultur einer Gesellschaft bezeichnet wird.

Für die Analyse von Wirtschaftswachstum und anderen ökonomisch relevanten Größen einer Gesellschaft ist die Betrachtung des institutionellen Systems also wichtig, wobei letzteres aus allen einzelnen Institutionen besteht, die Entscheidungen von Individuen beeinflussen[8].

---

[7] Ein anderer fundamentaler Faktor besteht in den physischen Umweltbedingungen (z.B. Klima, geographische Lage). Es scheint allerdings, dass institutionelle Unterschiede größere Unterschiede in der Wirtschaftsleistung erklären können, als Unterschiede in Umweltbedingungen (vgl. z.B. Süd- und Nordkorea). Außerdem lassen sich Umweltbedingungen viel schwerer verändern als institutionelle Bedingungen.

[8] Im Vergleich der institutionellen Systeme verschiedener Länder lassen sich einige Ähnlichkeiten feststellen, z.B. in den Rechtssystemen. Dies ist gegenwärtig besonders für Länder der Europäischen Union der Fall. Neben dem Völkerrecht kann man auch die Mitgliedschaft in einer internationalen Organisation als eine Gemeinsamkeit verschiedener institutioneller Systeme ansehen.

Wie genau sieht die Verbindung zwischen dem gesellschaftlichen System von Institutionen und den individuellen Entscheidungen aus? Meiner Ansicht nach gibt es drei verschiedene Arten, nach denen Institutionen individuelle Entscheidungen beeinflussen können (vgl. *Balcerowicz* 1989).

1. Situativer Einfluss: Institutionelle Systeme unterscheiden sich in Bezug auf die Verhaltensmöglichkeiten, die über typische Entscheidungssituationen, denen sich Individuen gegenüber sehen, definiert werden.

2. Selektiver Einfluss: Institutionelle Systeme unterscheiden sich darin, wie einfach oder schwer es Individuen fällt, zu unterschiedlichen Entscheidungssituationen Zugang zu haben.

3. Formativer Einfluss: Mittel- bis langfristig werden durch institutionelle Systeme spezifische Dispositionen geformt (Überzeugungen, Einstellungen, Fertigkeiten).

Beim situativen Einfluss ist das Konzept der Positionen (Rollen) wichtig. In welcher Position sich ein Individuum befindet, wird über die typischen Entscheidungssituationen definiert, denen sich dieses Individuum gegenüber sieht. Beispiele für Positionen sind: ein privater Unternehmer im Wettbewerb, ein privater Monopolist, der Manager eines Staatsunternehmens, der Abgeordnete in einem demokratischen Parlament, das Mitglied einer Elitegruppe in einer Diktatur, der Arbeiter in einem Staatsunternehmen, das Mitglied einer bestimmten Kaste in Indien usw. Eine bestimmte Person kann verschiedene Positionen in unterschiedlichen Lebensbereichen einnehmen, beispielsweise als Mitglied eines gemeinnützigen Vereins und Mitarbeiter einer staatlichen Behörde. Spezielle Gruppen von Positionen, die durch gemeinsame Regeln verbunden sind oder einen gemeinsamen Ursprung haben, werden herkömmlich als Organisationen bezeichnet.

Länderunterschiede bezüglich des Rechtssystems, der Verfügungsrechte, des Wettbewerbs, der Regierungsform usw. können als Unterschiede in den Gruppen bestehender individueller Positionen beschrieben werden. Dadurch wird eine Verbindung zwischen den individuellen Handlungen von Personen und den institutionellen bzw. den institutionell determinierten Variablen geschaffen. Denn die Entscheidungen von ähnlich denkenden Personen unterscheiden sich deshalb, weil deren Positionen je nach Entscheidungssituation variieren.

Ein entscheidender Unterschied zwischen Systemen von Institutionen besteht darin, inwieweit sie produktive Positionen enthalten, solche also, die produktive Aktivitäten ermöglichen und fördern: sparen, investieren, erfinden, innovieren.

Von besonderem Interesse sind die obersten Entscheidungspositionen in einem System von Institutionen, die üblicherweise dem politischen System zugerechnet werden. Die Schlüsselfrage, die sich hier stellt, lautet: Welchen (wenn überhaupt) Einschränkungen unterliegen die höchsten politischen Führungspersonen? Die Antwort ist ausschlaggebend zum einen für die Art und Sicherheit von Verfügungsrechten der Individuen, zum anderen für die Wahrscheinlichkeit von Gesetzen (d.h. Handlungen der Herrschenden), die ökonomische Schocks auslösen (siehe Abschnitt 9). In diesem Sinne sind die Grundmerkmale des politischen Regierungssystems und die der grundlegenden ökonomischen Institutionen zwei Seiten ein und derselben Medaille. In einem allgemeinen Kontext wird das Ausmaß verschiedener individueller Freiheitsrechte faktisch nicht durch ihren Wortlaut, sondern dadurch determiniert, inwieweit sie politische Machtausübung einschränken[9]. Um eine Aussage über das Ausmaß und die Nachhaltigkeit solcher Freiheitsrechte treffen zu können, ist eine Analyse der Einschränkungen dieser Rechte (*constraints*) erforderlich, darunter auch die so genannten *checks and balances* im Rahmen der Gewaltenteilung. Je stärker Entscheidungsgewalten an der Spitze gebündelt sind, desto weniger Spielraum haben die restlichen gesellschaftlichen Akteure zum Handeln und Interagieren[10]. Die Freiheit zum Interagieren umfaßt auch die spontane Evolution neuer institutioneller Arrangements, z.B. neue Vertrags- oder Organisationsformen. Daher sind Systeme von Institutionen mit stark konzentrierter Entscheidungsgewalt durch institutionelle Rigidität gekennzeichnet, da die Möglichkeit institutioneller Neuerungen „von unten" stark eingeschränkt ist. Im Gegensatz dazu bieten Systeme mit eher dezentralisierter Macht Individuen mehr Spielraum für spontanes Interagieren und Innovieren. Das Ausmaß, in dem ein System freie Interaktionen zulässt, ist von großer Bedeutung für die Dynamik von Institutionen und für innovationsbedingtes Wachstum (vgl. Abschnitt 7).

Zu 1: Bei der Diskussion *situativer* Einflüsse auf das System von Institutionen werden für gewöhnlich variierende institutionell bestimmte Positionen betrachtet, und zwar bei gegebenen, also konstant gehaltenen individuellen Dispositionen. Man nimmt also an, dass es einige unveränderliche Charakteristika gibt, die die menschliche Natur ausmachen. Dies umfaßt eine allgemein gehaltene Nutzenfunktion (vgl. voriger Abschnitt 3) und bestimmte Kapazitäten der Informationsverarbeitung[11]. Diese Vorgehensweise ist typisch für theorieorientierte Sozialwissenschaften, besonders für die Wirtschaftswissenschaften. Sie ermöglicht es, den Einfluss institutioneller und situativer Faktoren auf individuelle Handlungen isoliert zu betrachten.

Auch wenn Menschen verschiedene unveränderliche Charakteristika gemeinsam haben, gibt es doch einige Dimensionen, in denen sie sich unterscheiden: Begabungen, Ambitionen, Intelligenz, Charakter, Risikopräferenz usw. Es ist davon auszugehen, dass jede größere Gesellschaft durch eine breite Verteilung von Individuen entlang dieser psychologischen Dimensionen gekennzeichnet ist[12]. Durch diese Unterschiede zwischen

---

[9] Dies ist ein Grund dafür, dass *James Madison*, der Hauptverfasser der US-amerikanischen Verfassung und überzeugter Befürworter solcher Freiheiten, nicht sehr begeistert von der *Bill of Rights* war, sondern Einschränkungen politischer Macht verlangte.

[10] Hier spielen nicht nur institutionelle, sondern auch geografische sowie technologische Faktoren eine Rolle. Im zaristischen Russland hatte die Bevölkerung in Sibirien z.B. de facto mehr Freiheit als in Moskau. In der Gegenwart ist die Bedeutung geografischer Faktoren in der Ausübung politischer Kontrolle durch den technischen Fortschritt im Transport und in der Kommunikation eher zweitrangig.

[11] Zu diesen invarianten Charakteristika siehe ausführlich *Balcerowicz* (1995). In dieser Hinsicht können Erkenntnisse aus der Psychologie sehr hilfreich für die Wirtschaftswissenschaften sein und neue Einsichten ermöglichen, z.B. in der Forschungsrichtung „behavioral finance".

[12] Hier beziehe ich mich auf „natürliche" Gesellschaften, z.B. Nationen, die „geboren" und nicht bewusst geschaffen werden, wie z.B. Klöster oder Kibbutze.

Individuen ist es relevant zu wissen, welches Individuum welche gesellschaftliche Position besitzt, ob insbesondere eine Position mit Entscheidungsgewalt.

Zu 2: Dies leitet über zum *selektiven* Einfluss von institutionellen Systemen, denn Systeme unterscheiden sich nicht nur in ihren Positionen, sondern auch in den Verfahren, die den Zugang verschiedener Individuen zu „hohen" Entscheidungspositionen ermöglichen. Mit anderen Worten: Systeme von Institutionen unterscheiden sich im Ausmaß sozialer Aufstiegsmobilität. Dies wiederum ist relevant für Wirtschaftswachstum und weitere aggregierte Ergebnisse. Unterscheidet man zwischen politisch hohen und ökonomisch hohen Positionen, kann man auch zwischen politischer und ökonomischer Aufstiegsmobilität unterscheiden. Natürlich können diese zwei Kategorien sich auch überlappen. Dies hängt vom jeweiligen System ab und stellt eine der wichtigsten Eigenschaften von institutionellen Systemen dar. In kommunistischen Regimen waren z.B. politische und ökonomische Macht in ein- und denselben hohen Positionen konzentriert, während sie in demokratischen Regimen eher getrennt sind.

Die Relevanz der individuellen Variabilität und der Selektionsmechanismen hängt davon ab, welche Arten von Positionen vom System bereitgestellt werden. Betrachten wir verschiedene Modi des Aufstiegs in hohe politische Positionen, so lassen sich z.B. Wahlen, Kooptation, Ernennung durch amtierende Personen und Staatsstreiche anführen. Diese Modi unterscheiden sich in der Breite der psychologischen Profile, die für den neuen Inhaber der hohen politischen Position zulässig sind. Zum Beispiel „erlauben" Wahlen wahrscheinlich eine größere Breite psychologischer Charakteristika als andere Modi[13]. Dass die Merkmalsausprägungen der Persönlichkeit in einer hohen Entscheidungsposition eine Rolle spielen, ergibt sich inhärent aus dieser Position. (Außerdem unterscheiden sich Aufstiegs-Modi je nach der Instabilität des darauf folgenden Regimes, was wiederum ökonomisch relevant ist). Die Relevanz solcher Persönlichkeitsmerkmale ist allerdings am höchsten, je konzentrierter politische Macht in hohen Positionen gebündelt ist. Mit anderen Worten: Je schwächer die Einschränkungen politischer Macht in hohen Positionen sind, desto größer können die Unterschiede in den Merkmalsausprägungen der Persönlichkeit verschiedener Herrscher im politischen Handeln hervortreten. In diesem Sinne muss eine Analyse von Diktaturen auch die Psychologie des Diktators selber berücksichtigen. Die psychologischen Charakteristika des Diktators bestimmen die institutionelle Rigidität bzw. Anpassungsfähigkeit, da eine Person mit solch konzentrierter politischer Macht potenziell auch in der Lage ist, die Konzentration genau dieser Macht zu reduzieren, im Endeffekt also die fundamentalen Merkmale des übernommenen Systems zu ändern[14]. Ob das System erhalten oder erneuert wird, hängt also von der Persönlichkeit des Diktators ab[15].

Wenden wir uns nun der Frage des Zugangs von Individuen zu hohen Entscheidungspositionen zu. Institutionelle Rigiditäten oder institutionell bedingte Hindernisse,

---

[13] Dies ist lediglich eine Hypothese, da mir noch keine empirischen Analysen zum Thema vorliegen.

[14] Als Beispiele seien *Michail Gorbatschow* und *Boris Jelzin* in der ehemaligen Sowjetunion genannt.

[15] Außerdem kann es sein, dass Diktatoren Gefangene ihres eigenen Systems sind. Alle vom bestehenden System profitierenden Personen werden natürlich den Erhalt des Systems verteidigen, wie z.B. im zaristischen Russland.

wie z.B. das Kastensystem, die Sklaverei oder Leibeigenschaft, behindern die Mobilität großer gesellschaftlicher Gruppen, wenn nicht die der Mehrheit der Bevölkerung, unabhängig von individuellen Eigenschaften. Weniger drastische Hindernisse für Gruppen, die ähnliche Eigenschaften gemeinsam haben, finden sich z.B. im ungleichen Zugang zur Bildung, zum Kapital und zum staatlichen Schutz. Ceteris paribus kann man davon ausgehen, dass die Leistungsfähigkeit in Gesellschaften mit ernsthaften Mobilitätshindernissen schlechter ist als in Gesellschaften, die eher durch Chancengleichheit gekennzeichnet sind. Eine solche Situation ist auch aus Gründen der Wohlstandsangleichung vorzuziehen.

Aus reinen Effizienzgesichtspunkten hängt die Relevanz der sozialen Aufstiegsmobilität davon ab, welche Arten von Positionen im System enthalten sind. Enthält das System diverse produktive Positionen (wie z.B. die der privaten Unternehmer im Wettbewerb), dann ist ein einfacher Zugang begabter und hart arbeitender Individuen zu diesen Positionen förderlich für das Wirtschaftswachstum. Freies Unternehmertum in Verbindung mit sozialer Mobilität bringt bessere Endresultate als freies Unternehmertum ohne soziale Mobilität. Positive Selbstauslese sorgt in einem System mit produktiven Positionen und Mobilität dafür, dass Individuen in Positionen gelangen, die mit ihren individuellen psychologischen Profilen übereinstimmen[16]. Dies stärkt die spontanen evolutorischen Kräfte des Systems.

Es gibt allerdings auch Systeme, die keine produktiveren Positionen enthalten. Damit werde ich mich in Abschnitt 6 befassen. In solchen Systemen ist das Ausmaß sozialer Mobilität aus Effizienzsicht viel weniger relevant; begabte, hart arbeitende Individuen können solche Positionen dann gar nicht erst besetzen, weil diese nicht existieren. Dadurch wird das unternehmerische Potenzial einer Gesellschaft vergeudet. Dies ist äquivalent zu einer Situation, in der die produktiven Positionen zwar nominell vorhanden sind, aber durch starre institutionelle Barrieren *keinem* Individuum zugänglich sind. Die langfristige wirtschaftliche Leistungsfähigkeit eines Systems ohne produktive Positionen ist mit großer Wahrscheinlichkeit schlechter als die eines Systems mit schwer zugänglichen produktiven Positionen[17]: Sogar die talentiertesten Individuen leisten in unproduktiven Positionen weniger als weniger talentierte Individuen in produktiven Positionen[18].

Zu 3: Sehr unterschiedliche Systeme von Institutionen können langfristig in ähnlichen Gesellschaften unterschiedliche individuelle Dispositionen wie Fähigkeiten, Einstellungen, Überzeugungen usw. hervorbringen. Dies bezeichne ich als *formativen* Einfluss von institutionellen Systemen. Dies ist lediglich eine Definition, die noch keine Aussage über die Wichtigkeit und Nachhaltigkeit dieses Einflusses trifft. Komparative

---

[16] Umgekehrt kann es in einem System mit konzentrierter Macht zu negativer Selbstauslese kommen, indem nämlich Individuen mit moralisch verwerflichen Einstellungen vom Machtapparat angezogen werden.

[17] Der erfolgreiche Einstieg ins Unternehmertum kann z.B. von politischen Beziehungen abhängen. Nach *Keefer & Knack* (1997) ist das unternehmerische Potenzial von Personen, die über Beziehungen Unternehmer werden, geringer als das von Personen, die im freien Wettbewerb Unternehmer werden.

[18] Institutionell bedingte Unterschiede in Positionen lassen sich mit unterschiedlichen Kapitalausstattungen vergleichen.

psychologische Forschungen, z.B. über West- und Ostdeutsche oder Nord- und Südkoreaner, können helfen, diesen Aspekt näher zu beleuchten. Das psycho-soziale Erbe eines gegebenen Regimes ist besonders relevant, wenn versucht wird, es durch ein anderes zu ersetzen, wie man vor allem am Beispiel des Übergangs vom Sozialismus zum Kapitalismus in Zentral- und Osteuropa sehen kann[19].

Die meisten institutionenökonomischen Untersuchungen befassen sich mit dem *situativen* Einfluss von Institutionen. Dies scheint nicht nur der wichtigste Transmissionskanal zu sein, sondern ist auch einfacher zu modellieren und empirisch zu untersuchen als die anderen beiden[20], obwohl es eine Reihe interessanter und noch unerforschter Fragen zu diesen Einflüssen gibt. Der wirtschaftliche Aufstieg des Westens z.B. wird üblicherweise der Entstehung produktiver Positionen (private Unternehmer im freien Wettbewerb) zugeschrieben. Hier ist es nun interessant zu hinterfragen, welche Rolle die Verringerung der institutionell bedingten Zugangsbarrieren zu diesen Positionen gespielt hat (z.B. die Abschaffung der Leibeigenschaft). Eine weitere Frage befasst sich mit den inzwischen weit verbreiteten empirischen Indikatoren ökonomischer Freiheit. Diese erfassen größtenteils administrative Barrieren, denen sich der durchschnittliche Unternehmer bei Unternehmensgründung gegenüber sieht. Dies beantwortet allerdings nicht die wichtige Frage, wie die Verteilung von Zugangsbarrieren für Individuen unterschiedlichen sozio-ökonomischen Hintergrunds, aber ähnlicher psychologischer Profile aussieht. Die Frage nach dem psycho-sozialen Erbe des Sozialismus in den ehemaligen Ostblockstaaten hat viel Spekulation, aber wenig empirische Forschung hervorgebracht[21]. Interessant wäre z.B. eine Analyse der intergenerational dynamischen Veränderungen der ursprünglich sozialistischen Einstellungen oder der Unterschiede von Einstellungen zwischen Staatsbetrieben und Privatunternehmen.

Da die *situativen* Transmissionskanäle aber relevanter erscheinen, um unterschiedliche Wachstumsraten zu erklären, werde ich mich im Folgenden auf sie beschränken, wobei ich, je nach Forschungsstand, auch den *selektiven* Kanal berücksichtigen werde.

5.   Informationsbarrieren für innovationsbedingtes Wachstum

Die fehlende Implementierung von Innovationen erklärt sich durch einen Mangel an Innovationen im realisierbaren Set der entsprechenden Entscheidungsträger. Es kann allerdings noch weitere Gründe geben: z.B. Anreizbarrieren, so dass Innovationen zwar im realisierbaren Set vorhanden sind, jedoch zugunsten anderer Aktivitäten nicht umge-

---

[19]   Wie ich bereits früher betont habe, ist, wenn der Sozialismus tatsächlich ein psycho-soziales Erbe hinterlässt, eine radikale institutionelle Reform umso wichtiger (vgl. *Balcerowicz* 1995). Die Theorie der kognitiven Dissonanz nach *Festinger* (1957) besagt, dass Individuen sich besser intern an externe Veränderungen anpassen können, wenn diese Veränderungen radikal und daher als irreversibel wahrgenommen, werden, als wenn sie klein sind und daher als leicht reversibel wahrgenommen werden.

[20]   Soziologische und anthropologische Forschungen über spezifische Kulturen befassen sich unter anderem mit dem *formativen* Transmissionskanal.

[21]   Obwohl viele von einem sogenannten „Homo sovieticus" schreiben, hat nach der Durchführung radikaler Reformen eine Anpassung erstaunlichen Ausmaßes stattgefunden.

setzt werden. In diesem Abschnitt werde ich mich mit den Faktoren beschäftigen, die für Informationsbarrieren verantwortlich sind.

Historisch lassen sich drei Situationen unterscheiden, in denen Innovationen an Informationsbarrieren scheiterten:

1. Innovationen unterblieben generell und kamen daher in keiner Gesellschaft vor.

2. Innovationen kamen in bestimmten Gesellschaften nicht vor, wohl aber in anderen Gesellschaften.

3. Innovationen kamen in einer Gesellschaft vor, waren aber den relevanten Entscheidungsträgern nicht bekannt.

Die erste Situation charakterisiert die Anfänge der Zivilisation: Menschen waren in kleinen Jäger- und Sammler-Gruppen ohne jeglichen technologischen Fortschritt organisiert. Wie diese Gruppen sich im Zeitverlauf weiter entwickeln konnten, kann hier nicht behandelt werden.

In der zweiten und dritten Situation hat Nicht-Innovation mit Kommunikationsbarrieren im weiteren Sinne (z.B. mit der eingeschränkten Fähigkeit, innovative Ideen zu begreifen) zu tun. Diese Barrieren können extern, also zwischen Gesellschaften, oder intern bestehen, also z.B. zwischen Wissenschaftlern und Entscheidungsträgern oder zwischen Universitäten und Unternehmen.

Erst seit relativ kurzer Zeit sind externe Barrieren weniger durch geografische Faktoren, sondern vielmehr institutionell bedingt, z.B. durch politische Verbote, mit Ausländern Kontakt aufzunehmen. Solche Verbote sind charakteristisch für Systeme mit starker Machtkonzentration, wie z.B. in China zur Kaiserzeit und unter *Mao* oder in anderen kommunistischen Systemen.

Extern isolierte Systeme sind meist auch durch Merkmale gekennzeichnet, die Anreizbarrieren für Innovationen begünstigen. Daher würde in solchen Systemen eine bloße Reduzierung der Isolierung nicht alle Innovationsbarrieren beseitigen. In China gab es z.B. vor dem 18. Jahrhundert eine Vielzahl bahnbrechender Innovationen, die allerdings nicht effektiv umgesetzt wurden, da die Entscheidungsträger ihnen einerseits nur geringen Nutzen zusprachen und sie andererseits die Innovatoren ausbeuterisch behandelten. In Zentralverwaltungswirtschaften wurden Innovationen stets durch Anreizdefizite behindert (vgl. Abschnitt 6). Die Öffnung Polens in den 1970er Jahren mündete in unangemessenen Entscheidungen und einer ineffizienter Anwendung westlicher Technologien. Informations- und Anreizbarrieren treten also häufig gemeinsam auf.

Ein Grund hierfür ist darin zu sehen, dass jede Verhaltensweise letztendlich von Anreizen bestimmt ist. Insbesondere gilt das für die Suche nach und Entwicklung von Innovationen, aber auch für die Weitergabe innovativer Erkenntnisse an Entscheidungsträger. Alle mit Innovationen verbundenen Aktivitäten unterbleiben weitgehend, wenn die institutionellen Arrangements innovationsfeindlich sind. Informationsbarrieren sind also unübersehbar durch Anreize bedingt.

Umgekehrt kann es allerdings auch sein, dass Anreize durch externe Isolierung beeinflusst werden. Durch sie wird nämlich nicht nur der Import ausländischer Technologien blockiert, sondern auch die inländische Wettbewerbsintensität reduziert. Dies wiederum beeinflusst den potenziellen Nutzen von Innovationen im Vergleich zu Routineaktivitäten (vgl. Abschnitt 6). Durch die externe Isolierung werden außerdem die Märkte eingeschränkt, was die potenziellen Innovationserträge in zweifacher Hinsicht beeinträchtigt: Erstens wird die Profitabilität neuer großräumig anwendbarer Technologien eingeschränkt. Zweitens erhöhen sich die Kosten der Einführung neuer Technologien, und zwar die laufenden fixen Innovations- bzw. Imitationskosten sowie die anfänglichen Fixkosten, die im Vorfeld der Anwendung neuer Technologien anfallen (*Learning-by-Doing*). Fixkostendegression impliziert, dass diese Kosten bei wachsender Marktgröße im Durchschnitt sinken. Je kleiner die Volkswirtschaft, desto stärker kommen die negativen Effekte der Isolierung zum Tragen.

Im Folgenden werde ich mich mit den institutionellen Faktoren beschäftigen, die den relativen Nutzen von Innovationen und damit verbundenen Aktivitäten (wie Investitionen) bestimmen, weil ich davon ausgehe, daß die Anreizfaktoren am wichtigsten sind für innovationsbedingtes Wachstum. Zunächst behandle ich die institutionellen Arrangements, die innovationsbedingtes Wachstum behindern.

6.   Determinanten von Anreizbarrieren

Welche institutionellen Arrangements reduzieren den relativen Nutzen von Innovationen und ähnlichen Aktivitäten für die relevanten Entscheidungsträger, so dass diese nicht an Innovationen, sondern an alternativen Optionen interessiert sind? Ausgehend von der allgemeinen Nutzenfunktion in Abschnitt 3, werde ich untersuchen, inwiefern institutionelle Arrangements dazu führen, dass Innovationen weniger attraktiv erscheinen als alternative Aktivitäten. Ich beziehe mich also auf den *situativen* Einfluss von Institutionen auf individuelle Handlungen.

Unterschiedliche institutionelle Arrangements wirken verschieden auf die individuelle Nutzenfunktion. Der wichtigste und am weitesten erforschte Fall beschäftigt sich mit Einflüssen auf die pekuniären Motivatoren (EM), wobei Innovationen und verwandte Aktivitäten systematisch vernachlässigt werden. Es wird üblicherweise angenommen (zumindest implizit), dass soziale Normen (*ES*) keine Rolle bei Innovationshindernissen spielen und dass es keine Möglichkeiten für die Eroberung oder Ausbeutung unterworfener Territorien gibt. Ich werde hier von den gleichen Annahmen ausgehen, da sie auf die meisten Länder zutreffen, in denen innovationsbedingtes Wachstum behindert wird. Ich werde mich allerdings nicht nur auf die Einflüsse innovationshemmender Systeme auf die pekuniären Motivatoren *EM* beschränken, sondern auch auf den damit verbundenen zusätzlichen Aufwand *E* eingehen. Sonst wäre es schwer erklärbar, warum in solchen Systemen Innovationen blockiert werden. Am Ende des Abschnitts werde ich auf historische Systeme von Institutionen eingehen, in denen Innovationen durch bestehende soziale Normen und/oder *Rent-Seeking*-Verhalten behindert wurden.

Institutionelle Systeme, die durch ihren Einfluss auf *EM* (und *E*) innovationsbedingtes Wachstum verhindern, lassen sich grob in zwei Kategorien einteilen:

1. Systeme, in denen Innovationen *indirekt* dadurch behindert werden, daß Investitionen in physisches Kapital blockiert werden.

2. Systeme, die Innovationen *direkt* behindern.

6.1. Indirekte Anreizbarrieren

Systeme der ersten Kategorie sind durch vergleichweise niedrige Investitionsraten gekennzeichnet. Negative Wachstumseffekte ergeben sich hier bereits dadurch, dass auch Investitionen in physisches Kapital betroffen sind, die wiederum technischen Fortschritt verkörpern [22]. Da in einigen Systemen innovative Investitionen systematisch benachteiligt werden, lässt sich eine gewisse Überlappung zwischen den beiden Kategorien innovationshemmender Systeme feststellen[23]. Systeme der zweiten Kategorie können durch hohe Investitionsraten gekennzeichnet sein, aber durch spezifische Funktionsbedingungen dazu führen, daß fundamentale Innovationen im Vergleich zu Routineaktivitäten oder auch „einfachen", die Produktivität nicht steigernden Innovationen vernachlässigt werden.

Zunächst zur ersten Kategorie: Geringe Investitionsraten können durch niedrige, unsichere individuelle Renditen oder durch fehlende Ersparnisse (bei begrenztem Zugang zu ausländischem Kapital) bedingt sein. Die individuelle Investitionsrendite hängt von einem grundlegenden institutionellen Faktor ab: den Verfügungsrechten (*Property Rights*). Die Literatur hierzu ist sehr umfangreich und wächst weiterhin. Ich werde mich hier auf einige Erläuterungen beschränken, die für die Diskussion von innovationsbedingtem Wachstum notwendig sind.

Es ist wichtig, zwischen der Struktur der Verfügungsrechte und dem Ausmaß an Schutz für den Inhaber der Rechte zu unterscheiden. Die Struktur bestimmt, ob privatwirtschaftliche Tätigkeit erlaubt oder verboten ist. Wenn sie erlaubt ist, werden zusätzlich Markteintrittsbedingungen, der unternehmerische Handlungsspielraum und die Aneignung der Erträge (durch den Unternehmer und dessen Agenten) geregelt. Insgesamt wird die Struktur der Verfügungsrechte durch Regulierung, das Vertragsrecht und die Besteuerung bestimmt[24]. Die Sicherheit der Verfügungsrechte bestimmt das Ausmaß, in dem private Investitionserträge unsicher sind[25].

Im Allgemeinen werden Investitionsbarrieren entweder erstens durch eine unangemessene Verfügungsrechtestruktur mit effektiver Durchsetzung oder zweitens durch

---

[22] Wäre die weltweite technologische Entwicklung konstant, würden sich Restriktionen der Investitionstätigkeit viel weniger negativ auf das Wirtschaftswachstum auswirken. Allerdings erfordern die meisten neuen produktiven Technologien Vorabinvestitionen (vgl. *Abramovitz* 1993).

[23] Daraus folgt: Der Anteil an innovativen Investitionen ist in solchen Systemen niedriger ist als in Systemen, die Innovationen fördern. Selbst bei gleich hohem Anteil wäre doch der absolute Betrag der innovativen Investitionen in innovationsfreundlichen Systemen höher.

[24] Sind die Verfügungsrechte an einem Gut auf mehrere Akteure verteilt, sind die Kontrollrechte des einzelnen Akteurs geringer. Man spricht dann von „verdünnten" Verfügungsrechten.

[25] Diese Unsicherheit kann gemessen werden durch Momente der statistischen Verteilung der potenziellen Erträge (wie z.B. die Standardabweichung) oder durch subjektive Einschätzungen, die auf den Wahrnehmungen der Investoren beruhen.

eine angemessene Verfügungsrechtestruktur ohne effektive Durchsetzung (also mit Unsicherheit) verursacht[26].

Der erste Fall betrifft traditionelle, verwandtschaftsbasierte Gemeinschaften mit kollektivierten Verfügungsrechten. In solchen Gemeinschaften werden individuell erwirtschaftete Gewinne typischerweise unabhängig von der individuellen Anstrengung kollektiviert. Diese Art der Verteilung basiert oft auf informellen Verfügungsrechtestrukturen und schränkt die individuelle Kapitalbildung ein. Dieses Ergebnis ließe sich nur durch die (unrealistische) Annahme altruistischer oder kollektivistischer Motivationen ändern[27].

Ein aktuelles Beispiel für den ersten Fall wäre ein institutionelles System, das nominell private Verfügungsrechte zusichert, private Investitionserträge aber stark besteuert. Dies kann ideologisch bedingt sein (z.B. in Zentralverwaltungswirtschaften) oder aber durch fiskalische Restriktionen (die wiederum durch übermäßige Staatsausgaben bedingt sein können).

Der zweite Fall trifft auf einige Entwicklungsländer zu, wobei die Ursachen häufig in einer übermäßig großen Bürokratie und/oder in maßlosen (und falsch gezielten) Sozialausgaben zu sehen sind. Staatlich durchgesetzte Umverteilung kann ähnlich negative Effekte wie die kollektive Verteilung in traditionellen Gemeinschaften haben. Die ökonomische Analyse einer solchen Situation ist eindeutig: „Räuberische" Besteuerung führt zu verringerten Investitionen[28]. Interessanter sind die politökonomischen Implikationen: Wie können solche dysfunktionalen Systeme entstehen und über lange Zeiträume weiter bestehen? Im Allgemeinen entstehen solche Systeme aus einem politisch-ideologischen Umbruch. Einmal entstanden, reproduzieren diese Systeme dann ihre eigene Klientel, was wiederum deren weitere Existenz und die Reformresistenz fördert.

Mit räuberischer Besteuerung ist offizielle Besteuerung gemeint. Aber die privaten Investitionserträge werden durch Zwangsabgaben jeglicher Art reduziert, denen der Investor unterliegt, z.B. auch Bestechungszahlungen. In vielen Ländern sind die offiziellen Steuersätze niedrig, dafür aber die inoffiziellen Bestechungszahlungen und da-

---

[26] Damit wird betont, dass die Auswirkungen des Inhaltes der Verfügungsrechte und die der Effektivität ihrer Durchsetzung nicht additiv sind. Wenn der Inhalt unangemessen ist, z.B. wenn Monopole zugelassen sind, dann ist es fraglich, ob der effektive Schutz dieser Verfügungsrechte wohlfahrtsförderlich ist, da der Markteintritt in die monopolisierten Märkte erschwert ist. In einer Verfügungsrechtestruktur mit freiem Wettbewerb würde dagegen der effektive Schutz von (unternehmerischen) Verfügungsrechten die Gesamtwohlfahrt steigern.

[27] Die gemeinschaftliche Natur der Verfügungsrechte in traditionellen verwandtschaftsbasierten Gemeinschaften ist nicht der einzige Grund für Unterentwicklung in solchen Gesellschaften. Selbst mit individualistisch ausgestalteten Verfügungsrechtestrukturen ist in diesen Gemeinschaften das Ausmaß an privaten Transaktionen eingeschränkt, da die Durchsetzung der Verfügungsrechte nicht über die Mitglieder der Gemeinschaft hinausgeht (vgl. *Greif* 2006).

[28] Übermäßige Staatsausgaben haben einen weiteren negativen Effekt auf Investition und Wachstum, nämlich durch chronische Budgetdefizite. Denn hierdurch werden private Ersparnisse absorbiert, makroökonomische Instabilität wird generiert, und die Investitionsunsicherheit nimmt zu, was letztendlich die Wahrscheinlichkeit von Krisen erhöht (vgl. *Rzonca* 2007).

mit die gesamten Abgaben hoch, was niedrige Investitionsanreize zur Folge hat[29]. Ein gutes Beispiel hierfür ist das China der Kaiserzeit, in dem Innovationen insbesondere durch Korruption gehemmt wurden (vgl. *Baumol* 2002).

Aus analytischer Sicht ist weitverbreitete Korruption nicht einfach ein anomales Verhalten öffentlicher Verwaltungen, sondern ein institutionelles Problem. Sowohl offizielle als auch inoffizielle Abgaben werden von den Unternehmern gezahlt, weil Behörden durch ihre staatlich untermauerte Macht eine glaubwürdige Drohposition einnehmen können. Bezüglich der offiziellen Abgaben erklärt sich diese Macht aus dem Strafrecht, das jedoch auf Korruptionszahlungen wegen deren illegaler Natur nicht anwendbar ist. Stattdessen können Behörden mit Regulierungen den Unternehmen mehr Schaden zufügen als Bestechungszahlungen. In diesem Sinne ist Korruption durch die Existenz des Staates bedingt, genauer: durch staatliche Regulierungen, die die privaten Erträge wirtschaftlicher Aktivität stark reduzieren können. Durch Abschaffung dieser Regulierungen ließe sich auch das Problem der Korruption bekämpfen, da dies die Drohposition der Behörden stark einschränkt[30].

Weit verbreitete Korruption kann entweder als verfehlte de facto-Struktur der Verfügungsrechte (z.B. durch übermäßige Regulierung) oder als schlechter Schutz der offiziellen Verfügungsrechte interpretiert werden. Unabhängig davon sind die Auswirkungen von Korruption klar: Je höher das Korruptionsniveau, umso niedriger ist die private Investitionsrate. Konzeptionell kann man den Effekt der Unsicherheit von Verfügungsrechten auf private Investitionsentscheidungen separat betrachten. Hierzu reicht es, sich eine Situation vorzustellen, in der angemessene Verfügungsrechte vorhanden sind, die Investoren aber durch nicht-staatliche Agenten „ausgeraubt" werden. Dies ist dann der Fall, wenn die grundlegenden Staatsfunktionen nicht gewährleistet sind: der Schutz des Individuums und seines Eigentums (inklusive der Durchsetzung von Verträgen)[31]. Die außerordentliche Unsicherheit, die in einer solchen Situation entsteht, ist zwangsläufig mit niedrigen Investitionsraten verbunden, sofern keine effektiven privaten Schutzmöglichkeiten bestehen. Die Wirkung ist also die gleiche wie in traditionellen Gemeinschaften oder in stark besteuernden, aber effizienten Staaten.

Es steht außer Frage, dass es Systeme von Institutionen gibt, in denen mehrere der oben genannten Aspekte aufeinander treffen. Beispielsweise kann staatlicher „Raub" verbunden sein mit schwachem Schutz der Verfügungsrechte gegenüber nichtstaatli-

---

[29] Hierin liegt eine Erklärung für die geringe Korrelation zwischen offizieller Steuerbelastung und Investition bzw. Wachstum. Die relevante Größe sind nämlich die de facto-Abgaben von Unternehmen. Zum Thema Korruption und Investition vgl. *Fry* (2001).

[30] Zwei Kommentare: Nicht alle Regulierungen, die dem Unternehmer zusätzliche Kosten verursachen, müssen abgeschafft werden. Beispielsweise sind Hygiene- und Sicherheitsbestimmungen generell zu rechtfertigen und verleiten auch nicht zur Korruption. Zweitens muss sich Korruption nicht nur auf staatliche Regulierungen beschränken, sondern kann auch in der öffentlichen Beschaffungspolitik oder in der Legislative auftauchen. Diese Art von Korruption lässt sich am besten durch Transparenz und einen starken (importierten) Rechtsapparat bekämpfen.

[31] Ich lasse hier offen, in welchem Ausmaß privater Schutz (vertraglich oder durch Eigenvorkehrungen) staatlichen Schutz ersetzen kann. Damit wird – philosophisch gesehen – die eigentliche Existenz von Staaten in Frage gestellt. Vgl. *Nozick* (1974) und *Greif* (2006).

chen Übergriffen. Hohe offizielle Steuersätze (besonders bei überzogenen Sozialausgaben und übergroßer Bürokratie) können mit einer unzureichenden Rechtsherrschaft verbunden sein. Diese Art von „gemischten" Systemen führt zwangsläufig zu niedrigen
erwarteten privaten Investitionserträgen.

Einige der Systeme, die niedrige Investitionsraten hervorbringen, sind besonders für
innovative Investitionen schädlich, d.h. für Investitionen, die auf neue und überlegene
Technologien ausgerichtet sind. Ein Grund hierfür liegt darin, dass innovative Investitionen – im Gegensatz zu nicht-innovativen – erkennbarer sind, da sie eher umfassende
und neue Auswirkungen zeigen. Wenn diese Investitionen aber stärker sichtbar sind,
provozieren sie auch eher „räuberisches" Verhalten, sei es von Behörden oder aber – in
Systemen mit schlecht geschützten Verfügungsrechten – von privaten Agenten (vgl.
Gonzales 2005)[32].

Abschließend sei noch angemerkt, dass in einigen Ländern Investitionen nicht durch
niedrige Ertragsmöglichkeiten, sondern durch niedrige Sparquoten verhindert werden.
Solche Länder sind typischerweise durch eine hohe Investitionsrendite, aber niedrige
Investitionsraten gekennzeichnet, z.B. Brasilien (vgl. *Hausman* et al. 2005). Einge-
schränkte heimische Ersparnisse können als Investitionshemmnis auftreten, weil Ersparnisse in der Regel nicht perfekt international mobil sind (sogenannter „home bias").
Zusätzlich können Länder mit makroökonomischen Krisenneigungen[33] besondere Probleme bei der Attraktion ausländischer Ersparnisse haben. Welche Faktoren führen nun
dazu, dass die inländischen Ersparnisse gering sind trotz hoher Investitionsrenditen?
Am ehesten ist dies durch einen übermäßig großer Wohlfahrtsstaat zu erklären, der die
privaten Vorsorgeersparnisse senkt.

Die Fiskalpolitik kann Investitionen also auf mehrere Weisen negativ beeinflussen:
durch hohe Besteuerung (die die Investitionsrendite senkt), durch chronische Budgetdefizite (siehe Fußnote 28) oder durch die Einschränkung inländischer Ersparnis. Makroökonomische Instabilitäten können einerseits den Zufluss ausländischer Ersparnisse
behindern, andererseits aber auch die inländischen Ersparnisse beschränken.

6.2. Direkte Anreizbarrieren

Wenden wir uns nun der zweiten Gruppe von Institutionen zu, die innovationsbedingtes Wachstum *direkt* behindern: Institutionen, die Anreizbarrieren für Innovationen
schaffen, ohne notwendigerweise die Investitionsrate zu beeinflussen. All diesen Institutionen ist gemeinsam, dass die Struktur der Verfügungsrechte unangemessen ist, nicht
zwingenderweise auch der Schutz der Verfügungsrechte.

Ein Beispiel für ein solches System wird von *Parente* und *Prescott* (1999, 2002) beschrieben, und zwar mit dem Hinweis auf weit verbreitete und beständige Handlungsweisen, die die Nutzung ineffizienter Technologien begünstigen, indem sie das Abwan-

---

[32] Daher ist ein System mit hohen offiziellen Steuern aber ohne raubartige Abgaben weniger schädlich
    für innovationsbedingtes Wachstum als ein System mit niedrigen Steuersätzen und unsicheren Verfü-
    gungsrechten.

[33] Solche Krisen können durch schwache stabilisierende Institutionen bedingt sein, die in Abschnitt 9
    diskutiert werden.

dem von Arbeit – innerhalb des Unternehmens und in andere Unternehmen – in neue Technologien verhindern. Das britisch beherrschte Indien war beispielsweise nicht in der Lage, überlegene britische Technologien in der Textilindustrie einzuführen, obwohl britisches Kapital nach Indien floß, während ein ähnlicher Technologietransfer nach Japan erfolgreich war. Damit solche Handlungsweisen effektive Innovationen[34] verhindern können, müssen sie in gewissem Maße durch den Staat geschützt sein.

Hierfür ist die institutionelle Blockierung des inländischen und ausländischen Wettbewerbs besonders geeignet, da hierdurch Monopolpositionen typischerweise nicht-kompetitiven inländischen Firmen zuwachsen. Andernfalls würde inländischer oder ausländischer Marktzutritt gewährleisten, dass nicht-profitable Firmen, die durch anti-innovative Handlungsweisen gekennzeichnet sind, aus dem Markt verdrängt werden. Verallgemeinernd lässt sich also sagen: Ein institutionelles Arrangement, das das Effizienzpotenzial inländischer Firmen beeinträchtigt, besteht notwendigerweise im Schutz vor Wettbewerb[35] oder in permanenten staatlichen Subventionen. Zu diesen institutionellen Arrangements gehören nicht nur die politischen Regulierungen, sondern auch das Staatseigentum.

Parente und *Prescott* beschreiben also eine Situation, in der politische Regulierungen, (notwendigerweise) gekoppelt mit Monopolrechten, zu ineffizienten inländischen Firmen führen. Sie betonen, dass die Wirkung von Monopolrechten auf die gesamtwirtschaftliche Effizienz bislang nur empirisch nachweisbar war. Der oben beschriebene Zusammenhang mit politischen Regulierungen stellt also wohl den ersten Versuch dar, die gesamtwirtschaftliche Wirkung von Monopolrechten theoretisch zu erklären (*Parente* and *Prescott* 1999, p. 1231). Allerdings behandeln *Parente* und *Prescott* den Spezialfall, in dem die Monopolrechte nur in Verbindung mit den politischen Regulierungen gesamtwirtschaftlich negative Auswirkungen haben. Was ist aber dann, wenn es Monopolrechte ohne die genannten politischen Regulierungen gibt? In welcher Weise beeinflussen Monopolrechte dann die Innovationsanreize inländischer Firmen? Ich stimme *Parente* und *Prescott* zu, dass dieses Thema in der theoretischen Literatur vernachlässigt wurde. Die vorhandene Literatur beschäftigt sich hauptsächlich mit statischen Monopolproblemen. Im Folgenden werde ich zwischen zwei Systemen von Institutionen mit monopolistischen Produktanbietern unterscheiden und zeigen, wie in diesen Systemen Innovationen behindert werden.

(a) Das erste dieser Systeme nenne ich das *Privatmonopolsystem*. Darin sind Produzenten zwar mit privaten Verfügungsrechten ausgestattet, aber keinerlei Wettbewerb ausgesetzt. Wettbewerb ist, trotz umfangreicher Literatur hierzu, ein klärungsbedürftiger Begriff. Hier verstehe ich Wettbewerb als Anreiz-Reallokationsmechanismus. Diese beiden Funktionen sind eng miteinander verknüpft: Wettbewerb kann nur dann als An-

---

[34] Im Rahmen unseres generellen Entscheidungsmodells kann diese Barriere entweder als das Ausscheiden der überlegenen Technologie aus dem realisierbaren Set oder als überhöhte Einführungskosten der neuen Technologie interpretiert werden.

[35] Der Umkehrschluss ist nicht gültig, weil Protektionismus auch aus ideologischen Überlegungen (wirtschaftlicher Nationalismus, Missbrauch des *infant industry*-Arguments) oder durch *Rent-Seeking* entstehen kann.

reizmechanismus für Anbieter fungieren, wenn diese auf genügend Ressourcen zurückgreifen können, um ihre Pläne zu realisieren. In diesem Sinne kann Wettbewerb nur existieren, wenn folgende Bedingungen gleichzeitig erfüllt sind (vgl. *Balcerowicz* 1995):

1. Die Nachfrage muss zwischen verschiedenen Produkten wählen können;

2. Anbieter müssen willens und in der Lage sein, mit ihren Handlungen Nachfrage zu attrahieren und damit Wettbewerbsdruck auf die anderen Anbieter auszuüben;

3. Nachfrageentscheidungen müssen signifikante Auswirkungen auf die jeweiligen Anbieter haben.

Wenn nur eine dieser drei Bedingungen nicht erfüllt ist, kann Wettbewerb nicht als Anreiz-Reallokationsmechanismus wirken. Es gibt eine Reihe von institutionellen Arrangements – Variationen des Privatmonopolsystems – in denen mindestens eine der Bedingungen nicht erfüllt ist.

Zu 1: Käufer können nicht zwischen verschiedenen Produkten wählen, wenn es – bedingt durch eingeschränkten Markteintritt und geringe Marktgröße – nur ein Produkt gibt. Beispiele sind autarkistische Volkswirtschaften oder königliche Monopolrechte, die in der Vergangenheit an Privilegierte verliehen wurden. Selbst bei differenziertem Güterangebot kann es sein, dass die Konsumenten keine Wahlalternativen haben, also auch kein Wettbewerb besteht, z.B. wenn restriktive Preis- und Qualitätsregulierungen verhindern, daß alternative Produkte angeboten werden können. Ein historisches Beispiel sind die mittelalterlichen Gilden. In der Gegenwart können stark regulierte Dienstleistungsindustrien (z.B. in Japan) als Beispiel dienen (vgl. *Lewis* 2004).

Zu 2: Wettbewerb kann auch dann nicht als effektiver Anreiz-Reallokationsmechanismus funktionieren, wenn erfolgreiche Unternehmen daran gehindert werden zu expandieren. Dies kann durch rigide Inputmärkte bedingt sein oder durch Umstände, die Unternehmer daran hindern, ihre Gewinne abschöpfen zu können, z.B. durch stark progressive Besteuerung oder marktwidrig regulierte Löhne.

Zu 3: Weiterhin kann Wettbewerb nur dann funktionieren, wenn Managementfehler signifikante Auswirkungen auf Unternehmen haben, diese also effektiv dem Bankrott oder – mit anderen Worten – „harten" Budgetrestriktionen ausgesetzt sind.

Den beschriebenen Fällen liegen unterschiedliche Mechanismen zugrunde. Effektiv durchgesetzte Preis- und Qualitätsregulierungen haben die gleichen Anreizeffekte wie die bei Parente und Prescott (1999, 2002) beschriebenen staatlichen Regulierungen. Ist innovatives Handeln mit einem hohen Risiko belastet (EM und E), so ist der erwartete Nutzen der Innovation geringer als der Vorteil aus dem Verharren in Routineaktivitäten[36].

Betrachten wir den analytisch interessanteren Fall, in dem permanente Monopole die Freiheit zur Innovation haben, also keiner innovationshemmenden Regulierung unter-

---

[36] Das Anreizkalkül könnte durch die abnehmende Effektivität der Durchsetzung dieser Regulierungen verändert werden. Dies passt auf den Fall der mittelalterlichen Gilden. Wir sehen also, dass der Effizienzeffekt einer Änderung des Durchsetzungsniveaus davon abhängt, was durchgesetzt wird.

liegen[37]. Ist nun eine Volkswirtschaft weitgehend monopolistisch strukturiert, wird ein wichtiger Innovationsantrieb geschwächt: Die Wahrscheinlichkeit, neue Technologien zu entdecken, hängt nämlich von der Anzahl der Einheiten ab, die nach neuen Technologien suchen (vgl. *Gomulka* 1990). Außerdem werden grundlegende Innovationen oft von neuen Marktteilnehmern veranlasst. Diese zwei Faktoren bedingen, dass ein Privatmonopolsystem zwingend weniger innovativ ist als ein System mit freiem Marktzugang und mit Wettbewerb. Wie sieht es aber mit den Innovationsanreizen der Monopolisten aus? Einigen Autoren zufolge ist ein gewisses (aber nicht permanent zugesichertes) Ausmaß an Monopolmacht innovationsförderlich (vgl. *Schumpeter* 1942). Damit ist eine Frage aufgeworfen, die theoretisch noch wenig erforscht ist: der Zusammenhang zwischen Monopolen und Innovationskraft. Empirisch wissen wir, dass private Unternehmen bei Wettbewerb viel innovativer sind als Firmen mit Monopolmacht. Aber woran liegt das?

Ein theoretischer Ansatz könnte von einem satisfizierenden Niveau an *EM* ausgehen, das ohne jegliche Innovationstätigkeit (und den damit verbundenen Kosten und Risiken) leicht erreicht werden kann. Dieser Erklärungsansatz von *Herbert Simon* (1979) kann vielleicht einige reale Situationen beschreiben.

Es sind allerdings auch einige andere Mechanismen vorstellbar, die innovationsfeindliche Anreizbarrieren aufbauen, ohne auf die satisfizierende Verhaltenshypothese zurückzugreifen zu müssen. Ein permanentes Monopol basiert auf bestimmten Institutionen, und die politischen Entscheidungsträger werden die Vergabe dieser Privilegien mit hoher Wahrscheinlichkeit an bestimmte Auflagen knüpfen. Um monopolistisches Verhalten zu erklären, ist also zu bedenken, dass ein Monopol politisch bedingt ist und mit bestimmten politischen Konsequenzen verbunden ist. Der Monopolist wird z.B. die Verantwortung für die Sicherheit der Versorgung mit den von ihm produzierten Gütern zu tragen haben, soweit die Politiker hierfür gegenüber der Bevölkerung die Verantwortung übernehmen. Innovationen, insbesondere radikale, können aber mit einer gewissen Wahrscheinlichkeit als technologischer Fehlschlag enden. Die Verantwortung für die Versorgungssicherheit kann somit die potenziellen pekuniären Belohnungen, die mit grundlegenden Innovationen verbunden sind, verringern, also auch den erwarteten Nutzen (*EM*) im Vergleich zu weniger produktivitätssteigernden Innovationen oder zur Weiterführung des Status quo.

Selbst wenn die Versorgungssicherheit keine Rolle spielt, lassen sich einige weitere Faktoren benennen, die in einem Monopolsystem die Innovationsanreize behindern können. Erinnern wir uns, dass Innovationen zusätzlichen Aufwand erfordern (im Vergleich zur Weiterführung von Routineaktivitäten) und dass dieser Aufwand umso größer ist, je bahnbrechender die Neuerung, je größer also die Aussicht auf gesellschaftliche Nützlichkeit der Innovation ist.

---

[37] Das Gewähren von Monopolrechten ist jedoch oft mit einschränkenden Regulierungen verbunden, die jeweils mit der Einschränkung der Monopolmacht gerechtfertigt werden. Es gibt daher eine zweifache Verbindung zwischen restriktiven Regulierungen und Monopolen: Einerseits erfordern solche Regulierungen, dass die betroffenen Unternehmen vor Wettbewerb geschützt sind, andererseits sind bestehende Monopole oft reguliert.

Der erwartete Nutzen verschiedener Handlungsalternativen hängt nicht nur von EM, sondern auch von anderen Motivatoren ab, darunter auch E (Abschnitt 3). Beschränken wir uns auf diese beiden Variablen, lässt sich die Nutzenfunktion wie folgt formulieren:

(2) $U = U(EM) - U(E)$

Definieren wir nun den *relativen* Nutzen von Innovation als U_i-U_c, also als Nutzendifferenz zwischen Innovation und Routineaktivität, können wir unter Berücksichtigung von (1) schreiben:

(3) $U_i - U_c = [U_i(EM) - U_i(E)] - [U_c(EM) - U_c(E)] = [U_i(EM) - U_c(EM)] - [U_i(E) - U_c(E)]$

Die letzte Komponente, $U_i(E) - U_c(E)$, steht für den zusätzlichen Aufwand einer Innovation im Vergleich zum Status quo. Ich nehme hier an, dass dieser Zusatzaufwand in monopolistischen und wettbewerblichen Systemen gleich ist. Dies bedeutet, dass Monopole Innovationen nicht über diese Nutzenkomponente diskriminieren. Der Unterschied liegt stattdessen vollständig in der Komponente $U_i(EM) - U_c(EM)$. Im Wettbewerb wird es für den Innovator im Zeitablauf immer riskanter, die nächste Innovation einzuführen. Daher wird $U_i(EM) - U_c(EM)$ im Zeitablauf immer größer und ist ab einem bestimmten Punkt groß genug, um den Zusatzaufwand der Innovation zu kompensieren. Im Monopol ist die Beibehaltung des Status quo bezüglich EM nicht so riskant, so dass $U_i(EM) - U_c(EM)$ mit hoher Wahrscheinlichkeit nicht ausreichen wird, um den Zusatzaufwand zu rechtfertigen. Dies gilt besonders für „echte" Innovationen, bei denen diese Differenz besonders groß sein dürfte.

Mehrere Argumente sprechen also dafür, dass ein Privatmonopolsystem Anreizbarrieren gegen Innovationen schafft und somit innovationsbedingtem Wachstum im Wege steht.

(b) Kommen wir nun zur Zentralverwaltungswirtschaft. Sie unterscheidet sich vom Privatmonopolsystem grundlegend in zweifacher Hinsicht: (1) Monopolistische Unternehmen befinden sich im Staatseigentum statt in privater Hand. (2) Die zentrale Verwaltung aller Ressourcen ersetzt die Koordinierung über den Markt. Wie wirken sich diese beiden Unterschiede auf die Innovationskraft der Zentralverwaltungswirtschaft aus? Ein Blick auf die ökonomische Dogmengeschichte zeigt Überraschendes: Während kein prominenter Ökonom das Privatmonopolsystem für innovations- und wachstumsförderlich hielt, gab es doch einige bedeutende Ökonomen, die der Zentralverwaltungswirtschaft ein hohes Innovationspotenzial zusprachen. Diese Zuversicht muss wohl im Glauben begründet gewesen sein, dass marktlicher Wettbewerb nicht notwendig für innovationsbedingtes Wachstum ist, sondern durch zentrale Planung ersetzt werden kann. Tatsächlich vertrat *Schumpeter* (1942) diese Ansicht, indem er behauptete, im Sozialismus könnten Innovationen durch Weisungen von den oberen Behörden bis zu den Managern der Staatsunternehmen veranlaßt werden.

Frühe Sozialismuskritiker wie *Brutzkus, Mises* und *Hayek* gaben sich nicht solchen Illusionen hin und wiesen auf die Bürokratisierung und Risikoaversion von Zentralverwaltungswirtschaften hin. Die Realität hat tatsächlich gezeigt, dass die zentrale Planung – statt ein effektiver Ersatz für marktlichen Wettbewerb zu sein – eher eine Quelle neuer

Probleme darstellt, die die Zentralverwaltungswirtschaft zu einem System machen, das höhere Barrieren für Innovationen schafft als das Privatmonopolsystem (vgl. *Balcerowicz* 1995). Erstens vergrößern die typischen Engpässe in Zentralverwaltungswirtschaften den zusätzlich erforderlichen Aufwand von Managern für Neuerungen. Zweitens haben Manager in Zentralverwaltungswirtschaften Anreize, einfache und leicht erfüllbare Pläne durchzuführen, wodurch aber effizienzsteigernde Innovationen ausgeschlossen werden. Dabei ist davon auszugehen, dass die zentralen Planer durch asymmetrische Informationen nicht in der Lage sind, die Anreizprobleme der ihnen untergeordneten Manager zu lösen und einen rationalen zentralen Investitionsplan zu erstellen. Stattdessen hat sich gezeigt, daß zentral geplante Investitionsschübe zu einer extremen Fehlleitung von Ressourcen und zu makroökonomischen Krisen führen. Entgegen naiven Vorstellungen sind zentrale Planer weder allwissend noch wohlwollend. Außerdem operieren neu gebaute Fabriken in einem System, das auf der Betriebsebene zur Diskriminierung (echter) Innovationen neigt.

6.3. Historische Anreizbarrieren

Ich habe mich bislang auf Systeme konzentriert, die innovationsbedingtes Wachstum behindern, entweder, weil sie nur begrenzte Investitionen (z.B. für Innovationen) zulassen oder weil sie eine Anreizstruktur besitzen, für die der erwartete Nutzen (echter) Innovationen (bezogen auf *EM* und *E*) im Vergleich zur Fortführung von Routineaktivitäten zu gering ist. Diese Systeme machen wohl in der modernen Welt den allergrößten Teil wachstumshinderlicher institutioneller Arrangements aus.

Um das Bild zu vervollständigen, werde ich noch zwei weitere, historische Gründe für die Existenz von Anreizbarrieren für Innovation vorstellen:

1. Die Alternative zur Innovation muss sich nicht auf Routineaktivitäten beschränken, sondern kann auch in der Eroberung von Territorien und deren Ausbeutung oder in lukrativen öffentlichen Dienstleistungen bestehen.

2. Die vorherrschenden gesellschaftlichen Werte und Normen können wirtschaftliche Aktivitäten im Allgemeinen oder besonders echte Innovationen diskriminieren.

Diese beiden Gründe sind getrennt, aber auch gemeinsam und einander verstärkend aufgetreten.

Nach *Baumol* (2002) hatten die Eliten des Römischen Kaiserreichs kein Interesse an wirtschaftlicher Aktivität (mit Ausnahme von Landbesitz), weil sie Zugang zu (in Bezug auf *EM*) lukrativeren Handlungsalternativen hatten: Eroberung und Verwaltung der unterworfenen Territorien. Weiterhin zeigt *Baumol*, wie die damals vorherrschenden gesellschaftlichen Normen die außerlandwirtschaftliche Erwerbstätigkeit diskriminierten. Dadurch hatten die herrschenden Eliten kein Interesse an Innovation. Unbeantwortet bleibt allerdings die Frage, warum die Nicht-Eliten keinen Anreiz hatten, sich durch unternehmerisches Handeln zu bereichern und zur Elite aufzusteigen, wie es in England seit dem 19. Jahrhundert der Fall war. Dass dies nicht geschah oder verhindert wurde, spricht dafür, dass im Römischen Kaiserreich die vertikale soziale Mobilität stark eingeschränkt war und gleichzeitig hohe Innovationsbarrieren bestanden.

Im Kaiserreich China wurden Innovationsanreize unterdrückt, weil es für ehrgeizige Individuen eine lukrativere Alternative gab, nämlich nach erfolgreich bestandener Prüfung hoher Beamter (Mandarin) zu werden. Ein Mandarin konnte wiederum Renten von erfolgreichen Innovatoren abschöpfen, was den relativen Nutzen von Innovationen senkte (*Baumol* 2002).

In einigen Systemen betonen die vorherrschenden gesellschaftlichen Normen die Wichtigkeit von Befehl und Zustandssicherung, wodurch Innovationen bestraft werden. Veränderungen durch innovative Vorgehensweisen wurden in solchen Systemen als unmoralisch angesehen. Wie solche Normen entstehen und sich ändern, ist eine faszinierende Frage, der ich hier leider nicht nachgehen kann.

Dass sich der Lebensstandard vor 1500 in Raum und Zeit kaum verändert hat (*Parente* and *Prescott* 2002), dürfte durch institutionelle Faktoren erklärbar sein: Bis 1500 waren alle Gesellschaften durch eines der oben beschriebenen innovationshemmenden Systeme oder eine Abfolge mehrerer solcher Systeme gekennzeichnet. Den letzteren Fall könnte man als unproduktive Transformationen bezeichnen. Gemein war diesen Systemen: *erstens* eine Struktur der Verfügungsrechte, durch die individuelle Erfolge exzessiv besteuert wurden, die individuelle Freiheit stark eingeschränkt war und / oder Produzentenmonopole bestanden; oder es gab *zweitens* zwar eine angemessene Struktur von Verfügungsrechten, die jedoch mit großen Unsicherheiten behaftet waren. Weiterhin dürften nicht-wirtschaftliche, aber lukrative Handlungsalternativen oder gesellschaftliche Normen bestanden haben, die generell wirtschaftsfeindlich und speziell innovationsfeindlich waren. Die Zentralverwaltungswirtschaft gehört zur ersten Kategorie und stellt die moderne Version innovationshemmender Systeme dar. Essenziell unterscheidet sie sich aber nicht sehr stark von historisch älteren Systemen ohne Privateigentum und Wettbewerb.

7. Geschichtlicher Rückblick: Wachstumsbeschleunigungen und -verlangsamungen

Solange die Gesellschaften der Welt noch durch innovationshemmende Systeme gekennzeichnet waren, war schnelles und anhaltendes Wachstum nicht zu erwarten. Modernes Wachstum setzte erst ein, als England, die britisch geprägten Länder und einige andere Länder Europas im späten 18. Jahrhundert aus dem Kreis dieser Systeme ausbrachen. Warum diese Systeme bis dahin universell vorherrschten und warum gerade England (und allgemeiner der Westen) der „Gravitationskraft" dieser Systeme entrinnen konnte, gehört zu den wichtigsten und am meisten debattierten Fragen der Geschichts- und Politikwissenschaften sowie der Institutionenökonomik (vgl. *North* 1990; *Rosenberg & Birdzell* 1986; *Kuznets* 1971; *Jones* 1981). Eine Beantwortung dieser Frage erfordert es, sich mit dem institutionellen Wandel zu beschäftigen, was leider über den Rahmen dieser Arbeit hinausgeht.

Der Beginn des modernen Wachstums fällt mit der Aera von Divergenz (Auseinanderstreben) und Konvergenz (Angleichung), also mit der Entstehung internationaler Unterschiede der langfristigen Wachstumsraten zusammen. Außerdem waren verschiedene Volkswirtschaften während der letzten 200 Jahre durch Perioden der Stagnation,

der Wachstumsverlangsamungen und -beschleunigungen, also durch sehr unterschiedliche Wachstumspfade gekennzeichnet (vgl. *Maddison* 1991). Wie zu erwarten, überschneiden sich in weniger entwickelten Ländern Perioden des beschleunigten Wachstums mit Perioden, in denen ihre Einkommen sich denen des reichsten Landes anglei-
chen. Umgekehrt überschneiden sich Perioden des verlangsamten Wachstums oder starker Stagnation mit Perioden der Einkommensdivergenz oder zumindest ausbleibender
Konvergenz. Das reichste Land kann seinerseits auch Wachstumsschübe erfahren, so
dass andere Länder divergieren, obwohl ihre Wachstumsraten nicht gesunken sind (z.B.
die westeuropäischen Länder relativ zu den USA in den 1990er Jahren). Betrachtet man
die zeitliche Verteilung der Länderwachstumsraten, fällt auf, dass langfristiges Wachstum sich bei sehr verschiedenen Ausgangsniveaus beschleunigen kann; man vergleiche
nur (ursprünglich) ärmere Länder wie Südkorea, Taiwan und andere „Tigerstaaten" in
den 1960er und das viel reichere Irland in den frühen 1990er Jahren.

Dasselbe gilt auch für Wachstumsverlangsamungen: Sie traten in vielen afrikanischen Ländern in den 1970er Jahren auf, in den kommunistischen Wirtschaftssystemen
(inklusive China) nach den anfänglichen Phasen, in fortgeschrittenen Gesellschaftsordnungen wie England in den 1960er und 1970er Jahren und in Deutschland in den 1970er
und 1980er Jahren.

Auch können wir enorme Unterschiede im Verlauf der langfristigen Wachstumspfade erkennen: China beispielsweise litt bis in die späten 1970er Jahre an einem sehr
langsamen Wachstum und an Divergenz; in den frühen 1980er Jahren wurde es dann zu
einem der „asiatischen Tiger". Auch kleinere Tigerstaaten durchliefen längere Durst-
strecken, bevor sie in den frühen 1960er Jahren ihr Wachstum beschleunigten. Die mit-
teleuropäischen Volkswirtschaften divergierten nach Ende des Zweiten Weltkriegs, hol-
ten aber seit den 1990er Jahren auf. England, einst das Land mit dem höchsten Lebensstandard der Welt, wurde erst durch die USA überholt und divergierte relativ zu den
meisten anderen westeuropäischen Ökonomien nach dem Zweiten Weltkrieg, wuchs
dann aber beschleunigt in den 1980er Jahren. Schweden hatte eine beeindruckende, fast
hundertjährige Phase der Konvergenz ab Mitte des 19. Jahrhunderts, divergierte dann in
den 1970er und 1980er Jahren und beschleunigte wieder in den frühen 1990er Jahren.

Die ökonomische Theorie des Wachstums sollte in der Lage sein, die oben beschriebenen Episoden von Stagnation, Divergenz, Wachstumsbeschleunigung und Konvergenz zu erklären. Formale Wachstumsmodelle mit ihrer Betonung symptomatischer
Wachstumsdeterminanten wie Produktivität, Beschäftigung, Wachstumsbeschleunigung
sind hierzu offensichtlich nicht in der Lage[38], da diese Determinanten wiederum erklärt
werden müssen. Zunehmend wird in der ökonomischen Literatur der Einfluß von institutionellen Systemen auf die Bestimmungsgründe des Wachstums und damit auf das
Wachstum selbst als entscheidend erkannt.

In den vorangegangenen Abschnitten dieser Arbeit habe ich mich auf institutionelle
Arrangements konzentriert, die innovationsbedingtes, also modernes Wachstum behin-

---

[38] *Temple* (1999) liefert einen Überblick über verschiedene Wachstumsmodelle und stellt fest, dass die
wenigsten der berücksichtigten Variablen in der Lage sind, die Wachstumsgeschichte Chinas oder anderer ehemaliger Planwirtschaften zu erklären.

dern. Wie gezeigt, kann damit erklärt werden, warum das Wachstum bis zum 19. Jahrhundert nur sehr langsam war. Auch in der Zeit des modernen Wachstums haben Institutionen erhebliche Erklärungskraft, besonders für Perioden der Stagnation und Divergenz[39]. Überall erweisen sich institutionelle Strukturen als entscheidend für die Erklärung von aufblühendem und niedergehendem Wachstum.

Wachstumsverlangsamungen ergeben sich nicht nur durch die permanente Existenz innovationsfeindlicher Systeme, sondern auch durch den Übergang zu einem solchen System, selbst wenn dieses System im Endeffekt gar nicht vollständig übernommen wird. Hiermit meine ich eine beträchtliche Verschlechterung der Anreizeigenschaften von Verfügungsrechten durch erhöhte Zwangszahlungen, nicht-wettbewerbliche Regulierungen oder durch einen stark verschlechterten Schutz von Verfügungsrechten. Dass diese Übergänge mit solch negativen Konsequenzen verbunden sind, wurde in der Literatur zur Genüge herausgearbeitet (vgl. *Lewis* 2004; *Scarpetta* et al. 2002). Logischerweise können solche Übergänge nur in Ländern auftreten, die zuvor fortschrittsfreundliche institutionelle Arrangements mit gutem Schutz der Verfügungsrechte aufwiesen. Dies war vor allem in vielen westeuropäischen Ländern in den 1970er und 1980er Jahren der Fall.

Im Folgenden werde ich mich auf die institutionellen Determinanten von Perioden beschleunigten Wachstums und beschleunigter Konvergenz konzentrieren. Hier lassen sich zwei Vorgänge unterscheiden:

1. Perioden, die größtenteils im Einklang sind mit dem gesamten Wachstumspfad des Landes;

2. Perioden während oder nach einem erfolgreichen Übergang von einem innovationsfeindlichen zu einem innovationsfreundlichen System, sei er vollständig oder partiell.

Der erste Vorgang bezieht sich auf Länder, die von Beginn an ein relativ unverändertes institutionelles Arrangement beibehalten haben – mit einer angemessenen Struktur und einem starken Schutz der Verfügungsrechte sowie einem intensiven Marktwettbewerb als Anreiz-Reallokationsmechanismus. Die Ordnungsbedingungen eines solchen Systems begünstigen nicht nur einen großen Anreiz und ein großes Potenzial für technologische Innovationen, sondern auch für einen spontanen institutionellen Wandel „von unten" (z.B. neue Organisations- und Vertragsformen), der für solche Innovationen förderlich ist[40]. Daher ist in solchen Systemen – nennen wir sie liberal – spontane Evolution möglich, letztlich durch ein großes stabiles Ausmaß an ökonomischer Freiheit. Dies gilt für nur sehr wenige Länder, z.B. für Hong Kong und teilweise für die

---

[39] Dies schließt andere mögliche Erklärungsansätze für Stagnationsperioden nicht aus. Langwierige Kriege haben sicherlich ähnliche Auswirkungen. Auch starke ökonomische Schocks können Volkswirtschaften in die Stagnation bringen, wobei viele der beobachteten Schocks u.a. inländische institutionelle Ursachen haben (vgl. Abschnitt 9).

[40] Eine der fundamentalen Fragen der Institutionenökonomik und der politischen Theorie befasst sich mit den Grenzen solcher institutioneller Evolution, also damit, welche der – größtenteils als positiv eingeschätzten – institutionellen Veränderungen (z.B. Abschaffung von Kinderarbeit) nicht durch den reinen Marktmechanismus erreicht werden können und damit kollektives Handeln mit Hilfe des politischen Systems erfordern (vgl. *Buchanan* and *Tullock* 1962).

USA, was aber keinesfalls als Argument gegen das liberale System aufgefasst werden soll. Das seltene Auftreten solcher Systeme mindert nicht ihre normative Erwünschtheit, wirft aber die Frage auf, warum es historisch so schwer war, ökonomische Freiheiten zu etablieren und zu erhalten. Diese Frage ist eine der wichtigsten im Feld des institutionellen Wandels und der komparativen Geschichtsforschung.

Die Wachstumserfolge der (annähernd) liberalen Länder legt es nahe, dass das liberale System als Vorbild für Reformen dienen sollte, die auf schnelles, innovationsbedingtes Wachstum abzielen. Gibt es überhaupt ein qualitativ anderes Modell, das diese Rolle ähnlich stark spielen könnte? Zentralverwaltungswirtschaften und die von ihnen geschaffenen Illusionen haben überall gänzlich versagt. Auch der deutsch geprägte Korporatismus wurde vor einiger Zeit noch von vielen gelobt, ihm wurden aber inzwischen seine Grenzen aufgezeigt (vgl. *Phelps* 2006), so dass Deutschland sich in den letzten Jahren wieder stärker herausgefordert sah zu liberalisieren. Auch Frankreich – ein weiteres Beispiel einer eingeschränkten Marktwirtschaft – versucht, liberale Reformen durchzuführen. Japan – das vor 20 Jahren noch Aussichten hatte, die USA bald zu überholen – hat sich als duale Ökonomie herausgestellt, deren Exportsektor intensivem Wettbewerb ausgesetzt und daher hoch wettbewerbsfähig ist, deren Dienstleistungssektor jedoch durch niedrige Produktivität und nicht-wettbewerbliche Regulierungen gekennzeichnet ist (*Lewis* 2004). Schweden konvergierte eindrucksvoll unter einem liberalen Regime, divergierte dann mit der Ausweitung von wohlfahrtsstaatlicher Regulierung, um dann wieder zu deregulieren und den Wohlfahrtsstaat zu reformieren. Diverse sogenannte nicht-konventionelle Lösungen, die im Folgenden vorgestellt werden (wie z.B. die Außenhandelsregulierung in Südkorea oder das zweistufige Preissystem in China), sind entweder funktional äquivalent zu liberalen Systemen oder haben unzulängliche wirtschaftliche Auswirkungen.

Die zweite Form von Perioden kommt viel häufiger vor. Sie beschreibt die Länder, die den Übergang zu einem innovationsfreundlichen System erfolgreich gemeistert haben. Dieser Fall wird im Folgenden genauer beleuchtet. Hierzu werden Richtung, Reichweite und Zeitstruktur solcher erfolgreichen Reformpakete diskutiert sowie die Frage, inwieweit sie von den Ausgangsbedingungen abhingen und warum sich das Wachstum auch schon vor dem Abschluss solcher Reformpakete beschleunigen konnte.

8. Erfolgreiche Reformpakete: Richtung, Reichweite und Zeitstruktur

Was sind die Eigenschaften von Reformpaketen, die in der Lage sind, potenziell anhaltende Wachstumsbeschleunigungen und -angleichungen (Konvergenz) hervorzurufen? Ich werde drei Aspekte solcher Eigenschaften betrachten: Richtung, Reichweite und Zeitstruktur. In diesem Sinne sind Reformpakete also erfolgreich, wenn sie (1) die angemessene Richtung, Reichweite und Zeitstruktur aufweisen und (2) nachhaltig sind. Der erste Punkt bezieht sich auf eine rein ökonomische Analyse von Reformen: Es wird der Zusammenhang zwischen institutionellem Wandel, individuellem Verhalten und den daraus resultierenden Ergebnissen untersucht. Der zweite Punkt ist eher eine Frage der politökonomischen Analyse von Reformen: Hier werden die Zusammenhänge zwischen sozio-politischen Faktoren (Protesten, Interessengruppen usw.) und der Nachhaltigkeit von Reformen analysiert; es geht also um das Verankern, Abschwächen oder die Ablehnung von Reformen.

Zum ersten Punkt lässt sich fragen, ob ein nachhaltiges Reformpaket dauerhaft die wirtschaftliche Leistungsfähigkeit verbessern kann. Diese Frage ist legitim, da es wenig Sinn hätte, eine Reform durchzuführen, bei der von vornherein feststeht, daß sie nicht funktionieren würde; die Frage der Nachhaltigkeit ist dann irrelevant. Potenziell funktionierende Reformen kann man allerdings danach unterscheiden, wie wahrscheinlich ihr dauerhaftes Gelingen ist. Diese Wahrscheinlichkeit kann von der Reichweite und Zeitstruktur der jeweiligen Reform abhängen. Beispielsweise würde eine zu Beginn verringerte Macht organisierter Gruppen (die gegen Marktreformen sind) das Gelingen der Reform erhöhen. Dies wiederum würde die wirtschaftliche Leistungsfähigkeit, die Nachhaltigkeit des veränderten institutionellen Arrangements und die Aussichten auf weiterführende Reformen erhöhen. Reformen, die erfolgreich und nachhaltig die Wirtschaftsleistung verbessern sollen, benötigen demnach meist einen starken politischen Input. Es geht also darum, das Mächteverhältnis von Gruppen zu verändern, die Einfluß auf die institutionellen Rahmenbedingungen haben. Daher gibt es eine Überlappung der rein ökonomischen und der politökonomischen Analyse von Reformen. Denn je besser die ökonomischen Resultate der Reform (dank angemessener Reichweite und Zeitstruktur) sind, desto besser ist im Allgemeinen die Chance, dass die Reform überlebt und ausgeweitet wird.

Allerdings ist die Dauerhaftigkeit von Reformen nicht eine einfache Funktion ihrer Struktur: Die politökonomische Analyse von Reformen kann nicht gänzlich auf ökonomische Faktoren reduziert werden. Denn die ökonomischen Auswirkungen von Reformen hängen nicht nur von ihrer Reichweite und Zeitstruktur ab, sondern auch von den ökonomischen Bedingungen, unter denen sie eingeführt werden. Daraus folgt: Ein Reformpaket führt unter verschiedenen ökonomischen Rahmenbedingungen zu unterschiedlichen Ergebnissen und ist jeweils unterschiedlich überlebensfähig. Ein Beispiel sind die Reformen in China der späten 1970er und die Reformen in Russland in den frühen 1990er Jahren. Weiterhin sind sozio-politische Entwicklungen durch ihre eigene Dynamik gekennzeichnet, unabhängig von ökonomischen Ergebnissen. Diese Dynamik variiert zwischen Ländern und im Zeitverlauf. Beispielsweise gibt es – abhängig von der Geschichte und geopolitischen Situation eines Landes – verschiedene Möglichkeiten, Reformen mit anderen Entwicklungen (positiv oder negativ von der Bevölkerung bewertet) zu verbinden. So könnten Marktreformen in den Ländern Mittel- und Osteuropas positiv verbunden gewesen sein mit dem zukünftigen EU-Beitritt. In Russland dagegen war eine solche Verbindung nicht nur inhärent unmöglich, sondern die Marktreformen waren auch negativ verbunden mit dem wahrgenommenen Verlust des sowjetischen Imperiums. Reformrelevante politische Entwicklungen hängen auch von Persönlichkeiten ab, sowohl auf der Seite der Reformer als auch auf der Seite der Reformgegner. Diese Persönlichkeiten wiederum sind weder im Zeitablauf noch im Ländervergleich in ihrem Verhalten unverändert. Zusätzlich gibt es noch einen Einfluss von natürlichen Ressourcen: Politische Entscheider in ressourcenreichen Ländern sehen sich weniger gezwungen, die institutionellen Rahmenbedingungen ihres Landes zu verbessern, als Politiker in ressourcenarmen Ländern.

In diesem Abschnitt werde ich mich auf die ökonomische Analyse von Reformen konzentrieren, also der Frage widmen, wie die Richtung, der Inhalt und die Zeitstruktur von Reformpaketen gestaltet sein müssen, damit dauerhafte Wachstumsbeschleunigungen mit dem Ergebnis der Konvergenz erreicht werden. Da es Überschneidungen gibt, werde ich auch einige politökonomischen Aspekte diskutieren.

8.1. Richtung der Reformen

Als Ausgangspunkt wird ein wachstumsfeindliches institutionelles Arrangement angenommen. Eine erfolgreiche Reform muss also auf ein liberales System gerichtet sein. Das bedeutet eine Änderung des Inhalts der Verfügungsrechte, indem privates Unternehmertum, Privatisierung von Staatsbetrieben, wirtschaftspolitische Deregulierung, verminderte Besteuerung und fiskalische Reformen ermöglicht werden. Alternativ kann es auch darum gehen, den Schutz der Verfügungsrechte zu verstärken, wenn diese bereits angemessenen strukturiert sind. Ich kenne kein einziges Beispiel in der Realität, in dem eine Reform mit einer anderen Richtung erfolgreich war. Die Institutionenökonomik kann den Mißerfolg solcher anderen Reformen erklären: Es fehlen nämlich die Anreize für Erfindungen, Innovationen, Ersparnisse oder Arbeitsleistung.

Es gibt allerdings Autoren[41], die die sogenannten nicht-konventionellen Lösungen als Alternativen zum liberalen Ansatz sehen. Sie betonen, dass z.B. Handelsoffenheit nicht nur durch niedrigere Zölle erreicht werden kann, sondern auch durch Zollerstattungen, Exportsubventionen, Sonderwirtschaftszonen, Exportverarbeitungszonen usw. Weiterhin loben sie die chinesischen Gemeinde- und Dorfunternehmen als effiziente Substitute für Privatisierung (vgl. *Rodrik* 2006). Sie stellen den dualen Ansatz des chinesischen Übergangs zum Marktsystem als Vorbild eines erfolgreichen Gradualismus dar. Es wird argumentiert, dass unterschiedliche institutionelle Arrangements zu ähnlichen Resultaten führen können. Das wirft jedoch zwei Fragen auf:

1. Inwiefern unterscheiden sich solche Arrangements von den klassischen (liberalen) Lösungen?

2. Können stark unterschiedliche institutionelle Arrangements zu ähnlichen Resultaten führen?

Wenn stark unterschiedliche Systeme von Institutionen – unter identischen Bedingungen – das gleiche individuelle Verhalten induzieren und damit gleiche ökonomische Ergebnisse produzieren könnten, wären Institutionen irrelevant. Diese Art von institutionellem Nihilismus ist aber empirisch widerlegt[42]. Was diese Autoren wahrscheinlich meinen – aber nie klar artikulieren – ist, dass bestimmte institutionelle Unterschiede irrelevant sind, da Institutionen nominell unterschiedlich, funktional aber äquivalent

---

[41] *Rodrik* (2006) ist ein prominentes Beispiel.

[42] Einige dieser Autoren scheinen an die Überlegenheit eines sogenannten „Dritten Weges" zu glauben. Sie sind daher eher als ideologische Sozialisten zu sehen statt als institutionelle Nihilisten. Ich werde sie hier nicht besprechen.

sein können. Sie sind also durch eine sehr ähnliche Anreizstruktur gekennzeichnet und induzieren daher – unter identischen Bedingungen – ähnliche Verhaltensweisen und ökonomische Ergebnisse[43]. Theoretisch ist diese Äquivalenz nicht auszuschließen. Sie aber empirisch nachzuweisen, ist eine viel größere Herausforderung und wird von den Autoren einfach vorausgesetzt. Nehmen wir das Beispiel der von *Rodrik* angeführten Modi von Handelsöffnung. Es ist offensichtlich, dass sie existieren. Die Frage lautet aber vielmehr, ob sie funktional äquivalent sind. Sie unterscheiden sich in mindestens einer Dimension: Die nicht-konventionellen Modelle der Handelsöffnung sind komplizierter als eine simple allgemeine Handelsliberalisierung und daher mit höheren Transaktionskosten und mehr Potenzial für Korruption verbunden. Wären die alternativen Modelle tatsächlich funktional äquivalent zur klassischen Liberalisierung, warum sollten deren Befürworter dann Kritik an den nicht-konventionellen Modellen üben?

Es gibt berechtigte Zweifel, ob die genannten nicht-konventionellen Vorgehensweisen funktional äquivalent zu vorbehaltlos liberalen Reformen sind. Beispielsweise lösten die chinesischen Gemeinde- und Dorfunternehmen – von *Rodrik* (2006, p. 479) wegen ihrer starken privaten Investitionstätigkeit gepriesen – eine erhöhte Korruptionsneigung und den Missbrauch bäuerlicher Rechte aus (vgl. *Woo* 2006). Die verzögerte Privatisierung der chinesischen Staatsunternehmen erzeugte starke Anreize und Möglichkeiten zur Ausbeutung der Unternehmen und unverblümten Veruntreuung durch die Manager. Das zweigleisige Preissystem Chinas, das als graduelle Lösung im Übergang zu Marktpreisen gelobt wurde, war schließlich mit einer so hohen Korruption und gesellschaftlichen Spannungen verbunden, dass es abgeschafft und 1990-1991 durch eine *„big bang"*-Preisliberalisierung ersetzt wurde (vgl. *Woo* 2006).

Es scheint, dass die Anhänger der nicht-konventionellen Lösungen diese wegen ihrer angeblich guten Ergebnisse loben, dabei aber einen Teil der damit verbundenen Nachteile außer Acht lassen. Zugleich werden diesen Lösungen auch Ergebnisse beigemessen, die sich in Wahrheit aber aus ganz spezifischen Bedingungen erklären. Beispielsweise war das schnelle Wachstum Chinas in den 1980er Jahren größtenteils durch seine Ausgangsbedingungen bedingt, so durch einen großen Anteil an privatisierbarer Landwirtschaft. Die Ausgangslage Russlands in den frühen 1990er Jahren war gänzlich anders und schloss solche Wachstumseffekte *von* vornherein aus (vgl. *Balcerowicz* 1995; *Woo* 2006; *Aslund* 2007). Daher ist es nötig, beim Vergleich der Auswirkungen verschiedener Reformpakete die jeweils spezifischen Wirkungen anderer Faktoren zu berücksichtigen. Gerade diese werden in den Reformdiskussionen oft ignoriert. Das betrifft nicht nur die Reformdebatte nach dem Zerfall des Kommunismus. So wird auch das dänische Arbeitsmarktmodell „Flexicurity" oft als Alternative zum amerikanischen flexiblen Arbeitsmarkt präsentiert. Es wird behauptet, beide führten zu niedriger Arbeitslosigkeit und hoher Beschäftigung. Was dabei aber übersehen wird, sind die Unterschiede im Wachstum des Arbeitsangebotes: Dieses ist nämlich in Dänemark stagnierend, während es in den USA wächst. Daher wäre das dänische System bei Anwendung

---

[43] Nebenbei möchte ich darauf hinweisen, wie wichtig es ist, dass Institutionenökonomen sich mit dem Verhältnis von nominellen und funktionalen institutionellen Unterschieden beschäftigen. Dies beinhaltet die Frage, welche nominell unterschiedlichen Institutionen zu ähnlichen Ergebnissen führen.

in den USA sehr wahrscheinlich mit viel höheren Kosten und geringerer Effizienz verbunden als das jetzige flexible System.

8.2. Reichweite der Reformen: Wachstumsbarrieren, spezifische Wachstumsmechanismen

Wenden wir uns nun der Reichweite wachstumsförderlicher Reformen zu. Mit Reichweite meine ich die Anzahl und das Ausmaß spezifischer Reformen in einem gegebenen Zeitraum. Der Umfang des wachstumsförderlichen Reformpaketes hängt eindeutig von den Ausgangsbedingungen, einschließlich des vorhandenen institutionellen Systems, ab. Bei der Erklärung der Zusammenhänge zwischen der Ausgangslage, der Reichweite des Reformpaketes und dem Wachstum werde ich zwei Begriffe einführen und verwenden: *Wachstumsbarrieren* und *spezifische Wachstumsmechanismen*. Wachstumsbarrieren zeigen die notwendige Reichweite eines Reformpaketes an, das in der Lage ist, potenziell anhaltende Wachstumsbeschleunigungen hervorzubringen. Mit spezifischen Wachstumsmechanismen lässt sich erklären, warum sich das Wachstum schon vor dem Abschluss eines Reformpaketes beschleunigen kann.

Das Konzept der Wachstumsbarrieren ist bereits alt[44]. Ich werde es institutionökonomisch interpretieren. Hierzu wird eine Liste institutioneller Variablen ($I_1, I_2 \ldots I_n$) definiert, die mit den länderspezifischen institutionellen Systemen korrespondieren. Jede Variable entspricht einem Set alternativer Zustände. Beispielsweise würde die Variable *Verfügungsrechtestruktur* aus kommunalen, staatlichen und privaten Verfügungsrechteordnungen bestehen. Eine andere Variable, *Schutz von Verfügungsrechten*, ist ein Set von verschiedenen Formen des Schutzes von Verfügungsrechten. Jedes institutionelle Arrangement ist eine Kombination verschiedener, miteinander verbundener institutioneller Variablen, die gleichzeitig nebeneinander bestehen können, selbst wenn das durch sie konstituierte System nur sehr schlecht funktioniert[45]. Dagegen kann eine Zentralverwaltung nicht koexistieren mit freiem Marktzutritt. Sie erfordert eine rigide Mehrebenenorganisation der Ökonomie (vgl. *Balcerowicz* 1995).

Sowohl Intuition als auch empirische Forschung haben gezeigt, dass einzelne institutionelle Variablen langfristiges Wachstum nicht additiv beeinflussen: Es gibt einige Variablen, die bei bestimmten Ausprägungen das Wachstum auf niedrigem Niveau halten, unabhängig von den Ausprägungen der anderen institutionellen Variablen. Solche Situationen nenne ich „institutionelle Wachstumsbarrieren"[46]. Jede Wachstumsbarriere ist definitionsgemäß ein ausreichender Grund für langsames Wachstum oder Nullwachstum. In Abschnitt 6 habe ich institutionelle Arrangements beschrieben, die diverse solche Barrieren aufweisen.

---

[44] Eine aktuelle Anwendung findet sich in *Hausman* et al. (2005).

[45] Leistungsfähigkeit eines Systems ist also nicht das Gleiche wie die Überlebensfähigkeit des Systems.

[46] Nicht alle Wachstumsbarrieren sind institutioneller Natur. Ein chronisches Fiskaldefizit ist keine direkte institutionelle Barriere, wohl aber durch institutionelle Faktoren bedingt, z.B. das Fehlen von angemessenen Beschränkungen für die politischen Entscheidungsträger. Dagegen ist eine schlechte geografische Lage eine nicht-institutionelle Wachstumsbarriere.

Das Niveau des langsamen Wachstums ergibt sich aus den jeweiligen Barrieren B_1, B_2 ... B_n; sie können verschieden oder gleich sein. Zum ersten Fall siehe Abbildung 1.

Abbildung 1

```
r
|
|          C₁                C₂
r₃(B₃) ----------------------------
|       B
r₂(B₂) ----------------------------
|
r₁(B₁) ----------------------------
|    A
0 ---------------------------------→ t
         └──────── T ────────┘
```

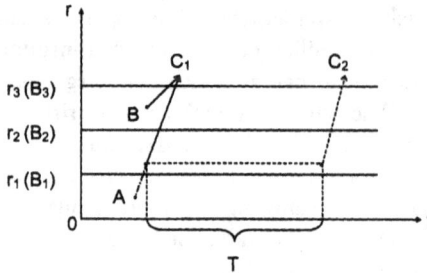

r steht für das erreichbare langfristige Wachstum unter dem Einfluß zunehmend restriktiver Barrieren B_1, B_2, B_3. Die Punkte A und B repräsentieren verschiedene Ausgangslagen und damit unterschiedliche Spielräume für Reformen, die darauf abzielen, ein r größer als r_3 zu erreichen. Bei A beginnend ist ein solches Wachstum r schneller (Pfad A $\rightarrow$ C$_1$) oder langsamer (Pfad A $\rightarrow$ C$_2$) zu erreichen. Der langsamere Pfad erfordert eine Periode T langsamen Wachstums. Daher ergibt sich aus der Annahme multipler Wachstumsbarrieren (innerhalb eines institutionellen Arrangements) ein Argument für ein großes Reformpaket, das innerhalb kurzer Zeit durchgeführt wird, anstelle eines graduellen Reformpakets. Politökonomische Fragen und logistische Probleme bleiben in dieser Betrachtung außen vor. Dieses „anti-gradualistische" Ergebnis ändert sich nicht, wenn wir annehmen, dass verschiedene Wachstumsbarrieren mit dem selben niedrigen Niveau verbunden sind.

Reformpakete können als erfolgreich definiert werden, wenn sie sämtliche Wachstumsbarrieren eines bestehenden institutionellen Arrangements beseitigen. Bei nicht erfolgreichen Paketen bleiben einige der alten Wachstumsbarrieren erhalten, so dass das Wachstum trotz (einiger) Reformen nicht ansteigt[47]. Gerade solch eine Situation führt oft zu Verwirrung, so dass die erfolgten Reformen für den ausbleibenden Erfolg verantwortlich gemacht werden. Es ist die Aufgabe empirischer Institutionenökonomik, genauer die Zustände von institutionellen Variablen zu identifizieren, die zu Wachstumsbarrieren führen, und daraus Empfehlungen für erfolgreiche Reformen abzuleiten.

Das Problem, die potenziell erfolgreichen Reformpakete zu finden, besteht nicht nur darin, die institutionellen Wachstumsbarrieren zu identifizieren und zu beseitigen. Es

---

[47] Erfolgreiche Reformpakete beseitigen außerdem alle wichtigen Schwachstellen eines Systems, z.B. Quellen makroökonomischer Krisen. Nicht erfolgreiche schaffen es nicht, alle zu beseitigen. Vgl. Abschnitt 9.

geht weiterhin darum, wie r *anhaltend* gesteigert werden kann, wenn die jeweiligen institutionellen Variablen ständig verbessert werden und einen „angemessenen" Zustand annehmen, also keine Wachstumsbarrieren mehr darstellen. Mit anderen Worten lautet die Frage also: Welche Reformen sind in Bezug auf r bei gegebenen Ausgangsbedingungen am produktivsten? Ein damit verbundenes Problem ist, ob die nachfolgenden Verbesserungen der jeweiligen institutionellen Ausprägungen bezüglich r mit einer abnehmenden marginalen Produktivität verbunden sind. Ist dies der Fall, sollten Reformen sich auf die Aspekte konzentrieren, bei denen Verbesserungen mit den größten marginalen r-Zuwächsen verbunden sind.

Man sollte allerdings nicht vergessen, dass es auch zwischen verschiedenen Reformansätzen starke Komplementaritäten gibt. Nehmen wir z.B. Wettbewerb als Anreiz-Reallokationsmechanismus, der für innovationsbedingtes Wachstum unverzichtbar ist. Wettbewerb kann – wie bereits in Abschnitt 6 gezeigt – nur effektiv funktionieren, wenn die folgenden drei Bedingungen erfüllt sind: (1) Die Nachfrage muss zwischen verschiedenen Anbietern frei wählen können. (2) Es muss kompetitive Anbieter geben, die Nachfrage anziehen. (3) Erfolg und Misserfolg müssen für die Anbieter ernsthafte Anreiz- und Sanktionswirkungen haben. Wenn von einer Zentralverwaltungswirtschaft ausgegangen wird, erfordert die nachhaltige Einführung eines intensiven Wettbewerbs massive Liberalisierungsanstrengungen (Abbau der Zentralverwaltung, freier Marktzutritt, Preis- und Außenhandelsliberalisierung), begleitet von einer massiven Etablierung von wettbewerbsstimulierenden Institutionen (z.B. die Einführung des Konkursrechts und die Privatisierung von Staatsunternehmen). Daher sollte man in solchen Situationen stets die Wirkungen von Paketen verwandter Reformen analysieren und nicht nur einzelne Komponenten.

8.3. Ausgangsbedingungen

Von besonderem Interesse sind Reformpakete, die eine Volkswirtschaft zu sehr schnellem Wachstum verhelfen, also sogenannte „Wachstumswunder" vollbringen. Es ist offensichtlich, dass in solchen Fällen die *Ausgangsbedingungen* zumindest durch eine Wachstumsbarriere gekennzeichnet waren. Aber wie erklärt sich der große Sprung des Wachstums? Diese wichtige Frage der Entwicklung bedarf sicherlich noch weiterer Forschung. Meiner Meinung nach erfordert ein solcher Wachstumssprung ein Reformpaket, das eine schnelle und dauerhafte Übernahme produktiver Technologien aus dem Ausland begünstigt. Je nach Ausgangsbedingungen und anderen Wachstumsbarrieren müßte ein solches Reformpaket eine radikale Öffnung der Wirtschaft, eine weitreichende Deregulierung, fiskalische Reformen, die die Spar- und Investitionstätigkeit stimulieren, einen glaubhaften Schutz der Verfügungsrechte u.a. vorsehen.

Welche Ausgangsbedingungen führen nun im Falle eines solchen Reformpakets am ehesten zu einem „Wachstumswunder"? Die ökonomische Literatur bietet hierzu verschiedene Sichtweisen. Einige Autoren betonen, dass gerade die ärmsten Länder das größte Potenzial zur Adaption ausländischer Technologien besäßen und daher mit solchen Maßnahmen den größten Wachstumsanstieg erzielen könnten (vgl. *Barro* and *Sala-i-Martin* 1997). Andere Forscher behaupten, die Länder mit mittleren Einkommensniveaus könnten durch angemessene Reformen am ehesten ein „Wachstumswunder" auslösen, da sie durch eine höhere Humankapitalausstattung besser in der Lage sind, ausländische Technologien zu übernehmen (vgl. *Gomulka* 1990). Irland ist seit den frühen 1990er Jahren ein Beispiel dafür, dass sogar relativ reiche Länder noch wirtschaftliche „Tiger" werden können. Um reich zu werden, musste ein Land in der Vergangenheit über einen längeren Zeitraum ausreichend wachsen, also frei von Wachstumsbarrieren sein. Verschlechtert sich dann eine der Wachstumsdeterminanten und wird zu einer Wachstumsbarriere, so kommt es zu einem sehr niedrigen Wachstumsniveau, selbst wenn andere Wachstumsdeterminanten unverändert bleiben. Unter solchen Bedingungen kann eine Teilreform, die lediglich den kritischen Faktor transformiert, die geballte Kraft aller Wachstumsdeterminanten freisetzen. Auf diese Weise kann auch ein relativ reiches Land für eine bestimmte Zeit ein „Wachstumswunder" erleben[48]. Dies macht deutlich, dass die Reichweite erfolgreicher Reformen von den Ausgangsbedingungen abhängt – oder genauer: von der Anzahl und dem Gewicht der darin enthaltenen Schwächen. Es macht keinen Sinn, eine Krankheit zu heilen, an der der Patient gar nicht leidet.

Wenn die Ausgangsbedingungen aber durch eine Vielzahl von Wachstumsbarrieren gekennzeichnet sind, muss ein Reformpaket, das einen anhaltenden Wachstumsschub generieren soll, entsprechend umfangreich sein. Es hat historisch aber viele Fälle gegeben, in denen sich das Wachstum noch *vor* der vollständigen Implementierung eines Reformpaketes beschleunigte, also während noch einige Wachstumsbarrieren bestanden[49]. Wie ist das zu erklären? Nachhaltige Wachstumsschübe dürften bei ursprünglich vielen Wachstumsbarrieren nur durch ein großes und angemessen strukturiertes Reformpaket erreichbar sind. Kleinere Reformschübe können allerdings auch vorübergehende Wachstumsbeschleunigungen auslösen, wenn die Ausgangsbedingungen durch *spezifische Wachstumsmechanismen* gekennzeichnet sind.

In Abschnitt 2 habe ich innovationsbedingtes Wachstum als den einzigen potenziell nachhaltigen und universellen Wachstumsmechanismus diskutiert. Im Gegensatz dazu sind spezifische Wachstumsmechanismen *situationsabhängig* und *temporär*, auch wenn einige über viele Jahre hinweg wirken. Hierzu im Folgenden einige Beispiele.

Die beiden ersten Beispiele beziehen sich auf Fälle, in denen „überschüssiges" Humankapital vorhanden ist, sei es generell (Alphabetisierung, weit verbreitete Kenntnisse der Mathematik und der Naturwissenschaften) oder speziell (Individuen mit der Kapazität technologischer Innovationen). Die Zerstörungen des Zweiten Weltkrieges haben im Westen den Lebensstandard gesenkt und zwischen den Bestand an Human- und Sachkapital einen Keil getrieben. Das „überschüssige" Humankapital war in der Lage, beschleunigtes Wachstum zu generieren, sobald der Krieg vorüber war und marktwirt-

---

[48] Es scheint, dass dieser blockierende Faktor im Falle Irlands bis in die späten 1980er ein Missmanagement der öffentlichen Finanzen war, bei angemessenen anderen Faktoren: gut geschützte private Verfügungsrechte, Offenheit der Ökonomie, hohes Humankapital.

[49] Dies hat einige Autoren dazu verleitet, die Wachstumsrelevanz von Institutionen in Frage zu stellen: Da sich das Wachstum auch unter imperfekten Institutionen beschleunigen könne, seien Institutionen nicht relevant (vgl. *Eckhaus* 2004).

schaftliche Prozesse wieder zugelassen wurden[50]. Nachdem der Keil allerdings durch den Wiederaufbau wieder beseitigt war, hörte dieser spezifische Wachstumsmechanismus auf zu wirken.

Im Osten war das kommunistische Bildungssystem besser als das Wirtschaftssystem: Der relativ große Humankapitalbestand konnte – bedingt durch die Restriktionen der Zentralverwaltungswirtschaft – nicht vollständig für ein innovationsbedingtes Wachstum wirksam werden (vgl. Abschnitt 6). Als dann diese Barrieren abgeschafft wurden, konnte das „schlafende" Humankapital als Motor für beschleunigten Technologietransfer genutzt werden. Diese zusätzliche Beschleunigung endet jedoch, sobald die zuvor ungenutzten Humankapitalreserven voll ausgeschöpft sind[51].

Der dritte spezifische Wachstumsmechanismus war bestimmt durch die weitverbreitete vorherige Verschwendung in Planwirtschaften, und zwar sowohl innerhalb von Organisationen als auch zwischen Organisationen. Organisationsinterne Verschwendung kann man als sehr niedriges Niveau an X-Effizienz beschreiben (vgl. *Leibenstein* 1957) – mit Merkmalen wie Unterauslastung von Sachanlagen, Drückebergerei, Vernachlässigung von Wartungsaufgaben usw. Organisationsexterne Verschwendung bestand in massiven und chronischen Störungen der zwischenbetrieblichen Beziehungen, die zu verzögerten und disfunktionalen technologischen Abstimmungen führten, was die Qualität der produzierten Güter verschlechterte. Dies resultierte zweifelsohne aus dem zentralisierten Koordinationsmechanismus[52]. Aber es gab auch westliche Ökonomen, die den Grund für solche Ineffizienzen eher im Marktmechanismus sahen (vgl. *Nelson* 1981). Die interne Verschwendung existiert wahrscheinlich in allen Organisationen, die nicht marktlichem Wettbewerb unterliegen, also auch in allen Systemen, in denen Wettbewerb verhindert wird. Denn die Stärke von Anreizen innerhalb einer Organisation hängt von den Anreizen ab, denen sich die Organisation nach außen gegenüber sieht; und für marktlichen Wettbewerb gibt es schlicht keine effektiven Substitute.

Der Kommunismus war charakterisiert durch die ideologische Ablehnung von Sektoren, die gemäß der marxistischen Lehre als „unproduktiv" galten, z.B. Dienstleistungen und der Handel. Dadurch wurde der Dienstleistungssektor extrem unterdrückt. Das Aufheben der Unterdrückung hat zwangsläufig zur Entfesselung der aufgestauten Nachfrage nach Dienstleistungen geführt, so daß sich in diesen Sektoren zunächst hohe Gewinnmargen und Wachstumsraten ergeben haben, bis ihr Anteil ein „normales" Niveau erreicht hatte. Eine derartige Quelle von kurzfristiger Wachstumsbeschleunigung gab es dagegen nicht in Ländern, die „gleichmäßig" rückständig waren.

---

[50] Die Liberalisierung des internationalen Handels stellte im Gegensatz zur ökonomischen Isolierung der 1930er Jahre einen zusätzlichen Wachstumsfaktor dar.

[51] Freie Mobilität zwischen den Ländern kann jedoch dazu führen, dass gerade die talentiertesten und aktivsten Arbeitskräfte migrieren, besonders wenn die inländischen Wachstumsaussichten durch unzureichende Reformanstrengungen schlecht sind. Das langfristige Wachstum des inländischen Humankapitals hängt von der Qualität des Bildungssektors ab, die wiederum teilweise auch vom Ausmaß der Migration abhängen kann.

[52] Mehr dazu in *Balcerowicz* (1989).

Eine weitere Art der Unterdrückung bestand darin, einem Sektor ein Anreizsystem aufzuerlegen, das jegliche Verbindung zwischen individueller Anstrengung und Entlohnung löste. Typisch hierfür waren die marxistischen Volkskommunen der chinesischen Landwirtschaft, die den Großteil der Erwerbstätigen beschäftigten. Da kaum Abhängigkeit vom Einsatz staatlicher Maschinen bestand, waren diese Kommunen also potenziell leicht privatisierbar. Nachdem die Volkskommunen aufgelöst und durch ein System von Haushaltsverantwortlichkeit ersetzt worden waren, erfuhr die Landwirtschaft einen starken Produktivitätsschub; dabei wurden viele Arbeiter aus der Landwirtschaft in andere Sektoren umgeschichtet (vgl. *Crafts* 1998). Dieser spezifische Wachstumsmechanismus konnte in den Ostblockstaaten nicht mit der gleichen Effektivität auftreten, da die Landwirtschaft dort einen viel kleineren Anteil der Bevölkerung beschäftigte und mehr von großen Maschinenanlagen abhängig war[53].

Ein weiterer Mechanismus zur Unterdrückung der Landwirtschaft ließ sich in vielen postkolonialen afrikanischen Ländern beobachten. Hier diente das staatliche Einkaufsmonopol dazu, den nominell privaten Landwirten ungünstige Preise aufzuzwingen. Mit den so gewonnenen Renten wurden verschwenderische öffentliche Ausgaben finanziert (vgl. *Bauer* 1998; *Schultz* 1980). Die Beseitigung dieser Diskriminierung würde auch einen spezifischen Wachstumsmechanismus darstellen.

Zu einem gewissen Grad überschneidet sich dieser Mechanismus mit einem anderen: Alle rückständigen Systeme haben einen hohen Anteil unproduktiver Sektoren und einen niedrigen Anteil hochproduktiver Sektoren. Hier liegt daher ein großes Potenzial für wachstumsbeschleunigende strukturelle Umschichtungen. Solche Umschichtungen sind zwangsläufig mit Technologietransfer verbunden, da das Wachstum hochproduktiver Sektoren hauptsächlich davon abhängt. Insofern sollte man diese strukturellen Umschichtungen eher als eine Komponente des Technologietransfers betrachten, also nicht als spezifischen Wachstumsmechanismus. Es gibt allerdings einige Konstellationen von Ausgangsbedingungen, die solche Mechanismen enthalten. Beispielsweise kann ein System durch ein Übermaß an Bürokratie mit sehr niedriger, vielleicht sogar negativer Produktivität gekennzeichnet sein. Eine Umschichtung von Arbeitskräften aus diesem Sektor in produktivere Sektoren würde die gesamtwirtschaftliche Produktivität erhöhen.

Einige Volkswirtschaften zeichnen sich durch niedrige Beschäftigungsraten aus, d.h. ein großer Teil der arbeitsfähigen Bevölkerung ist unproduktiv[54]. In der Erhöhung der Beschäftigungsrate und damit der Produktivität einiger Arbeitskräfte kann ein weiterer spezifischer Wachstumsmechanismus gesehen werden, aber auch eine produktivitätssteigernde strukturelle Umschichtung. Niedrige Beschäftigungsraten können jedoch auf andere Einflüsse zurückgeführt werden als auf die bisher behandelten strukturellen Umschichtungen; sie erfordern daher eine andere Betrachtungsweise, z.B. die Reform des Systems der Sozialtransfers mit dem Ziel, die Anreize für Nicht-Arbeit zu reduzieren.

---

[53] Weiterhin wurde die chinesische Landwirtschaft unter *Mao* stark besteuert, während sie in den Ostblockstaaten subventioniert wurde (vgl. *Rozelle* and *Swinnen* 2004).

[54] Einige dieser Nichtbeschäftigten arbeiten eventuell im informellen Sektor, während sie formell Sozialhilfe empfangen. Daher kann eine niedrige Beschäftigungsrate mit einem großen informellen Sektor einhergehen.

Länder, die eine Vielzahl spezifischer Wachstumsmechanismen aufweisen, haben das Potenzial für ein temporär stark beschleunigtes Wachstum, haben aber offensichtlich einen hohen Preis für dieses Potenzial bezahlt, weil gerade die Existenz dieser Mechanismen die Rückständigkeit dieser Länder bedingt. Dies drückt sich aus in stark unterdrückten Sektoren, massiver Verschwendung, in einem hohen Anteil unproduktiver Arbeitskräfte usw. Diese Wachstumsmechanismen stellen also eine Quelle temporärer Konvergenz dar, wobei unklar ist, ob ein simpler linearer Zusammenhang zwischen dem Ausmaß dieser Mechanismen und dem Pro-Kopf-Einkommen besteht[55].

Die verschiedenen spezifischen Wachstumsmechanismen unterscheiden sich je nach den Reformen, die erforderlich sind, um Wachstumsbeschleunigung auszulösen. Bei einigen können begrenzte Reformen, die nicht die fundamentalen, auf systematischen Innovationen basierenden Wachstumsmechanismen stärken, ausreichend sein. Als Beispiele könnte man die Umschichtung von Arbeitskräften aus der Bürokratie in produktivere Sektoren oder die Entkollektivierung der Landwirtschaft – jeweils ohne umfassende Einführung von Marktstrukturen – anführen. Die Wachsumsrate würde bei solch begrenzten Reformen vorübergehend steigen, dann aber wieder zu ihrem niedrigen Ausgangsniveau zurückkehren (vgl. Abbildung 2). Sie sind daher als gescheiterte Reformen zu klassifizieren.

Abbildung 2

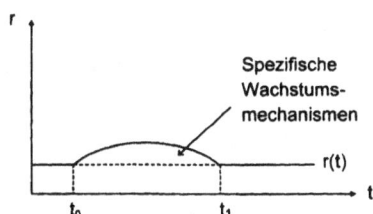

Andere spezifische Wachstumsmechanismen können erst durch umfassendere Reformen, die zugleich das innovationsbedingte Wachstum stärken, zur Geltung kommen. Dies könnte erklären, warum das Wirtschaftswachstum manchmal schon vor dem Abschluss umfassender Reformen steigen kann. Um beispielsweise eine massive Verschwendung innerhalb von und zwischen Unternehmen zu reduzieren, bedarf es des Marktwettbewerbs, dessen Einführung wiederum umfassende Reformen erfordert.

---

[55] Es ist möglich, dass diese Mechanismen stärker mit Besonderheiten wachstumsfeindlicher Systeme zusammenhängen als mit dem Pro-Kopf-Einkommen. Beispielsweise könnte eine Zentralverwaltungswirtschaft mehr ungenutztes Humankapital gebildet haben als ein Schwellenland ohne Planwirtschaft, aber mit einem ähnlichen Pro-Kopf-Einkommen.

In Abbildung 3 wird unterstellt, daß die Beschleunigung von r während der Periode t_0-t_1 durch einen spezifischen Wachstumsmechanismus ausgelöst wird, der wiederum auf Reformen beruht, die innovatives Wachstum fördern. Ab t_1 wirkt lediglich dieser Mechanismus, so daß r nicht weiter wächst.

Abbildung 3

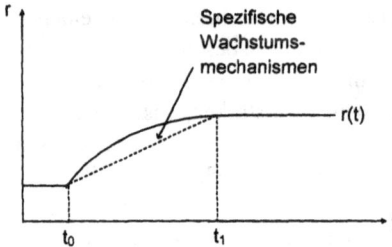

8.4. Zeitstruktur der Reformen

Wenden wir uns zuletzt der Zeitstruktur erfolgreicher Reformpakete zu, also der zeitlichen Verteilung der Reformkomponenten. Zeitstruktur beschreibt, wie der genaue zeitliche Ablauf der Reform aussieht. (Ich ziehe den Ausdruck „Zeitstruktur" dem Ausdruck „Sequenzierung" vor, da eine Zeitstruktur nicht notwendigerweise eine Sequenz erfordert). Hierbei sind besonders zwei Entscheidungsvariablen relevant:

1. Das Timing beim Start der einzelnen Reformen (simultan oder sequenziell);

2. die Geschwindigkeit der Implementierung der Reformen, also die Zeitverzögerung zwischen dem Beginn der Reformen und dem Auftreten ihrer Auswirkungen.

Der Kernpunkt bei der Analyse und Gestaltung der Zeitstruktur von Reformpaketen ist, dass einzelne Reformen sich nach ihrer jeweiligen maximal erreichbaren Geschwindigkeit unterscheiden: Die Vorbereitung neuer Gesetze z.B. für die Liberalisierung oder die makroökonomische Stabilisierung nehmen weniger Zeit in Anspruch als der hierfür erforderliche Aufbau neuer oder der Umbau bestehender Organisationen. Weiterhin unterscheiden sich die jeweils erforderlichen Reformen in zwei kritischen Punkten, nämlich (1) wie stark ihre direkte Auswirkung auf die gesamtwirtschaftliche Leistung ist und (2) wie wichtig ihre Ergebnisse für den Erfolg anderer Reformen sind. Reformen, die in Bezug auf wenigstens einen dieser Punkte wichtig sind, sollten früh und schnell implementiert werden. So wird z.B. vorgeschlagen, die Reform der Gütermärkte (Deregulierung des Markteintritts) den Arbeitsmarktreformen vorzuziehen, denn die systematische Erleichterung des Markteintritts senkt die Produzentenrenten und damit den Widerstand gegen die Deregulierung des Arbeitsmarktes (vgl. *Berger* and *Danninger* 2005). Eine umfassende, radikale Liberalisierung der Bedingungen für Unternehmensgründungen und unternehmerisches Handeln ist in ehemals sozialistischen Volkswirtschaften besonders wichtig, um Wachstumsimpulse auszulösen, verbreiteten Knappheitserscheinungen entgegenzuwirken und die Neigung zu ausgedehntem *Rent-Seeking* zu reduzieren. Tatsächlich droht eine halbherzige Deregulierung, zur Perpetuierung von marktwirtschaftlichen Mißständen wie weit verbreitetes *Rent-Seeking*, politisch motivierte Privilegierung und Wettbewerbsbeschränkungen zu führen. Der Grund hierfür liegt darin, dass die Gewinner der Anfangsphase von Reformen deren Weiterführung blockieren, um sich ihre Privilegien zu sichern (vgl. *Aslund* 2007; *Hellman* 1998).

Die Betonung radikaler und umfassender Liberalisierung von ehemals sozialistischen Systemen bedeutet nicht notwendigerweise, dass andere Reformen verzögert werden sollten. Wenn zu den Ausgangsbedingungen massive makroökonomische Ungleichgewichte gehören (wie es in den meisten ehemaligen Planwirtschaften der Fall war), sollte die makroökonomische Stabilisierung zeitgleich mit der Liberalisierung beginnen und konsequent fortgesetzt werden. Es wäre nämlich ein Fehler, solche Ungleichgewichte zu vernachlässigen, da Liberalisierung und Stabilisierung eng zusammenhängen (vgl. *Balcerowicz* 1995).

Welche Rolle spielen in diesem Zusammenhang die organisatorischen Umstrukturierungen, z.B. die Einrichtung einer unabhängigen Zentralbank und Finanzaufsicht, die Privatisierung der staatlich dominierten Wirtschaft, die Reorganisation des Justizsystems? Diese Strukturreformen sind außerordentlich wichtig für die dauerhafte Leistungsfähigkeit einer Volkswirtschaft und beanspruchen mehr Zeit als die Liberalisierung und andere legislative Änderungen oder die makroökonomische Stabilisierung. Dies spricht dafür, auch diese Reformen frühzeitig und zügig vorzunehmen.

Insgesamt folgt daraus, dass die optimale Zeitstruktur eines erfolgreichen Reformpaketes für eine zerfallende und stark ungleichgewichtige Planwirtschaft massive parallele Reformen erfordert, die etwa zur gleichen Zeit beginnen und so schnell wie möglich durchgesetzt werden sollten. Diese Strategie löst sowohl die spezifischen als auch die innovationsbedingten Wachstumsmechanismen aus, so dass im Vergleich zu anderen Strategien die größten Wachstumsbeschleunigungen zu erwarten sind. Gleichzeitig reduziert diese Strategie – dank der Dynamik ihrer Ergebnisse – das Ausmaß an *Rent-Seeking*, wodurch wiederum weiterführende Reformen erleichtert werden[56].

8.5. Zusammenfassung

Fassen wir nun zusammen, was ein erfolgreiches Reformpaket von einem erfolglosen unterscheidet. Hierbei dürfen wir nicht vergessen, dass es auch um die Ausgangsbedingungen geht, die wachstumsfeindliche institutionelle Arrangements enthalten können.

---

[56] Es gibt noch weitere Argumente für eine umfassende und radikale Reform von ehemaligen Planwirtschaften. Der Zerfall eines solchen Systems kreiert nämlich kurzfristig eine Periode für Maßnahmen einer „außergewöhnlichen Politik". In dieser Zeit ist es relativ einfach, tiefgreifende Reformen politisch durchzusetzen. Die Theorie der kognitiven Dissonanz impliziert, dass solche Reformen wahrscheinlich als irreversibel wahrgenommen werden (vgl. *Balcerowicz* 1995).

Erstens gehen alle erfolglosen Reformen in die falsche Richtung, d.h. sie erhalten Institutionen aufrecht, die Wachstum behindern oder nur eine wachstumsfeindliche Systemvariante durch eine andere ersetzen (zu diesen unproduktiven Transformationen vgl. Abschnitt 6).

Daher muss *zweitens* ein Reformpaket, das erfolgreich sein soll, ein liberales System anstreben. Dies ist allerdings lediglich eine notwendige, nicht aber eine hinreichende Bedingung für den Reformerfolg, denn es gibt durchaus erfolglose Reformpakete, die richtig angelegt waren. Was unterscheidet sie von den erfolgreichen Reformpaketen? Bei den erfolglosen bleiben einige der wichtigen Wachstumsbarrieren intakt, die Reformen sind also grundsätzlich unvollständig oder zu ungenau. Dies betrifft Reformen in sozialistischen Ländern, die innovationsfeindliche Anreizstrukturen beibehielten (vgl. *Balcerowicz* 1995). Zu den erfolglosen, aber richtig angelegten Reformpaketen gehören auch solche, die zwar einige oder gar die meisten der vorhandenen Wachstumsbarrieren beseitigen, dafür aber neue Wachstumsbarrieren einführen. Für solche schlecht strukturierten Reformpakete läßt sich als prominentes Beispiel Ostdeutschland anführen. Hier wurde das Rechts- und Sozialsystem Westdeutschlands eingeführt, das aber in der ostdeutschen Wirtschaft aufgrund ihrer niedrigen Produktivität destruktiv wirkte. Erfolgreiche Reformen beseitigen alle vorhandenen Wachstumsbarrieren, ohne neue einzuführen.

Schließlich können *drittens* nachhaltige Wachstumsbeschleunigungen nicht nur durch verbleibende Wachstumsbarrieren, sondern auch durch verbleibende Schwächen des institutionellen Arrangements untergraben werden, was mit hoher Wahrscheinlichkeit früher oder später zu einer makroökonomischen Krise führt. Erfolgreiche Reformpakete beseitigen auch solche institutionellen Schwachstellen, ohne neue einzuführen. Erfolglose Pakete behalten einige dieser Schwächen bei oder führen neue ein.

9. Institutionen, makroökonomische Schocks und langfristiges Wachstum

Bislang wurden die systematischen Wachstumsfaktoren diskutiert, die für verschiedene institutionelle Systeme kennzeichnend sind. Definitionsgemäß sind sie – mit Ausnahme der spezifischen Wachstumsmechanismen – jederzeit in Kraft, wohl aber mit variierender Intensität. Sie bestimmen das Ausmaß der relativen Anreize für Innovationen, Ersparnisse und Investitionen. Die wichtigsten dahinter stehenden institutionellen Variablen sind Struktur und Ausmaß des Schutzes von Verfügungsrechten und die damit verbundenen Faktoren: der Grad der Offenheit der Volkswirtschaft, das Ausmaß wettbewerbsfeindlicher Regulierungen und die Finanzpolitik des Staates. Die Variablen, die verantwortlich sind für die systematischen Wachstumskräfte, nenne ich *antreibende Institutionen*. Institutionelle Wachstumsbarrieren sind also äquivalent mit schwach antreibenden Institutionen.

Solche Institutionen sind allerdings nicht der einzige Grund für schwaches Wachstum. Ein Blick auf die Wachstumspfade verschiedener Länder zeigt, dass sich die Varianz dieser Pfade zwischen den Ländern stark unterscheidet (vgl. OECD 2005; *Easterly* and *Levine* 2000). Einige Länder wachsen stetig (wenn auch mit unterschiedlichen Geschwindigkeiten), während andere häufige und ernsthafte Wachstumseinbrüche erleiden. Dies war besonders in vielen afrikanischen Ländern der Fall, in denen die Standardabweichung des Pro-Kopf-Bruttoinlandsprodukts (BIP) zwischen 1960 und 2000 die höchste aller Weltregionen aufwies. Dadurch war das Wachstum in dieser Region episodisch und unkontrolliert (vgl. *Fosu* 2007).

Plötzliche Wachstumseinbrüche – selbst wenn ihnen Wachstumsbeschleunigungen folgen – können die durchschnittliche langfristige Wachstumsrate unter die Rate senken, die bei stetigerem Wachstum möglich wäre. Tatsächlich zeigt eine aktuelle Studie, dass die 18 wachstumsstärksten Entwicklungsländer (LDC) durch sehr geringe Fluktuationen in ihren Wachstumsraten gekennzeichnet sind (vgl. *Zagha* and *Nankani* 2005). Eine andere Studie untersucht 79 Länder zwischen 1960 und 2000 und kommt zu dem Ergebnis: Volatilität und langfristiges Wachstum sind negativ korreliert. Dieser Zusammenhang ist stärker in Ländern vorzufinden, die arm, institutionell unterentwickelt sind, mitten in der finanziellen Entwicklung stecken oder nicht in der Lage sind, effektive Fiskalpolitik zu betreiben (vgl. *Hnatkovska & Loayza* 2003). Die Autoren betonen, dass dieser Zusammenhang nicht durch kleine zyklische Abweichungen entsteht, sondern durch große Abweichungen vom BIP-Trend. Sie folgern daraus, dass die langfristige Wirtschaftsleistung durch Volatilität in Krisenzeiten, nicht aber durch reguläre Volatilität geschädigt wird.

Eine weitere wichtige Forschungsfrage ist, warum manche kurzfristigen Wachstumseinbrüche langfristige Konsequenzen haben. Eine mögliche Antwort ist, dass durch manche Einbrüche die antreibenden Institutionen beschädigt werden. Dies wäre dann ein Fall „zerstörerischer Zerstörung" statt einer „schöpferischen Zerstörung". Eine andere Möglichkeit besteht darin, dass es eine Begrenzung der Geschwindigkeit des kurzfristigen Wachstums gibt, selbst nach einem starken Einbruch, so dass einige Zeit erforderlich ist, um den Wachstumseinbruch zu kompensieren. Außerdem können die Gelegenheiten für Wachstum zeitabhängig sein, so dass ein Land nach einem Einbruch weniger Gelegenheiten haben könnte.

Unterschiede in der Häufigkeit und der Schwere von Wachstumseinbrüchen ergeben sich teilweise aus der Verschiedenartigkeit externer Schocks. Allerdings werden viele Schocks im Inland ausgelöst. So kann die Anfälligkeit für Schocks – z.B. bedingt durch die Zusammensetzung der inländischen Produktion – auch institutionelle Quellen haben.

Seit *Keynes* haben Ökonomen sich auf die Analyse von makroökonomischen Gleichgewichtseigenschaften unter einem gegebenen institutionellen Arrangement konzentriert, nämlich der freien Marktwirtschaft. Es wurde sehr viel Zeit darauf verwendet zu zeigen (und zu widerlegen), dass dieses System inhärent instabil ist. Dagegen wurde die generellere Frage der Instabilität unter verschiedenen institutionellen Arrangements größtenteils vernachlässigt. Es ist unumstritten, dass sich die historisch schlimmsten Wachstumseinbrüche unter nicht-liberalen Systemen ereigneten und durch Regierungsentscheidungen ausgelöst wurden. Eine wichtige und noch nicht genügend erforschte Frage ist, welche institutionellen Eigenarten eines Landes determinieren dessen Anfälligkeit für Wachstumseinbrüche. Diese Eigenarten bezeichne ich als *stabilisierende Institutionen*. Sie können von sehr schwach (destabilisierend) bis zu sehr stark stabilisierend reichen. Eine Wachstumsstrategie muss offensichtlich darauf angelegt sein, häufige und ernsthafte Wachstumseinbrüche zu vermeiden. Gerade dieses Problem wird aber in den meisten Wachstumstheorien vernachlässigt.

Grob gesehen, kann man stabilisierende Institutionen in unmittelbare und grundlegende Institutionen unterteilen. Unmittelbare Institutionen sind:

— Das Währungs- und Wechselkurssystem, das die Stabilität des Geldwertes und das Risiko der Über- oder Unterbewertung bestimmt;
— die finanzpolitische Ordnung: der Grad der Beschränkungen (falls vorhanden) der öffentlichen Ausgaben und der öffentlichen Verschuldung bestimmt das Risiko von fiskalischen Krisen;
— die Finanzaufsicht und das Ausmaß von Marktdisziplin: sie beeinflussen die Finanzinstitutionen und das Risiko von Finanzkrisen.

Einige dieser unmittelbaren Ordnungsbedingungen können als stabilisierende wie auch als antreibende Institutionen aufgefaßt werden. Die Eigentumsverhältnisse der Banken sind sowohl für deren Effizienz als auch für das Risiko von Bankenkrisen wichtig, da staatliche Banken viel anfälliger für widersprüchliche Entscheidungen sind und eher zu einer nachlässigen Kreditvergabe neigen als private Banken (vgl. *Caprio* and *Honohan* 2001). Institutionelle Faktoren, die die Flexibilität der Arbeitsmärkte beeinflussen, sind sowohl für die langfristigen Beschäftigungsaussichten als auch für die Reaktionen der Wirtschaft auf externe Schocks relevant. Fiskalische Institutionen bestimmen das finanzpolitische Handeln des Staates. Dies ist wiederum sowohl für die systematischen Wachstumskräfte (siehe Abschnitt 6) als auch für die Wahrscheinlichkeit fiskalischer Krisen relevant. Das Währungs- und Wechselkurssystem ist sowohl für die Wahrscheinlichkeit extrem hoher Inflationsraten als auch für die normale Preisentwicklung ausschlaggebend. Hierdurch können allerdings die systematischen Wachstumsdeterminanten geschwächt werden (*Fischer* 1991).

Form und Stärke der unmittelbar stabilisierenden Institutionen hängen von einem Hauptmerkmal des politischen Systems ab, nämlich der politischen Machtbegrenzung. Im Falle unbegrenzter politischer Macht müssen die stabilisierenden Institutionen zwangsläufig sehr schwach sein, da sie naturgemäß die jeweiligen Politiken, d.h. die Handlungen der politischen Regierung, einschränken würden. Das Maß der Einschränkung dieser Politiken hängt dann von den persönlichen Charakteristika der Entscheider und nicht von unpersönlichen institutionellen Faktoren ab. Nur wenn politische Macht institutionell begrenzt ist, können starke stabilisierende Institutionen existieren. In welchem Ausmaß diese dann genutzt werden, um bestimmte makroökonomische Politiken institutionell zu begrenzen (also zu entpolitisieren), hängt von Faktoren ab, die spezifisch für Länder mit Regierungen sind, deren Macht begrenzt ist (Rechtsstaatlichkeit)[57].

Das politische Regime hat also einen Einfluss auf die makroökonomische Stabilität und damit – über weitere politische Kanäle – auch auf die Wachstumsaussichten (vgl. *Acemoglu* et al. 2003). Uneingeschränkte politische Macht zieht ehrgeizige, aber nicht

---

[57] Beispielsweise wurde die unabhängige Zentralbank in Westdeutschland schon 1950 gegründet, während sie in England erst in den 1980er Jahren eingeführt wurde.

notwendigerweise ethisch motivierte Individuen an. Dies kann zu häufigen Machtkämpfen und der damit verbundenen Instabilität führen. Umgekehrt kann uneingeschränkte politische Macht auch lange Zeit in einem Regenten gebündelt sein, der dann wiederum katastrophale politische Entscheidungen treffen kann. Prominente Beispiele dieses Risikos sind *Lenin* und *Stalin* in der ehemaligen UdSSR, *Mao* in China, *Kim Il Sung* in Nordkorea und *Mugabe* in Zimbabwe.

Es ist wichtig festzuhalten, dass die Unterteilung in politische Regime mit eingeschränkter und uneingeschränkter Macht nicht äquivalent ist mit der Unterscheidung zwischen demokratischen und nichtdemokratischen Regimen. Demokratien mit schwachen konstitutionellen Begrenzungen können auch für eine schlechte Wirtschaftspolitik anfällig sein, die dann zu Wachstumseinbrüchen führen kann. Dies war z.B. der Fall während der Amtszeit von *Alan Garcia* im Peru der 1980er Jahre.

Institutionelle Begrenzungen politischer Macht sind also eine überaus wichtige Schutzvorkehrung einer Gesellschaft. Damit kann einmal das Risiko destabilisierender ökonomischer Torheiten (der politischen Entscheider) reduziert werden; zum anderen wird es dadurch möglich, spezialisierte stabilisierende Institutionen zu schaffen. Natürlich sind solche Begrenzungen auch Voraussetzung für die Wirksamkeit starker antreibender Institutionen.

10. Abschließende Bemerkungen

Diese Arbeit beruht auf verschiedenen konzeptionellen Bausteinen, die sich als nützlich erwiesen haben, um Unterschiede in der Geschwindigkeit langfristigen Wachstums zu erklären.

Erstens habe ich zwischen innovationsbedingtem Wachstum (inklusive Technologietransfer als der Hauptantriebskraft von Konvergenz) und anderen Wachstumsmechanismen unterschieden. Innovationsbedingtes Wachstum ist potenziell nachhaltig und universell, während die anderen Wachstumsfaktoren situationsabhängig und inhärent temporär sind.

Zweitens habe ich das Konzept des länderspezifischen Systems von Institutionen als Variablenkomplex eingeführt. Dieser läßt sich danach unterscheiden, welche Entscheiderpositionen bestehen und wie der Zugang der Menschen zu diesen Positionen geordnet ist. Die erste Kategorie von Variablen ergibt – bei gegebenen individuellen Dispositionen – den situativen Einfluss des institutionellen Arrangements auf die Wirtschaftsleistung eines Landes. Die zweite Kategorie ist mit dem sogenannten selektiven Einfluss verbunden. Ich habe die erste Kategorie als fundamental wichtig eingestuft, während ich zur zweiten Kategorie weiteren Forschungsbedarf für notwendig erachte.

Innovationsbedingtes Wachstum kann entweder durch Informationsbarrieren oder durch Anreizbarrieren behindert werden. Im ersten Fall mangelt es an Innovationen nicht im realisierbaren Set der wichtigen Entscheidungsträger einer Gesellschaft. In der Realität von heute kann eine solche Situation durch institutionell bedingte Isolation hervorgerufen werden. Allerdings können die Faktoren, die für eine solche Isolation verantwortlich sind, auch Anreizbarrieren für Innovationen darstellen. Weiterhin reduziert

Isolation die Innovationsanreize durch eine verringerte Reichweite von Markt und Wettbewerb.

Anreizbarrieren für Innovationen treten auf, wenn der erwartete Nutzen von Innovationen (bei gegebener individueller Nutzenfunktion) oder der Nutzen von innovationsbedingten Investitionen im Vergleich zu alternativen Handlungen zu niedrig ist. Es gibt zwei verschiedene institutionelle Arrangements, die Innovationen durch Anreizbarrieren behindern.

Zur *ersten* Gruppe zählen Systeme, die prinzipiell investitionsfeindlich sind, die also auch solche Investitionen diskriminieren, die neue Technologien verkörpern würden. Eine schwache Investitionsneigung kann durch niedrige oder unsichere individuelle Ertragserwartungen oder durch eine niedrige Sparquote (bei beschränktem Zugang zu ausländischem Kapital) bedingt sein. Niedrige Ertragserwartungen sind durch institutionelle Arrangements verursacht, durch die Erträge unabhängig von individueller Anstrengung angeglichen werden (etwa durch gemeinschaftliche Verfügungsrechtsstrukturen oder durch eine prohibitiv hohe Besteuerung). Vor allem wird die Unsicherheit von Investitionserträgen verursacht durch verschiedene Arten der (offiziellen oder privaten) Enteignung. Aber selbst bei hohen Investitionserträgen kann die Investitionsneigung – durch eine niedrige Sparquote bedingt – schwach sein. Die beste Erklärung hierfür ist ein übermäßig ausgeweiteter Wohlfahrtsstaat.

Eine *zweite* Gruppe von Institutionen, die innovationsbedingtes Wachstum durch Anreizbarrieren behindern, betrifft die Innovationen direkt, ohne die Investitionsrate zu beeinflussen. Dies kann in verschiedenen Systemen der Fall sein, und zwar nicht nur in solchen, in denen wirtschaftliches Handeln beschränkt ist und Monopolrechte bestehen, sondern auch in allen Systemen, die den Wettbewerb verhindern.

Mit der modernen Wachstumsentwicklung in England begann eine neue Ära der Konvergenz und Divergenz, von Wachstumsbeschleunigungen und -verlangsamungen. Perioden langsamen Wachstums mit dem Ergebnis der Divergenz lassen sich durch institutionelle Arrangements erklären, die innovationsbedingtes Wachstum blockierten oder durch den Übergang zu einem solchen System gekennzeichnet waren. Perioden mit beschleunigtem Wachstum (Konvergenz) lassen sich wiederum in zwei Kategorien unterteilen. Die erste Kategorie, die sehr selten vorkam, wies einen generellen Wachstumspfad in Ländern auf, die über lange Zeit ein relativ unverändertes liberales System aufrechterhalten haben, also ein großes Ausmaß an ökonomischen Freiheitsrechten und angemessenen Vorkehrungen zum Schutz dieser Rechte besaßen. Die zweite, viel größere Kategorie beschreibt Perioden, in denen ein Land anfänglich durch ein wachstumsfeindliches System gekennzeichnet war, das aber durch ein erfolgreiches Reformpaket transformiert wurde, so daß eine nachhaltige Wachstumsbeschleunigung entstehen konnte.

Die Reichweite erfolgreicher Reformpakete hängt von den Ausgangsbedingungen mit dem jeweils bestehenden institutionellen Arrangement ab. Solche Systeme von Institutionen können sich nach Zahl und Art der darin enthaltenen Wachstumsbarrieren unterscheiden, also nach dem Zustand derjenigen Variablen, die langfristiges Wachstum – unabhängig vom Zustand der restlichen institutionellen Variablen – behindern. Je mehr Barrieren dieser Art in einem institutionellen Arrangement enthalten sind, desto größer muß das erforderliche Reformpaket sein. Allerdings können die Ausgangsbedingungen auch durch situationsspezifische Mechanismen gekennzeichnet sein, die – selbst mit eingeschränkten Reformen – temporäre Wachstumsbeschleunigungen noch vor Abschluss der umfassenden Reformen ermöglichen.

Langfristiges Wachstum hängt nicht nur von systematischen Determinanten ab, sondern auch von der Häufigkeit und Ernsthaftigkeit von Wachstumseinbrüchen. Systematische Determinanten sind die sogenannten antreibenden Institutionen (Struktur und Schutz der Verfügungsrechte usw.), die in dieser Arbeit vielfach behandelt wurden. Wachstumseinbrüche können auf stabilisierende Institutionen zurückgeführt werden, deren Wirkung von sehr schwach bis sehr stark reichen kann. Das Währungs- und Wechselkursregime, die fiskalische Verfassung und die Banken- und Finanzmarktaufsicht gehören unmittelbar dazu. Stärke und Form dieser unmittelbar stabilisierenden Institutionen hängen letztendlich vom politischen Regime eines Landes ab. Dieses kann wiederum durch andere politische Wirkungskanäle die Anfälligkeit eines Landes für ökonomische Schocks beeinflussen.

Abschließend möchte ich noch auf einige Aspekte hinweisen, die weitere Forschungsaktivitäten erfordern, z.B. die Mechanismen von mehr sozialer Mobilität und deren Zusammenhang mit verschiedenen Arten von Entscheidungen für innovationsbedingtes Wachstum. Auch brauchen wir noch mehr Informationen darüber, welches die wichtigsten institutionellen Wachstumsbarrieren sind. Und genereller: Wie wirksam sind – im Hinblick auf langfristiges Wachstum – Änderungen der institutionellen Variablen bei unterschiedlichen Ausgangsbedingungen? Ebenso bedarf es einer Erklärung, welche temporären Wachstumsmechanismen in verschiedenen Ausgangsbedingungen enthalten sind.

Literatur

Abramovitz, Moses (1986), Catching Up, Forging Ahead and Falling Behind, in: Journal of Economic History, Vol. 46, pp. 385–406.

Abramovitz, Moses (1993), The Search for the Sources of Growth: Areas of Ignorance – Old and New, in: The Journal of Economic History, Vol. 53, pp. 217–243.

Acemoglu, Daron, Simon Johnson, James A. Robinson and *Yunyong Thaicharoen* (2003), Institutional causes, macroeconomic symptoms: volatility, crisis and growth, in: Journal of Monetary Economics, Vol. 50, pp. 49–123.

Åslund, Anders (2007), How Capitalism was Built: The Transformation of Central and Eastern Europe, Russia, and Central Asia, New York.

Balcerowicz, Leszek (1989), Economic Systems: Elements of Comparative Analysis (In Polish). Warsaw.

Balcerowicz, Leszek (1995), Socialism, Capitalism, Transformation, Budapest .

Balcerowicz, Leszek (2008), Institutional Systems and Economic Growth, in: *Anders Åslund* and *Marek Dabrowski* (eds.), Challenges or Globalization: Imbalances and Growth, Washington D.C. 2008, pp. 153-199.

72   *Leszek Balcerowicz*

Barro, Robert and *Xavier Sala-i-Martin* (1997), Technological Diffusion, Convergence, and Growth, in: Journal of Economic Growth, Vol. 2, pp. 1–27.

Bauer, Peter (1998), The Disregard of Reality, in: *James A. Dorn, Steve H. Hanke* and *Alan A. Walters* (eds.), The Revolution in Development Economics, Washington.

Baumol, William (2002), The Free-Market Innovation Machine: Analyzing the Growth Miracle of Capitalism, Princeton NJ.

Baumol, William (2004), Education for Innovation: Entrepreneurial Breakthroughs vs. Corporate Incremental Improvements, NBER Working Paper, No. 10578. Cambridge MA.

Berger, Helge and *Stephan Danninger* (2005), Labor and Product Deregulation: Partial, Sequential, or Simultaneous Reform? IMF Working Paper, No. 05/227, Washington.

Buchanan, James and *Gordon Tullock* (1962), The Calculus of Consent: Logical foundations for constitutional democracy, Ann Arbor MI.

Caprio, Jerry and *Patrick Honohan* (2001), Finance for Growth: Policy Choices in a Volatile World, Oxford.

Crafts, Nicholas (1998), East Asian Growth Before and After the Crisis, IMF Working Paper, September, Washington.

Easterly, William and *Ross Levine,* (2000), It's Not Factor Accumulation: Stylized Facts and Growth Markets, Mimeo, Washington DC.

Eckhaus, Richard S. (2004), The Search for the Grail of Development, in: The Journal of Economic Asymmetries, Vol. 1, No. 1, pp. 1-14.

Elster, Jon (1989), Social Norms and Economic Theory, in: Journal of Economic Perspectives, Vol. 3, No.4, pp. 99–117.

Festinger, Leon (1957), A Theory of Cognitive Dissonance, Stanford CA.

Fischer, Stanley (1991), Growth, Macroeconomics, and Development, NBER Working Paper, No. W3702, Cambridge MA.

Fosu, Augustin Kwai (2007), Policy Syndromes and African Economic Growth, in: World Institute for Development Economics Research, Wider Angle, No. 1, pp. 1–3.

Fry, Timothy (2001), Keeping Shop, in: *Peter Murell* (ed.), The Value of the Rule of Law in Warsaw and in Moscow: In Assessing the Value of the Law in Transition Economies, Ann Arbor MI.

Gomulka, Stanislaw (1990), The Theory of Technical Change and Economic Growth, London and New York.

Gonzalez, Francisco M. (2005), Insecure Property and Technological Backwardness, in: The Economic Journal, Vol. 115, pp. 703–721.

Greif, Avner (2006), Institutions and the Path to the Modern Economy: Lessons from Medieval Trade, Cambridge.

Griffith, Rachel, Stephen J. Redding and *John M. van Reenen* (2004), Mapping the Two Faces of R and D: Productivity Growth in a Panel of OECD Industries, in: The Review of Economics and Statistics, Vol. 86, No. 4, pp. 883-895.

Hausman, Ricardo, Dani Rodrik and *Andres Velasco,* (2005), Growth Diagnostics, Mimeo.

Hebb, Donald O. (1949), The Organization of Behavior: A Neuropsychological Theory, New York.

Hellman, Joel S. (1998), Winners Take All: The Politics of Partial Reform in Post-Communist Transition, in: World Politics, Vol. 50, No. 2, pp. 203-234.

Hnatkovska, Viktoria and *Norman Loayza* (2003), Volatility and Growth, World Bank Policy Research Working Paper, No. 3184. Washington.

Jones, Emrys (1981), Towns and Cities, Westwood CT.

Keefer, Philip and *Stephen Knack* (1997), Why Don't Poor Countries Catch Up? A cross-National Test of an Institutional Explanation. in: Economic Inquiry, Vol. 35, No. 3, pp. 590-602.

Keller, Wolfgang (2004), International Technology diffusion, in: Journal of Economic Literature, Vol. 42, No. 3, pp. 752-782.

Kuznets, Simon (1971), Economic Growth of Nations: Total Output and Production Structure, Cambridge MA.

Leibenstein, Harvey (1957), Economic Backwardness and Economic Growth, New York.

Lewis, William W. (2004), The Power of Productivity: Wealth, Poverty, and the Threat to Global Stability, Chicago.

Maddison, Angus (1991), Dynamic Forces in Capitalist Development: A Long-Run Comparative View, Oxford.

Madsen, K.B. (1968), Modern Theories of Motivation, Copenhagen.

McClelland C. David (1961), The Achieving Society, Princeton.

Nelson, Richard R. (1981), Assessing Private Enterprise: An Exegesis of Tangled Doctrine, in: Bell Journal of Economics, Vol. 12, No. 1, pp. 93-111.

North, Douglass C. (1990), Institutions, Institutional Change and Economic Performance, Cambridge MA.

Nozick, Robert (1974), Anarchy, State, and Utopia, Basic Books.

OECD (2005), Economic Policy Reforms: Going for Growth, Paris.

Parente, Stephen L. and *Edward C. Prescott* (1999), Monopoly Rights: A Barrier to Riches, in: American Economic Review, Vol. 89, No. 5, pp. 1216-1233.

Parente, Stephen L. and *Edward C. Prescott* (2002), Barriers to Riches, Cambridge MA.

Phelps, Edmund S. (2006), The Genius of Capitalism, in: The Wall Street Journal, October 10.

Rodrik, Dani (2006), Goodbye Washington Consensus, Hello Washington Confusion? A Review of World Bank's Economic Growth in 1990's: Learning from a Decade of Reform, in: Journal of Economic Literature, Vol. 44, No. 4, pp. 973-987.

Rosenberg, Nathan and *L.E. Birdzell, Jr.* (1986), How the West Grew Rich, Basic Books.

Rozelle, Scott and *Johan F.M. Swinnen* (2004), Success and Failure of Reform: Insights from the Transition of Agriculture, in: Journal of Economic Literature, Vol. 42, No.2, pp. 404-456.

Rzońca, Andrzej (2007), Paralyzing Deficits (in Polish), Mimeo, Warsaw.

Sachs, Jeffrey D. and *Andrew Warner* (1995), Economic Reform and the Process of Global Integration, Brookings Papers on Economic Activity, No. 1, pp. 1-118.

Scarpetta, Stefano, Philip Hemmings, Thierry Tressel and *Jaejoon Woo* (2002), The Role of Policy and Institutions for Productivity and Firm Dynamics: Evidence from Micro and Industry Data, OECD Working Paper, No. 329, Paris.

Schultz, Theodore W. (1980). Nobel Lecture: The Economics of Being Poor, in: The Journal of Political Economy, Vol. 88, No. 4, pp. 639-651.

Schumpeter, Joseph A. (1942), Capitalism, Socialism, and Democracy, New York.

Simon, Herbert A. (1979), Rational Decision Making in Business Organizations, in: American Economic Review, Vol. 69, No. 4, pp. 493-513.

Temple, Jonathan (1999), The New Growth Evidence, in: Journal of Economic Literature, Vol. 37, No. 1, pp.112-156.

Weede, Erich (2006), Economic Freedom and Development: New Calculations and Interpretations, in: Cato Journal, Vol. 26, No. 3, pp.511-524.

Woo, Wing Thye (2006), The Experimentalist-Convergence Debate on Interpreting China's Economic Growth, in: *Leszek Balcerowicz* and *Stephen Fisher* (eds.), Living Standards and the Wealth of Nations: Successes and Failures in Real Convergence, Cambridge MA., pp. 73-114.

Alfred Schüller und Stefan Voigt (Hg.), Von der Ordnungstheorie zur Institutionenökonomik
Schriften zu Ordnungsfragen der Wirtschaft · Band 90 · Stuttgart · 2008

Der Vergleich von Wirtschaftssystemen –
Forschungsprogramm mit Zukunft

Stefan Voigt

Wirtschaftssysteme zu vergleichen bedeutete lange Zeit vor allem eins: Zentralver-waltungswirtschaften mit Marktwirtschaften zu vergleichen. Spätestens seit den 30er Jahren war der Vergleich von Wirtschaftssystemen ein etablierter Forschungszweig. In Deutschland, wo zwei unterschiedliche Wirtschaftssysteme direkt aufeinander prallten, hatten sich die Wirtschaftssystemvergleicher in einem eigenen Ausschuß des altehrwür-digen Vereins für Socialpolitik zusammengetan. An der Universität Marburg wurde 1957 – vor mehr als 50 Jahren also – die Forschungsstelle zum Vergleich wirtschaftli-cher Lenkungssysteme gegründet. Man könnte meinen, daß der Untergang der meisten sozialistischen Wirtschaften in Mittel- und Osteuropa in den Jahren um 1990 die Sys-temforscher ihres Forschungsgegenstandes beraubt habe. Besonders anschaulich wird das im Diktum des US-amerikanischen Philosophen *Francis Fukuyama* (1989), der vom „Ende der Geschichte" schrieb und meinte, daß sich das kapitalistische System seinem sozialistischen Konkurrenten ein für alle mal als überlegen erwiesen habe.

In diesem Beitrag wird argumentiert, daß die große Zeit des „neuen" Wirtschaftssys-temvergleichs gerade erst begonnen hat.[1] Der Focus auf den Vergleich zwischen Zen-tralverwaltungs- und Marktwirtschaften hatte dazu geführt, daß viele wichtige instituti-onelle Unterschiede, die zwischen verschiedenen Marktwirtschaften bestehen, vernach-lässigt wurden. Hier soll gezeigt werden, daß Unterschiede zwischen Institutionen, mit denen der politische Prozeß reguliert wird, genauso wie Unterschiede zwischen Institu-tionen, mit denen der wirtschaftliche Prozeß reguliert wird, weitreichende ökonomische Konsequenzen haben. Der Untergang des Sozialismus ist wahrscheinlich der wichtigste, aber beileibe nicht der einzige Grund für den „neuen" Wirtschaftssystemvergleich. Ein anderer wichtiger Grund besteht darin, daß Daten über Institutionen erst seit kurzem verfügbar geworden sind. Diese aber sind Voraussetzung für ökonometrische Analysen.

Nach dem Untergang des Sozialismus schien die wichtigste Frage zunächst zu lau-ten: soll der Transformationsprozeß in kleinen Schritten („Gradualismus") oder in einer sehr schnell durchgeführten Reform („Big Bang"; 500 Tage-Programme) erfolgen? Da-bei standen vor allem makroökonomische Aspekte im Vordergrund: Wie kann man die Inflation trotz einer Freigabe der Preise in Schach halten? Wie vermeidet man, daß gro-

---

[1] Der Begriff „New Comparative Economic Systems" wurde von *Djankov* et al. (2003) eingeführt.

ße Teile der Bevölkerung innerhalb kürzester Zeit arbeitslos werden usw. (Eine Zu-
sammenfassung der Debatte gibt *Wyplosz* 2000). Ein Konsens darüber, daß Institutionen
für den Transformationserfolg entscheidend sein könnten, stellte sich erst ein, nachdem
Transformationsprojekte, die Institutionen vernachlässigt hatten, mit schöner Regelmä-
ßigkeit gescheitert waren. Transformationserfolge hängen entscheidend davon ab, ob es
gelingt, private Investoren anzulocken. Aber investiert wird nun einmal nur, wenn die
Eigentumsrechte halbwegs sicher sind. Dies schließt nicht nur das formelle und in Ge-
setzesform gekleidete Versprechen ein, sie zu achten, sondern auch die Umsetzung dieses Versprechens z.B. durch Gerichte, die von der Einflußnahme durch Parlament und
Regierung tatsächlich unabhängig sind. Der Untergang des Sozialismus hat also nicht
nur weitreichende Transformationsprozesse in Mittel- und Osteuropa ausgelöst, sondern
auch zu einem weitreichenden Umdenken in der Ökonomik geführt. Die große Zeit der
Institutionenökonomik hatte begonnen.

Aus institutionenökonomischer Sicht sind vor allem drei Fragen für den „neuen"
Wirtschaftssystemvergleich relevant: (1) Welche ökonomischen Effekte haben Institutionen – und zwar sowohl solche, die den politischen Prozeß regulieren, als auch solche,
die den Wirtschaftsprozeß kanalisieren? (2) Welche Gründe gibt es dafür, daß verschiedene Gesellschaften so unterschiedliche Institutionen wählen – auch wenn sie alle als
Marktwirtschaften angesehen werden? (3) Welche Interdependenzen spielen dabei eine
Rolle – sowohl innerhalb der politischen und wirtschaftlichen Institutionen als auch
zwischen ihnen?

Das Wirtschaftsleben wird durch eine Vielzahl von Institutionen geprägt: die Zahl
der Genehmigungen, die erforderlich sind, bevor eine Firma legal gegründet werden
kann, die Schwierigkeiten, die es bereitet, Arbeitskräfte wieder zu entlassen, die Leich-
tigkeit, mit der neue Unternehmungen Kredite aufnehmen können, die Zeit, die benötigt
wird, damit ein Gerichtsurteil im Falle von Streitigkeiten zwischen Geschäftspartnern
vollstreckt werden kann; alle diese Aspekte werden wesentlich durch Institutionen determiniert. Darauf hinzuweisen, daß die konkrete Ausgestaltung dieser Aspekte weitreichende ökonomische Konsequenzen haben kann, erscheint fast trivial. Um so erstaunli-
cher ist es, daß empirische Studien darüber erst seit relativ kurzer Zeit verfügbar sind.
Das mag auch daran liegen, daß die Erstellung umfassender Datensätze sehr zeitauf-
wendig ist – und fast nur von sehr großen Forschungsorganisationen wie der Weltbank
geleistet werden kann.

Etwas weniger trivial mag die Behauptung erscheinen, daß auch politische Institutionen sehr weitreichende ökonomische Effekte haben können. Deshalb wollen wir uns
ihnen etwas eingehender widmen. Institutionen können als die Regeln eines Spiels interpretiert werden. Sie legen fest, welche Züge erlaubt sind – und welche nicht. Gute
Institutionen sind immer mit einer Sanktionsdrohung für den Fall ausgestattet, daß ein
Spieler nicht regelkonform handelt. Weil Institutionen verbotene Handlungen weniger
attraktiv (ökonomisch gesprochen „teurer") machen – und umgekehrt erlaubte Handlungen attraktiver –, gehen mit ihnen Anreize einher, die verhaltensbeeinflussend wirken. Politiker reagieren – wie alle anderen Menschen auch – systematisch auf Anreize.
Durch die Setzung bestimmter Institutionen kann deshalb das Verhalten von Politikern
beeinflußt werden.

Demokratisch verfaßte Marktwirtschaften weisen nun eine erstaunliche Breite an institutionellen Arrangements auf: Sie können unitarisch oder föderal organisiert sein, präsidentiell oder parlamentarisch, manche von ihnen sind ausschließlich repräsentativ, während andere direkt-demokratische Elemente beinhalten, Parlamentarier können mit Mehrheits- oder Verhältniswahlrecht gewählt werden usf. Am Beispiel des *Wahlrechts* sollen hier mögliche ökonomische Konsequenzen gezeigt werden. Das Wahlrecht legt fest, nach welchen Regeln Wählerstimmen in Abgeordnetensitze transformiert werden. Beim Mehrheitswahlrecht ist der Kandidat gewählt, der die relativ meisten Stimmen in einem Wahlkreis erhalten hat, alle anderen abgegebenen Stimmen fallen unter den Tisch. Beim Verhältniswahlrecht dagegen entspricht der Prozentsatz der Parlamentssitze ziemlich genau dem Prozentsatz der für eine Partei abgegebenen Stimmen, lediglich korrigiert durch Mindestklauseln wie die Fünfprozent-Hürde in der Bundesrepublik.

In Systemen mit Mehrheitswahlrecht haben kleine Parteien deshalb kaum Chancen. Rationale Wähler würden kleine Parteien nicht wählen, weil ihre Stimmen systematisch unberücksichtigt blieben. Auf diesen Zusammenhang hat der Politikwissenschaftler *Maurice Duverger* bereits 1954 hingewiesen. Die Einsicht, daß Länder mit Mehrheitswahlrecht ganz überwiegend Zwei-Parteien-Systeme hervorbringen, wird ihm zu Ehren auch als „Duvergers Gesetz" bezeichnet. Diese Einsicht hat auch eine wichtige Konsequenz für die zu erwartenden Regierungen: In Parlamenten mit nur zwei Parteien wird eine Partei (fast) immer allein eine Mehrheit bilden. Unter dem Verhältniswahlrecht dagegen sind drei oder mehr im Parlament vertretene Parteien die Regel. Zur Regierungsbildung sind deshalb häufig Koalitionen erforderlich. Und an dieser Stelle kommen die Ökonomen wieder ins Spiel: Einige prognostizieren, daß alle Beteiligten einer Mehrparteienkoalition ihre Wähler zufriedenstellen wollen. Dies werden sie mit Hilfe einer größeren Zahl von budgetrelevanten Programmen tun. Die Prognose lautet also: Länder, die ihre Abgeordneten mit Hilfe des Verhältniswahlrechts bestimmen, werden – unter sonst gleichen Bedingungen – höhere Staatsausgaben, höhere Steuern, aber möglicherweise auch höhere Defizite haben.

Dies ist eine empirisch überprüfbare Hypothese – und einige Ökonomen haben sie überprüft. *Torsten Persson* und *Guido Tabellini* (2003) kommen auf der Basis von bis zu 80 berücksichtigten Ländern zu folgenden Ergebnissen: Die Ausgaben des Zentralstaats sind unter dem Mehrheitswahlrecht etwa drei Prozent geringer als unter dem Verhältniswahlrecht – gemessen am Bruttoinlandsprodukt (BIP). Dies ist ein riesiger Unterschied. Man kann sich das klarmachen, wenn man unterstellt, daß ein beliebiges Mitglied der europäischen Wirtschafts- und Währungsunion mit Verhältniswahlrecht die kritische Defizithöhe von drei Prozent gerade erreicht. Hätte derselbe Staat dagegen das Mehrheitswahlrecht, wäre er – so jedenfalls die Ergebnisse von *Persson* und *Tabellini* – frei von Neuverschuldung! Aber das ist nicht das einzige weitreichende Ergebnis: Die Sozialausgaben sind in Ländern mit Mehrheitswahlrecht um zwei bis drei Prozent des BIP geringer als in Ländern mit Verhältniswahlrecht, die Budgetdefizite um ein bis zwei Prozent. In Marburg haben wir diese Ergebnisse repliziert und erweitert: Es zeigt sich, daß diese Ergebnisse auch Bestand haben, wenn man die Ländergruppe erweitert oder einige Variablen anders abgrenzt.

Das Wahlrecht ist aber nicht die einzige relevante Institution bei der Transformation von Wählerstimmen in Parlamentssitze: Je höher der Anteil der unabhängig von Partei-listen gewählten Kandidaten ist, desto eher dürften die dann gewählten Individuen ihren Wählern direkt verantwortlich sein. Dies könnte zu geringeren Korruptionsniveaus unter Abgeordneten führen. Auch diese Hypothese konnte vorläufig bestätigt werden. Ein weiterer Aspekt ist die Größe des Wahlkreises: Die Mindestgröße ist dann realisiert, wenn nur ein Abgeordneter aus jedem Wahlkreis entsandt wird (typisch für Mehrheits-wahlrecht), die Maximalgröße, wenn das ganze Land ein einziger Wahlkreis ist. In klei-nen Wahlkreisen kandidieren nur weniger Politiker – und vielleicht reflektiert nur ein einziger die politischen Präferenzen vieler Wähler. In großen Wahlkreisen könnten dies mehrere sein – und Wähler könnten neben ihren ideologischen Präferenzen auch noch ihrer Präferenz für ehrliche, nicht-korrupte Politiker zur Durchsetzung verhelfen. Tat-sächlich zeigt sich, daß kleinere Wahlkreise mit höheren Korruptionsniveaus korreliert sind.

Diese Ergebnisse haben sich als ziemlich robust erwiesen.[2] Wir können also mit Fug und Recht behaupten, daß unterschiedliche politische Institutionen im Bereich der Wahlsysteme weitreichende ökonomische Konsequenzen haben. Mit dieser – bisher rein positiven – Analyse geht übrigens noch keine normative Bewertung einher: Ob man höhere Sozialausgaben niedrigeren vorzieht oder umgekehrt, ist eine normative Frage. Sie soll hier nicht diskutiert werden.

Wahlsysteme sind nur ein Beispiel für politische Institutionen. Sie sind jedoch mit Bedacht ausgewählt worden: Unser Wissen über die ökonomischen Konsequenzen an-derer Institutionen ist bei weitem nicht so gut wie das über Wahlsysteme. So liegt erst seit kurzem die erste ländervergleichende Studie über ökonomische Effekte direkt-demokratischer Institutionen vor (*Blume* et al. 2007b). Sie wurde an der Marburger For-schungsstelle erarbeitet und zeigt, daß Länder mit direkt-demokratischen Institutionen geringere Ausgaben auf Zentralstaatsebene haben und daß auch die Defizite in diesen Ländern geringer sind. Diese Studie kann nur ein erster Schritt sein und weitere sollten folgen. Das gilt auch für viele andere politische Institutionen.

Aber sobald deutlich ist, daß Institutionen weitreichende ökonomische Konsequen-zen haben, stellt sich die nächste Frage fast von allein: Was sind die Gründe dafür, daß Gesellschaften ganz unterschiedliche Institutionen wählen? Härter formuliert: Warum verharren viele Gesellschaften in ihren entwicklungshemmenden Institutionen? Diese Frage kann wiederum sowohl für politische als auch für wirtschaftliche Institutionen gestellt werden.

In den letzten Jahren haben Ökonomen eine Vielzahl möglicher Determinanten dis-kutiert: Während der Kolonialisierung wurden nicht nur Machthaber, sondern auch Rechtssysteme exportiert. Während die Machthaber längst verschwunden sind, haben die Rechtssysteme bis heute durchschlagende Konsequenzen. Ein ganz anderer – und extrem origineller – Faktor wurde von *Daron Acemoglu* und seinen Ko-Autoren in die

---

[2] Siehe etwa die Replikationsstudie *Blume* et al. (2007a), in der einige Variablen leicht modifiziert wurden, die Zahl der Länder variiert usf.

Diskussion eingeführt (2001): Überall dort, wo die Siedlersterblichkeit gering war, konnten sich Siedler dauerhaft niederlassen – und sie hatten Anreize, „gute" (das heißt wohlstandsfördernde) Institutionen zu setzen. Überall dort hingegen, wo die Siedlersterblichkeit hoch war, gab es Anreize, die lokale Bevölkerung auszubeuten – und dann wieder zu verschwinden.

Institutionen haben Verteilungswirkungen, sie bestimmen also mit darüber, welchen Akteuren welche Erträge zufließen. Es ist deshalb nur logisch, daß mächtige Akteure versuchen werden, Institutionen so zu gestalten, daß sie selbst davon stark profitieren. Verschiebungen von Macht – z. B. aufgrund technischer Veränderungen – werden dann häufig mit institutionellem Wandel einhergehen. Obwohl auch diese Hypothese ziemlich trivial erscheint, ist es erstaunlich, wie wenig wir über die exakten Transmissionsmechanismen wissen, also darüber, wie sich Machtverschiebungen in institutionellem Wandel niederschlagen.

Über die genannten Determinanten (Kolonialgeschichte, Siedlersterblichkeit, Macht) hinaus erscheint es plausibel, den grundlegenden Werten und Normen, die von den allermeisten Individuen einer Gesellschaft geteilt werden, eine wichtige Bedeutung für die Wahl von Institutionen zuzusprechen. Nachdem ein Akteur gegen eine Institution verstoßen hat, wird immer mindestens ein weiterer Akteur benötigt, der den Regelverstoß sanktioniert. Sind formelle Institutionen mit den Werten und Normen vieler Gesellschaftsmitglieder kompatibel, so kann damit gerechnet werden, daß viele Regelverstöße informell sanktioniert werden. Die Kosten des staatlichen Sanktionsapparates werden entsprechend geringer sein, was die gesamten Kosten staatlichen Handelns weiter reduziert. Umgekehrt gilt: Sind viele formelle Institutionen nicht-kompatibel mit den von vielen Gesellschaftsmitgliedern geteilten Werten und Normen, so wird es viel mehr Menschen geben, die permanent gegen diese Institutionen verstoßen. Verstöße dürften in viel geringerem Umfang informell sanktioniert werden, und die Überwachungskosten des Staates dürften beträchtlich sein. Auf Dauer kann deshalb damit gerechnet werden, daß Werte und Normen einen wichtigen Einfluß auf die in einem Land gültigen und faktisch durchgesetzten Institutionen haben.

Juristen sind diese Gedanken als *„leges sine moribus vanae"* vertraut, also etwa „Gesetze ohne Sitten taugen nichts". Dennoch bedürfen sie noch immer einer rigorosen empirischen Überprüfung. So wäre zu klären, in welchem Verhältnis die machtbasierten Erklärungen zu den wert- und normbasierten Erklärungen stehen. Werte und ethische Normen weisen häufig eine erstaunliche Stabilität über die Zeit aus. Das könnte die Möglichkeit, wachstumsfördernde Institutionen zu setzen, einschränken, obwohl es derzeit einige Initiativen gibt, die – vor allem in Lateinamerika und Afrika – genau das Ziel haben, wohlfahrtssteigernde Werte und Normen zu fördern. Welche Möglichkeiten – und welche Grenzen – hier relevant sind, bedarf aber ebenfalls weiterer Forschung. Schließlich sind auch Werte und Normen nicht vollständig exogen; verschiedene Gesellschaften gewichten bestimmte Werte und Normen sehr unterschiedlich. Es ist deshalb zu fragen, ob unterschiedliche Werte und Normen gewählt wurden, weil sie den Gesellschaften in ihrer bestimmten Umwelt ein Überleben besser ermöglichen oder zumindest in der Vergangenheit ermöglicht hatten. Unterschiede in Werten und Normen würden dann mit Hilfe von Unterschieden in der Ressourcenausstattung, im Klima und anderen geographischen Aspekten erklärt.

Bis hierhin haben wir gefragt, (1) welche ökonomischen Konsequenzen verschiedene Institutionen haben und (2) wie man erklären kann, daß verschiedene Gesellschaften ganz unterschiedliche Institutionen zur Regelung sehr ähnlicher Probleme nutzen. Jetzt wollen wir (3) fragen, ob es bestimmte Interdependenzen zwischen den verschiedenen Institutionen gibt. Der Freiburger Ökonom *Walter Eucken* hat häufig von der „Interdependenz der Ordnungen" gesprochen (dazu *Streit* 1995). Die Frage nach der Interdependenz ist auf mindestens zwei Ebenen relevant: Zunächst könnte es bestimmte „typische" Kombinationen zwischen wirtschaftlichen Institutionen geben. Das könnte auch für politische Institutionen gelten. Auf einer zweiten Ebene kann dann gefragt werden, ob bestimmte Kombinationen wirtschaftlicher Institutionen regelmäßig mit bestimmten Kombinationen politischer Institutionen einhergehen. Dies entspräche dann der von *Eucken* vermuteten Interdependenz von Wirtschafts- und Gesellschaftsordnung.

Was die wirtschaftlichen Institutionen angeht, so wird seit langem zwischen „rheinischem" und „anglo-amerikanischem" Kapitalismus unterschieden. Diese Unterscheidung ist von zwei britischen Wissenschaftlern (*Peter Hall* und *David Soskice* 2001) vor einigen Jahren unter dem Gegensatzpaar „koordinierte" und „liberale" Marktwirtschaften wieder aufgegriffen worden. In ihren „Varianten des Kapitalismus" (*Varieties of Capitalism*) zeigen die beiden Autoren, daß sich diese beiden Formen des Kapitalismus in einigen Dimensionen systematisch voneinander unterscheiden. So behaupten sie, daß koordinierte Marktwirtschaften innerhalb von Unternehmen weniger durch Hierarchie und mehr qua Kooperation gesteuert werden, daß als Reaktion auf externe Schocks weniger die Rendite das Ziel sei, sondern mehr das Erhalten von Marktanteilen. Besonders interessant ist, daß sie den beiden Systemen auch unterschiedliche Stärken bei Produktinnovationen zuordnen: Während liberale Marktwirtschaften bei ganz neuen Produkten, die auf radikalen Innovationen beruhen, führend seien, hätten koordinierte Marktwirtschaften ihre Stärken im Bereich lediglich inkrementeller Neuerungen. Viele dieser Unterschiede lassen sich direkt auf wirtschaftliche Institutionen zurückführen, etwa des Arbeitsmarktes, der Verfügbarkeit von Risikokapital, der Ausbildungsstruktur usw. Dieser Versuch, verschiedenen Institutionen den Status von Ordnungen zuzuweisen, ist beileibe nicht der einzige: Jüngst hat *William Baumol* gemeinsam mit seinen Ko-Autoren (2007) vorgeschlagen, vier Arten von Kapitalismus zu unterscheiden, nämlich (1) einen oligarchischen, (2) einen dirigistischen, (3) einen auf Großunternehmen basierenden und (4) einen auf Unternehmern beruhenden.

Ganz ähnliche Abgrenzungsversuche gibt es auch für die zwischen politischen Institutionen bestehenden Interdependenzen. So wird häufig zwischen einem „Westminster Modell" und einem „konsensualen Modell" unterschieden (*Lijphart* 1999). Während ersteres auf dem Mehrheitswahlrecht beruht und durchsetzungsfähige Regierungen kennt, in dem sich Mehrheiten relativ leicht über Minderheiten hinwegsetzen können, beruht das zweite Modell auf dem Verhältniswahlrecht, und Minderheiten müssen in viel höherem Umfang in die Entscheidungsfindung mit einbezogen werden, so daß Politik eher konsensual gemacht werden muß. England ist das Paradebeispiel für Westminister Modelle, während Deutschland, aber natürlich auch Österreich und die Schweiz den konsensualen Modellen zugerechnet werden können.

Ganz offenbar gibt es zwischen wirtschaftlichen und politischen Systemen empirisch vorfindbare Komplementaritäten: „Liberale" Marktwirtschaften werden häufig mit dem Westminster-Modell gekoppelt, während „koordinierte" Marktwirtschaften häufig gemeinsam mit dem konsensualen Politikmodell kombiniert anzutreffen sind.[3] Aber viele Fragen bleiben offen: Welches der Systeme ist dominant, und welches wird sich im Falle einer Nicht-Komplementarität eher anpassen? Welche Einzelinstitutionen sind die entscheidenden innerhalb der hier vorläufig identifizierten „Ordnungen"? Müssen wir im Zuge der Globalisierung mit einer Verwischung der Ordnungen rechnen, oder eröffnet sie möglicherweise Chancen für ganz neue Institutionenkombinationen?

Bisher haben wir drei Fragegruppen vorgestellt: nach den Konsequenzen von Institutionen, nach ihren Determinanten und nach möglichen Interdependenzen zwischen Institutionen. Dabei haben wir stillschweigend unterstellt, daß die methodischen Voraussetzungen zur Beantwortung dieser Fragen erfüllt seien. Dies ist aber keineswegs sicher. Um die Konsequenzen von Institutionen zuverlässig ermitteln zu können, müssen wir in der Lage sein, sie zuverlässig zu erfassen. Wenn ökonometrische Verfahren angewandt werden sollen, müssen wir Institutionen irgendwie „meßbar" machen. Dabei ist es wichtig, nicht Gesetzestexte – also formal gültige Institutionen – miteinander zu vergleichen, sondern die Institutionen, die faktisch tatsächlich genutzt werden. Weiter ist es wichtig, tatsächlich grundlegende Regeln zu erfassen – und nicht Politiken, die sich von heute auf morgen ändern können. Beide Voraussetzungen sind für sich genommen schon schwierig zu erfüllen, in ihrer Kombination aber fast unmöglich.

Die „neue" Forschung zum Vergleich von Wirtschaftssystemen versucht, sich Unterschiede in den Institutionen verschiedener Länder zunutze zu machen. Nun gibt es zwischen den allermeisten Ländern noch sehr viele andere relevante Unterschiede als nur zwischen ihren Institutionen. Um sicher zu sein, daß die Unterschiede in den Ergebnissen tatsächlich durch die unterschiedlichen Institutionen ausgelöst werden, müssen möglichst viele andere Unterschiede explizit berücksichtigt werden. Auch hier lauern noch einige Gefahren.

Fassen wir zusammen: Der systematische Vergleich von Marktwirtschaften steckt noch in den Kinderschuhen. Wenn man an den ökonomischen Konsequenzen unterschiedlicher Institutionen interessiert ist, gilt das insbesondere für politische Institutionen. Aber auch über die Ursachen dafür, warum Gesellschaften zur Regelung sehr ähnlicher Probleme ganz unterschiedliche Institutionen wählen, wissen wir noch viel zu wenig. Diese Probleme sind nicht nur von akademischem Interesse, sondern für die wirtschaftliche Entwicklung vieler Volkswirtschaften unmittelbar relevant: Durch den Wechsel von wachstumshemmenden zu wachstumsfördernden Institutionen kann der

---

[3] *La Porta* et al. (2007) weisen darauf hin, daß es eine perfekte Korrelation zwischen der Rechtstradition des Gewohnheitsrechts mit liberalen Marktwirtschaften und zwischen der Rechtstradition des Zivilrechts mit koordinierten Marktwirtschaften gebe. *Cusack* et al. (2007) weisen auf eine enge Korrelation zwischen den Versionen des Kapitalismus und dem jeweils realisierten Wahlrecht hin: Verhältniswahlrecht ist sehr eng korreliert mit koordinierten Marktwirtschaften.

Wohlstand vieler Menschen nachhaltig beeinflußt werden. Insofern ist der Vergleich von Wirtschaftssystemen tatsächlich kein „alter Hut", sondern ein höchst aktuelles Forschungsprogramm, das in den nächsten Jahren vermutlich noch an Relevanz gewinnen wird. Die Marburger Forschungsstelle wird sich nach Kräften an dieser Forschung beteiligen.

Literatur

Acemoglu, Daron, Simon Johnson and *James A Robinson* (2001), The Colonial Origins of Comparative Development: An Empirical Investigation, in: American Economic Review, Vol. 91, pp. 1369-1401.

Baumol, William, Robert E. Litan and *Carl J. Schramm* (2007), Good Capitalism, Bad Capitalism, and the Economics of Growth and Prosperity, New Haven and London.

Blume, Lorenz, Jens Müller, Stefan Voigt und *Carsten Wolf* (2007a), The Economic Effects of Constitutions: Replicating – and Extending – Persson and Tabellini, CESifo Working Paper, No. 2017.

Blume, Lorenz, Jens Müller und *Stefan Voigt* (2007b), The Economic Effects of Direct Democracy – A First Global Assessment, CESifo Working Paper, No. 2149.

Cusack, Thomas, Torben Iversen and *David Soskice* (2007), Economic Interests and the Origins of Electoral Systems, in: American Political Science Review, Vol. 101(3), pp. 373-391.

Djankov, Simeon, Edward Glaeser, Rafael La Porta, Florencio Lopez-de-Silanes and *Andrew Shleifer* (2003), The New Comparative Economics, in: Journal of Comparative Economics, Vol. 31(4), pp. 595-619.

Duverger, Maurice (1954), Political Parties: Their Organization and Activity in the Modern State, New York.

Fukuyama, Francis (1989), The End of History, in: National Interest, Vol. 16, pp. 3-18.

Hall, Peter and *David Soskice* (2001), Varieties of Capitalism: the Institutional Foundations of Comparative Advantage, New York et al.

La Porta, Rafael, Florencio Lopez-de-Silanes and *Andrei Shleifer* (2007), The Economic Consequences of Legal Origins, NBER Working Paper, No. 13608.

Lijphart, Arend (1999), Patterns of Democracy – Government Forms and Performance in Thirty-Six Countries, New Haven and London.

Persson, Torsten and *Guido Tabellini* (2003), The Economic Effects of Constitutions, Cambridge, MA.

Streit, Manfred E. (1995), Die Interdependenz der Ordnungen – Eine Botschaft und ihre aktuelle Bedeutung, in: *Manfred E. Streit.*, Freiburger Beiträge zur Ordnungsökonomik, Tübingen, S. 135-158.

Wyplosz, Charles (2000), Ten Years of Transformation: Macroeconomic Lessons, World Bank Policy Research Working Paper, No. 2288. Available at SSRN: http://ssrn.com/abstract =629143.

Teil 2: Workshop

„Ordnungsökonomik und …"
Entwicklungsoptionen der Ordnungsökonomik

Alfred Schüller und Stefan Voigt (Hg.), Von der Ordnungstheorie zur Institutionenökonomik
Schriften zu Ordnungsfragen der Wirtschaft · Band 90 · Stuttgart · 2008

Einleitende Bemerkungen

Stefan Voigt

Das wissenschaftliche Kolloquium zum Thema „Ordnungsökonomik und ..." befasste sich hauptsächlich mit Forschungsprogrammen, die mit der Ordnungsökonomik eng verwandt sind. Die Idee war, in einigen Referaten verwandte, sich zum Teil überschneidende oder auch konkurrierende Ansätze und deren Verhältnis zur Ordnungsökonomik zu Wort kommen zu lassen und Gedanken über die Zukunft der Ordnungsökonomik zu entwickeln. Hierzu wurde in Korreferaten jeweils die Möglichkeit geboten, die Gedanken zu modifizieren, aber auch weiterzuentwickeln.

Alle Beiträge sind in diesem Band vertreten: Zunächst der Beitrag von Prof. Dr. Dr. *Christian Kirchner* (Humboldt-Universität Berlin), der sich der Ordnungsökonomik über die Konstitutionenökonomik nähert. Das Korreferat stammt von unserem Marburger Kollegen *Wolfgang Kerber*. Mit dem Verhältnis der ökonomischen Theorie des Rechts (oder auch *Law & Economics*) zur Ordnungsökonomik beschäftigt sich Prof. Dr. *Thomas Eger* (Universität Hamburg). Ergänzt werden seine Überlegungen von Prof. Dr. *Dieter Schmidtchen* (Universität des Saarlandes). Beide Forscher, die selbst viele Jahre in Marburg verbracht haben, sind auch exzellente Kenner der Ordnungsökonomik. Mit der Frage, welche Antworten – oder zumindest Antwortansätze – die Ordnungsökonomik zur Internationalisierung der Wirtschaft bzw. Globalisierung zu bieten hat, beschäftigt sich Prof. Dr. *Razeen Sally* (London School of Economics). Ergänzt werden seine Überlegungen von Prof. Dr. *Anne van Aaken* (Universität St. Gallen). Abgeschlossen wurde das Kolloquium mit einem praktisch orientierten Beitrag: In ihm geht Dr. *Karen Horn* (Institut der deutschen Wirtschaft, Berlin) dem Stellenwert nach, den die Ordnungsökonomik in der praktischen Politik hat. Prof. Dr. *Dirk Wentzel* (Hochschule Pforzheim) beschäftigt sich in seinem Korreferat mit ergänzenden Überlegungen, auch durch Einbeziehung medienökonomischer Einsichten.

Alfred Schüller und Stefan Voigt (Hg.), Von der Ordnungstheorie zur Institutionenökonomik
Schriften zu Ordnungsfragen der Wirtschaft · Band 90 · Stuttgart · 2008

Ordnungsökonomik und *constitutional economics*

Christian Kirchner

Inhalt

1. Einführung

1.1. Problemstellung

Die ‚Ordnung von Wirtschaft und Gesellschaft'[1] ist eine aktuelle Problematik. Verschiedene Forschungsansätze versuchen, auf die unterschiedlichen Fragen Antworten zu finden. Sie tun dies in verschiedenen Denktraditionen. Sie verwenden unterschiedliche methodische Ansätze und formulieren die Fragestellungen, die auf die Ordnungsfrage zielen, unterschiedlich.

Deutsche wirtschaftswissenschaftliche Forschungsansätze haben in der Vergangenheit – abgekoppelt von der utilitaristischen Denktradition in den USA und im Vereinigten Königreich – einen Sonderweg beschritten. Der deutschen historischen Schule[2] erwuchs in den späten dreißiger Jahren des 20. Jahrhunderts Konkurrenz durch einen neuen Forschungsansatz, der versuchte, sich vom Historizismus zu emanzipieren (*Eucken* 1938) und eine theoretische Fundierung für die ‚Ordnung von Wirtschaft und Gesellschaft' zu schaffen (*Feldmann* 1995, S. 39-41; *Richter/Furubotn* (2003), S. 40 f.). Der neue ‚ordnungsökonomische Ansatz' sah Wirtschaft und Gesellschaft in einem einheitlichen System und knüpfte damit an die ‚Politische Ökonomie' der Klassik eines *Adam Smith* an, dem es um Fragen der Gesellschaftsordnung gegangen war. Dieser Ansatz ließ sich nicht auf die Wirtschaftsordnung als solche reduzieren. In der Politischen Ökonomie ging und geht es um die Regeln, innerhalb derer wirtschaftliche Transaktionen stattfinden. Wirtschaft ist ein Spiel, das in einem gegebenen Rahmen von Spielregeln stattfindet. Es ist die Qualität dieses Rahmens, die einen entscheidenden Einfluß auf die Spielergebnisse hat. Im Programm ‚Wirtschaft und Gesellschaft' findet sich die Bezugnahme auf dieses Anliegen der Politischen Ökonomie.

Der Rahmen, in dem wirtschaftliche Entscheidungen getroffen werden, war in den Wirtschaftswissenschaften – nämlich in der ‚Neoklassik' – lange Zeit ausgeblendet worden, indem mit der Fokussierung auf die Aktivitäten auf Märkten die institutionellen Rahmenbedingungen in den Datenkranz verlagert worden waren.[3] Der ordnungsökonomische Ansatz holte – jedenfalls teilweise – diese institutionellen Rahmenbedingungen wieder aus dem Datenkranz heraus und machte sie zum Gegenstand wirtschaftswissenschaftlicher Forschung. Es sei allerdings angemerkt, daß dies auch im neoklassischen Ansatz in verschiedenen Theoriefeldern geschah, etwa in der Außenwirtschaftstheorie und der Industrie-Ökonomik.

Der ordnungsökonomische Ansatz koppelte sich mit der Wiederentdeckung des Ordnungsrahmens der Wirtschaft nicht nur von wirtschaftswissenschaftlichen Ansätzen ab, die wirtschaftswissenschaftliche Gesetzmäßigkeiten von Märkten in einem gegebenen – und nicht hinterfragten – institutionellen Kontext erforschten. Er bildete auch ein Ge-

---

[1] So der Untertitel der seit 1948 erscheinenden Zeitschrift ORDO.
[2] *Schmoller* (1900); vgl. auch *Richter/Furubotn* (2003), S. 40 f.
[3] Dazu bereits kritisch: *Kirchner* (1978/1993).

genlager zu interventionistischen Ansätzen, die staatliche Eingriffe in die Wirtschaft wohlfahrtsökonomisch begründeten.

Dieser deutsche Sonderweg der wirtschaftswissenschaftlichen Theorie wurde in der internationalen wirtschaftswissenschaftlichen Forschung wenig beachtet (*Feldmann* 1995, S. 42). Erst als neue wirtschaftswissenschaftliche Forschungsansätze begannen, sich nicht auf die Handlungsebene zu beschränken, sondern auch die Ebene der Handlungsbedingungen[4] einzubeziehen, eröffneten sich Annäherungsmöglichkeiten zwischen dem deutschen ordnungsökonomischen Ansatz und den neuen ökonomischen Subdisziplinen, besonders zur Neuen Politischen Ökonomie (*public choice*)[5], zur Neuen Institutionenökonomik[6] und zur Konstitutionenökonomik[7], aber auch zur evolotorischen Ökonomik[8]. Das Gegenmodell zur Ordnungsökonomik war und ist der wohlfahrtsökonomische Ansatz der neoklassischen Wirtschaftstheorie.

Im Spannungsfeld zwischen der Neoklassik und den vier neuen ökonomischen Ansätzen gilt es, die Ordnungsökonomik neu zu verorten. Es liegt nahe, sie mit dem konstitutionenökonomischen Ansatz zu konfrontieren.[9] Das würde aber zu kurz greifen. Der konstitutionenökonomische Ansatz ist seinerseits geprägt von Elementen des Ansatzes der Neuen Politischen Ökonomie, der Neuen Institutionenökonomik wie auch der evolutorischen Ökonomik (vgl. *Kirchner* 2007a). Also ist es sinnvoll, auch diese Ansätze in die Untersuchung einzubeziehen. Auch der neoklassische Ansatz der Wohlfahrtsökonomik ist als Gegenmodell zum ordnungsökonomischen Ansatz dort von Interesse, wo es um die Wettbewerbsordnung geht.

Vergleicht man ökonomische Ansätze in bezug auf ihren Gegenstandsbereich, ihre Methodik und die Forschungsfragen, so lassen sich daraus Rückschlüsse auf mögliche Korrekturen und Modifikationen dieser Ansätze ziehen. Es geht nicht allein um eine Bestandsaufnahme von Unterschieden und Übereinstimmungen unterschiedlicher ökonomischer Ansätze, es geht um Vorschläge zur Weiterentwicklung dieser Ansätze, hier um eine Modernisierung des ordnungsökonomischen Ansatzes.

Die hier angestellten Überlegungen wollen und können Vollständigkeit nicht anstreben. Sie stellen eine Skizze dar, deren Umrisse durch weiterführende Forschung auszufüllen sind. Sie basieren teilweise auf Auseinandersetzungen mit der Ordnungsökono-

---

[4] Zur Unterscheidung zwischen der Ebene der Handlungen und der der Handlungsbedingungen: *Homann/Suchanek* (2005), S. 37-40.

[5] Insbesondere: *Bernholz/Breyer* (1993); *Blankart* (2008); *Kirchner* (2007b); *Mueller* (1979), (1991), (1997), (2003).

[6] Insbesondere: *Coase* (1984); *Eggertsson* (1990); *Erlei/Leschke/Sauerland* (2007); *Feldmann* (1995); *Goebel* (2002); *North* (1990/1992); *Richter/Furubotn* (2003); *Voigt* (2002); *Williamson* (1985/1990), (2000).

[7] Insbesondere: *Brennen/Buchanan* (1993); *Buchanan* (1975/1984), (1990); *Bund* (1984); *Eschenburg* (1977); *Feldmann* (1995), S. 53- 56, *Kirchgässner* (1994), (2004); *Richter/Furubotn* (2003), S. 454-476.

[8] Insbesondere: *Budzinski* (2000); *Hayek* (1968); *Kerber* (1997); *Kerber/Saam* (2004); *Kerber/Schwalbe* (2007), S. 259-263; *Okruch* (1999); *Pelikan* (2003); *Priddat/Wegner* (Hg.) (1996).

[9] Vgl. auch *Leipold* (1990); *Richter/Furubotn* (2003), S. 41; *Vanberg* (1988).

mik, in denen versucht worden ist, diese mit einzelnen neueren ökonomischen Ansätzen zu konfrontieren.[10]

1.2. Der Erfolg des ordnungsökonomischen Ansatzes in Deutschland als Ergebnis verschiedener historischer Faktoren

Auf der einen Seite übte der ordnungsökonomische Ansatz nach dem Zweiten Weltkrieg einen nicht unerheblichen Einfluß auf grundlegende wirtschaftspolitische Entscheidungen und auf die Entwicklung der Wirtschaftsordnung der Bundesrepublik Deutschland aus. Andererseits fehlte es diesem Ansatz an internationaler Resonanz (*Feldmann* 1995, S. 42). Erst mit Aufkommen der genannten neuen ökonomischen Ansätze setzte eine Diskussion ein, in der diese Ansätze mit dem ordnungsökonomischen systematisch verglichen wurden. In dieser Situation erscheint es geraten, nicht einfach ökonomische Ansätze abstrakt miteinander zu vergleichen, sondern zuerst der Frage nachzugehen, welche historischen Faktoren den Erfolg des ordnungsökonomischen Ansatzes in Deutschland erklären können, die zwar hier gegeben waren, aber eben nicht in anderen Kontexten. Es geht also um den Versuch, vorab mehr Klarheit über den ‚deutschen Sonderweg' zu gewinnen.

Die Entstehung des ordnungsökonomischen Ansatzes läßt sich einerseits – wie im Vorabschnitt getan – theoriegeschichtlich erklären, zum anderen als Antwort auf eine praktische Herausforderung, nämlich die Neugestaltung des Wirtschaftssystems in Deutschland nach dem Zweiten Weltkrieg. Diese zentrale politische Entscheidung war in einer Zeit zu treffen, als die politische Entscheidungsgewalt in Deutschland in den vier Besatzungszonen in den Händen der vier Siegermächte lag. Mit der zunehmenden Erosion der einheitlichen Position der Siegermächte war es Sache der jeweiligen Siegermacht, entweder in ihrer Besatzungszone ein Wirtschaftssystem zu errichten, das mit dem eigenen zumindest kompatibel war, oder mit anderen Siegermächten zusammenzugehen und ein Wirtschaftssystem für mehrere Zonen zu schaffen. Während die Sowjetunion den ersten Weg einschlug, wählten die drei westlichen Siegermächte den zweiten, zuerst durch Schaffung einer Bizone (1.1.1947), dann einer Trizone (8.4.1948). Ein Wirtschaftssystem, das mit denen der drei westlichen Siegermächte kompatibel sein sollte und das die Voraussetzungen für einen wirtschaftlicher Wiederaufbau schuf, durfte weder ein System zentraler Planung und Lenkung (Zentralverwaltungswirtschaft) sein, noch ein kapitalistisches System mit Kartellen. Von US-Seite war für eine Nachkriegsordnung die Bekämpfung internationaler Kartelle und die Dekartellierung in Deutschland ein zentrales politisches Anliegen.

In dieser historischen Konstellation galt es, für die Trizone, ab 1949 für die Bundesrepublik Deutschland, eine neue Wirtschaftsordnung zu entwerfen, die nicht einfach an das 1933 existierende Wirtschaftssystem anknüpfte. Die bereits vor 1933 existierenden

---

[10] *Boettcher* (Hg.) (1980); *Boettcher/Herder-Dorneich/Schenk* (Hg.) (1980); *Eger/Nutzinger* (1999); *Feldmann* (1999); Forschungssstelle zum Vergleich wirtschaftlicher Lenkungssysteme (Hg.)(1987); *Hartwig* (1988); *Herder-Dorneich* (1989); *Kleinewefers* (1988); *Leipold* (1989a), (1989b), (1990); *Leipold/Pies* (Hg.)(2000); *Pies* (1997), (1998), (2000); *Schenk* (1982); *Schmidtchen* (1984); *Schüller/Krüsselberg* (Hg.)(1991); *Streit* (1995); *Streit/Wohlgemuth* (2000); *Tietzel* (1991); *Vanberg* (1988), (1997); *Zohlnhöfer* (2000).

Kartelle hatten unter dem nationalsozialistischen Regime als Treibriemen für die staatliche Planung und Lenkung der Wirtschaft gedient. In allen drei Besatzungszonen der westlichen Siegermächte waren Verordnungen mit Kartellverboten erlassen worden, die selbst nach der Erlangung der Unabhängigkeit durch die Bundesrepublik Deutschland bis zum Inkrafttreten des Gesetzes gegen Wettbewerbsbeschränkungen am 1. Januar 1958 in Kraft blieben.

Für eine Wirtschaftsordnung, die den genannten Anforderungen entsprechen sollte, bedurfte es einer theoretischen Fundierung. Der Ansatz, den *Walter Eucken, Wilhelm Röpke, Franz Böhm* und *Hans Großmann-Doerth* in der Freiburger Schule[11] entwickelt hatten, konnte diese Fundierung bieten. Mit der Konzentration auf Wirtschaft und Gesellschaft konnte auch das Problem der Sicherung der wirtschaftlich Schwachen und ihrer Integration in ein marktwirtschaftliches System gelöst werden ('soziale Marktwirtschaft' – *Müller-Armack* 1947/1990). Es stellte sich die Frage, welchen Anforderungen ein ökonomischer Ansatz erfüllen mußte, sollte er das theoretische Fundament, aber auch die Legitimation für eine 'soziale Marktwirtschaft' liefern.

Die positive Analyse eines solchen Ansatzes hat die Ordnungselemente einer Wirtschaftsordnung und ihr Zusammenspiel zu analysieren und zu erklären. Die normative Analyse – auch Ordnungspolitik genannt – hat Gestaltungsvorschläge für die vorzugswürdige Ordnung von Wirtschaft und Gesellschaft zu entwickeln und zu begründen. Als Gegenmodell zur Zentralverwaltungswirtschaft in der sowjetischen Besatzungszone hatte der sozialen Marktwirtschaft ein individualistisches Konzept zugrunde zu liegen. Die Instrumente, eine neue Wirtschafts- und Gesellschaftsordnung zu schaffen, mußten kurzfristig greifen. In einem Rechtsstaat kamen dafür nur staatliche Gesetze in Betracht. Im theoretischen Konzept war konsequent von 'denkender Gestaltung der Ordnung' die Rede (*Eucken* 1950, S. 59). Für die Juristen der Freiburger Schule, besonders für *Franz Böhm* (1933, 1937, 1958), rückte damit zwangsläufig die Lösung des Kartellproblems durch ein Kartellgesetz und dessen staatlicher Durchsetzung ins Zentrum des neuen Forschungsansatzes. Es entspricht dem individualistischen Ansatz der Ordnungsökonomik, wenn bei der Lösung des Kartellproblems durch Instrumente staatlichen Rechts der Gedanke der Wettbewerbsfreiheit zentral ist, wenn Kartellrecht – neben dem Grundsatz der Privatautonomie – zum wichtigsten Baustein der 'Privatrechtsgesellschaft' wird (*Böhm* 1966; auch: *Riesenhuber* 2007). In einen solchen Ansatz passen die ökonomischen Beiträge anderer liberaler Ökonomen wie *Röpke* (1944), *Erhard* (1948) und *Müller-Armack* (1947/1990). Auf den ersten Blick erscheint es verwunderlich, daß gleichsam als zweite Leitfigur aus dem Bereich der Ökonomik *Friedrich A. von Hayek* der 'Freiburger Schule' und damit indirekt auch dem ordnungsökonomischen Ansatz zugerechnet wird. Dies mag mit dem pointiert individualistischen und liberalen Credo dieses Ökonomen zusammenhängen (*Hayek* 1960/1991, 1967, 1980/1981). Es könnte auch damit zusammenhängen, daß im *Hayek*schen Ansatz eine starke Begründung für die dezentrale Organisation der Wirtschaft bereitgestellt wurde, die im *Eucken*schen Ansatz

---

[11] Vgl. *Böhm* (1933), (1937); *Böhm/Eucken/Großmann-Doerth* (1937); *Eucken* (1940/1990); *Goldschmidt/Wohlgemuth* (Hg.) (2008); *Großmann-Doerth* (1941); *Röpke* (1944); zum Ordoliberalismus und zur Freiburger Schule: *Grossekettler* (1987), S. 2 ff.; *Starbatty* (2002); *Streit/Wohlgemuth* (2000).

nicht enthalten war: die Überlegenheit dezentraler Koordinationssysteme gegenüber zentralverwaltungswissenschaftlichen aus der Perspektive der besseren Nutzung des dezentral vorhandenen Wissens (*Hayek* 1945). Der *Hayek*sche Beitrag zur ‚Freiburger Schule' erfolgte in einer Periode, in der die Gestaltung der Wirtschaftsordnung durch ‚denkende Gestaltung' – nämlich durch Gesetzgebung – im wesentlichen abgeschlossen war. Es ging also nicht mehr um eine Theorie, die diese ‚denkende Gestaltung' anleiten konnte, sondern um grundsätzliche Fragen der Freiheitssicherung einer Wirtschafts- und Gesellschaftsordnung. So konnte es dazu kommen, daß in einer ‚Schule' zwei eigentlich konkurrierende Denkansätze vereint waren, nämlich zum einen der Ansatz der intentionalen Gestaltung der Wirtschafts- und Gesellschaftsordnung (*Eucken*) und zum anderen die Skepsis gegenüber solch konstruktivistischen Ansätzen, die leicht die nicht intendierten Folgen intentionalen Tuns außer Acht ließen (*Hayek* 1969). Diese Skepsis gegenüber der ‚denkenden Gestaltung' und ihren Fallen war Grundlage eines Alternativmodells der Ordnungsökonomik, nämlich eines Konzepts ‚spontaner Ordnung' (*Hayek* 1967, 1968). Damit war in der Ordnungsökonomik ein weiter Bogen gespannt zwischen einer Ordnung, die Ergebnis denkenden Gestaltens ist, und einer Ordnung, die Ergebnis eines evolutorischen Prozesses ist. Das einigende Band war die Orientierung am Ziel einer freien Gesellschaft. Die Tradition dieses ordnungsökonomischen Ansatzes war und ist in Freiburg und Marburg lebendig.[12] Wichtige Beiträge kamen aber auch aus Münster (vgl. *Grosekettler* 1987, 2000) und Jena (*Streit* 1995; *Streit/Wohlgemuth* 2000).

1.3. Die Diskussion der Transformation ehemaliger sozialistischer Zentralverwaltungswirtschaften als Kooperationschance mit anderen ökonomischen Ansätzen

Die Ordnungsfrage stellte sich in anderen Ländern anders als in Deutschland. Es gab in anderen Ländern nach dem Zweiten Weltkrieg wenig Anlaß, die deutsche Ordnungsökonomik zur theoretischen Fundierung und zur Legitimation des eigenen Wirtschaftssystems zu rezipieren. Das änderte sich erst mit den Versuchen der Systemtransformation in ehemals sozialistischen Wirtschaftsordnungen. Zuerst stellte sich die ordnungsökonomische Frage 1981 in der Volksrepublik China, allerdings unter dem Vorzeichen des Umbaus einer sozialistischen Zentralverwaltungswirtschaft in eine ‚sozialistische Volkswirtschaft'. Immerhin war die Grundsatzdiskussion zu führen, welcher Stellenwert den Bausteinen einer liberalen Wirtschaftsordnung, nämlich Privatautonomie, privatem Eigentum, Freiheit der Gründung privater Unternehmen und Schutz vor Wettbewerbsbeschränkungen im neuen System zukommen sollte. Diese Diskussion hält in der Volksrepublik China bis heute an.[13] Die Relevanz des ordnungsökonomischen Ansatzes wurde dann erneut deutlich sichtbar, als sich nach dem Zusammenbruch des ‚Ostblocks'

---

[12] *Fehl/Schüller* (2002); Forschungsstelle zum Vergleich wirtschaftlicher Lenkungssysteme (Hg.) (1987); *Leipold* (1989a), (1989b), (1990); *Leipold/Pies* (Hg.) (2000); *Schüller* (2002); *Schüller/ Krüsselberg* (Hg.) (1991).

[13] Bei der rechtsberatenden Tätigkeit in der VR China seit dem Jahre 1981 erwies sich ein ordnungspolitischer Ansatz als guter Kompaß für die Beratung in den verschiedenen Rechtsgebieten.

die Chance abzeichnete, in den Ländern Mittel- und Osteuropas marktwirtschaftliche Ordnungen zu errichten. Das war ein Zeitraum, in dem der Ordnungsökonomik bereits Konkurrenz erwachsen war, wenn es um das Problem der theoretischen Fundierung und der Legitimation von neuen Wirtschaftsordnungen ging. Es waren insbesondere die Ansätze der Neuen Institutionenökonomik und der Konstitutionenökonomik, die bereitstanden, um die erforderlichen Transformationsprozesse theoretisch zu begleiten und zu assistieren.[14] In der Phase also, in der die Ordnungsökonomik ihren Forschungsansatz in die aktuelle politische Diskussion einbringen konnte, mußte sie sich dem Wettbewerb anderer, neuer Forschungsansätze stellen. Aus diesem Grunde ist die Verortung der Ordnungsökonomik im neuen Umfeld von Konstitutionenökonomik, Neuer Politischer Ökonomie, Neuer Institutionenökonomik und evolutorischer Ökonomik nicht nur ein theoretisches Glasperlenspiel, sondern eine Auseinandersetzung um den jeweiligen heuristischen Wert alternativer ökonomischer Ansätze bei der Gestaltung praktischer Wirtschaftspolitik.

Auf der theoretischen Ebene ging – und geht – es um folgende Fragen: Die Neue Politische Ökonomie (s. Fn. 5), die Neue Institutionenökonomik (s. Fn. 6) und die Konstitutionenökonomik[15] wenden sich explizit neuen Forschungsfragen zu. Entscheidend für diese drei Ansätze ist, daß sie das theoretische Instrumentarium der Ökonomik auf Nichtmarktphänomene anwenden. Was bisher in den Datenkranz verbannt worden war, kann jetzt mit Hilfe des ökonomischen Instrumentariums untersucht werden. Das politische Umfeld, in dem Märkte funktionieren, wird zum Forschungsgegenstand der Neuen Politischen Ökonomie (*public choice*). Es wird gesehen, daß die Akteure, die dieses politische Umfeld gestalten, ihrerseits eigennutzorientiert rational handeln und daß sie in einem gegebenen Umfeld von Spielregeln (auf der Meta-Ebene) sowohl handeln (Handlungstheorie) als auch selbst Handlungsbedingungen definieren. Die Handlungsbedingungen – nämlich der Satz von sanktionsbewehrten Spielregeln (‚Institutionen’: *Richter/Furubotn* 2003, S. 7) – werden ihrerseits Untersuchungsgegenstand eines theoretischen Ansatzes, der Entstehung, Veränderung und Wirkungsweise positiv und normativ untersucht: Neue Institutionenökonomik. Die Meta-Spielregeln (auf der Verfassungsebene) wurden ihrerseits Untersuchungsgegenstand der Konstitutionenökonomik.

Es ist die Konstitutionenökonomik, die sich der grundlegenden Fragen annimmt, wie eine Gesellschaft ‚verfaßt’ ist und wie sie zu ‚verfassen’ ist. Damit ergibt sich eine Schnittmenge der Fragestellungen zwischen Konstitutionenökonomik und Ordnungsökonomik. Es liegt auf der Hand, daß dies zu einem wissenschaftlichen Diskurs zwischen Vertretern beider Ansätze führen kann (vgl. *Vanberg* 1988). Zugleich läßt sich eine gewisse Nähe zwischen Konstitutionenökonomik, Neuer Politischer Ökonomie und Neuer Institutionenökonomik ausmachen. Es ist also kein Zufall, daß sich Vertreter des ordnungsökonomischen Ansatzes verstärkt diesen neuen ökonomischen Disziplinen

---

[14] Vgl. insbesondere die JITE-Konferenz 1990; darin: *Kirchner* (1992).

[15] Nachweise in Fn. 7; neben dem Begriff ‚Konstitutionenökonomik’ werden auch verwendet: ‚Ökonomische Theorie der Verfassung’, ‚constitutional political economy’.

zuwandten.[16] Da der ordnungsökonomische Ansatz selbst aus zwei Quellen gespeist wird, einem eher konstruktivistischen Ordnungsansatz und einem eher evolutorischen, kommt auch der Ansatz der evolutorischen Ökonomik mit ins Spiel (s. Fn. 8).

2. Ordnungsökonomik, *constitutional economics* und Nachbardisziplinen: Begriffsverwirrungen und Schnittmengen

Sucht man nach einer Übersetzung von ‚Ordnungsökonomik' ins Englische, so läge es nahe den Begriff mit ‚constitutional economics' zu übersetzen.[17] Dahinter steht wohl folgender Gedanke: Werden soziale Interaktionen durch Verfassungen ‚geordnet', so könnte der Ansatz der Ökonomik, der sich mit Verfassungen befaßt, Kern der Ordnungsökonomik sein. So ist es auch kein Wunder, daß sich Vertreter der Ordnungsökonomik für Fragen der Wirtschaftsverfassung interessiert haben. Es ging ihnen darum, die Ordnung des Wettbewerbs rechtlich zu verankern, das Kartellrecht zum Grundgesetz der Wirtschaft zu machen. Gelänge es, Ordnungsökonomik auf die Ökonomik dieser Wirtschaftsverfassung festzulegen, könnte man sie zumindest als eine Unterdisziplin der Konstitutionenökonomik begreifen.

Stellt sich aus dieser Perspektive Konstitutionenökonomik als der umfassendere Ansatz dar, in dem Ordnungsökonomik eine Unterdisziplin darstellen würde, so dreht sich das Verhältnis der beiden Ansätze um, wenn man den umfassenden Ordnungsbegriff der Ordnungsökonomik mit dem engeren Verfassungsbegriff der Konstitutionenökonomik konfrontiert. In der Ordnung, der ORDO, geht es sowohl um die spontane wie um die verfaßte Ordnung, da hier der *Eucken*sche mit dem *Hayek*schen Ansatz verbunden wird. Der *Hayek*sche Ansatz hätte keinen Platz in einer Disziplin, die sich allein der – mittels Verfassung – verfaßten Ordnung widmet.

Die Konstitutionenökonomik muß aber nicht notwendigerweise auf intentional verfaßte und mit den Instrumenten des Staates durchgesetzte rechtliche Regelungen begrenzt werden. Sieht man die Konstitutionenökonomik als Teilausschnitt der Neuen Institutionenökonomik[18], so wird man feststellen, daß zwischen formalen und informellen Regelungen zu unterscheiden ist. Während die formalen Regeln in formalen Verfahren gesetzt und durchgesetzt werden, verhält sich das bei informellen Regelungen anders. Sie entstehen in spontanen Wechselwirkungs- und Verstärkungsprozessen und werden zumeist mit Hilfe gesellschaftlicher Sanktionsmechanismen durchgesetzt. Finden sich informelle Regelungen auch auf der Verfassungsebene, so müßte eine positive konstitutionenökonomische Analyse diese in ihre Untersuchungen einbeziehen. Will eine normative Konstitutionenökonomik Gestaltungsvorschläge für Verfassungsregelungen machen, so werden sich diese auf formale Regelungen beziehen. Zugleich setzt ein solches normatives Vorgehen aber voraus, daß Klarheit über das Zusammenspiel der

---

[16] Vgl. Forschungsstelle zum Vergleich wirtschaftlicher Lenkungssysteme (Hg.) (1987); *Leipold* (1989a), (1989b), (1990); *Leipold/Pies* (Hg.) (2000); *Schüller/Krüsselberg* (Hg.) (1991).

[17] In die Richtung geht *Vanberg* (1988).

[18] Kapitel IX in *Richter/Furutbotn* (2003) heißt konsequent „Die Neue Institutionenökonomik des Staates", S. 452-476; vgl. auch *Kirchner* (2007b), S. 32 f.

vorgeschlagenen formalen Regelungen mit den existierenden informellen Regelungen besteht. Es ließe sich somit die Konstitutionenökonomik sehr wohl auf den Bereich informeller Regelungen erweitern. Dies könnte das Ergebnis einer näheren Kooperation zwischen Konstitutionenökonomik und Ordnungsökonomik sein, sofern diese den *Hayek*schen Ansatz Ernst nimmt.

Die Überlegungen verdeutlichen, daß Ordnungsökonomik und Konstitutionenökonomik auf den ersten Blick große Schnittmengen aufzuweisen scheinen, daß aber teils die erstere über die letztere hinausgeht und teilweise auch umgekehrt. Die Probleme ließen sich lösen, würde man als Oberdisziplin die Neue Institutionenökonomik wählen, in der dann auch die informellen Regelungen ins Spiel kommen.

Man könnte schließlich als dritten Ansatz den der Neuen Politischen Ökonomie (*public choice*) ins Spiel bringen. In diesem Ansatz werden die Annahmen: Ressourcenknappheit, methodologischer Individualismus und eigennutzorientiertes Rationalverhalten (ökonomisches Paradigma), die in der neoklassischen Ökonomik auf Individualentscheidungen im Marktkontext fokussiert worden waren, auf individuelle Entscheidungen im Nichtmarktbereich und auf kollektive Entscheidungen angewandt (vgl. *Kirchner* 2007a). An die Stelle des Forschungsgegenstandes ,Einzelentscheidung' im Marktkontext (*individuell choice*) treten die Einzelentscheidung im Nichtmarktkontext und die Kollektiventscheidung (*public choice*). Die staatliche Ordnung ist das Ergebnis einer Reihe von Kollektiventscheidungen. Es sind die Bürger, die den Staat konstituieren und Regelungen für ihr Zusammenleben im Staat setzen und durchsetzen. Diese Bürger schaffen damit die ,Ordnung von Wirtschaft und Gesellschaft', die im Zentrum der Ordnungsökonomik steht. Auch hier sind die Schnittmengen beider Ansätze, nämlich der Ordnungsökonomik und der Neuen Politischen Ökonomie, groß. Es sind aber auch hier Bereiche auszumachen, die zwar von der Ordnungsökonomik abgedeckt werden, nicht aber von der Neuen Politischen Ökonomie und umgekehrt. So umfaßt die Ordnungsökonomik auch die Elemente der spontanen Ordnung, die aber nicht Gegenstand der Neuen Politischen Ökonomie sind (ebenso wie dies für die Konstitutionenökonomik gilt). Auf der anderen Seite ist das Forschungsfeld der Neuen Politischen Ökonomie weiter als das der Ordnungsökonomik. Wie in der Konstitutionenökonomik spielen Fragen der Finanzverfassung eine zentrale Rolle, aber etwa auch Fragen des Föderalismus, die in der Ordnungsökonomik nur am Rande Erwähnung finden.

Der erste Versuch, ,Ordnungsökonomik' einzufügen in die modernen ökonomischen Unterdisziplinen, die das ökonomische Paradigma (Ressourcenknappheit, Annahme eigennutzorientierten Rationalverhaltens, methodologischer Individualismus) auf Fragen nichtmarktlicher Ressourcenallokation anwenden, führt zu der eher ernüchternden Feststellung, daß es Gemeinsames und Trennendes gibt. Das kann man konstatieren, um dann daraus auf die Existenzberechtigung des ordnungsökonomischen Ansatzes zu schließen oder aber im Gegenteil den Schluß zu ziehen, daß die relevanten Forschungsfragen mit einer adäquaten Methodik von den heute vorherrschenden ökonomischen Ansätzen der Nichtmarktökonomik behandelt werden und deshalb die Ordnungsökonomik in diesen Ansätzen aufgehen sollte. Bevor derart weitreichende Schlußfolgerungen gezogen werden, erscheint es sinnvoll, genauere Paarvergleiche zwischen den verschiedenen Ansätzen vorzunehmen und dabei auch den wohlfahrtsökonomischen und den evolutorischen Ansatz in die Analyse einzubeziehen, um so besser eine ‚Verortung der Ordnungsökonomik' vornehmen zu können.

3.   Verortung der Ordnungsökonomik – Paarvergleiche

Paarvergleiche setzen voraus, daß die verschiedenen Ansätze nach ihren Forschungsfragen, also ihrem Gegenstandsbereich und ihrer Methodik befragt werden, um festzustellen, wo im einzelnen die Differenzen im Vergleich zu anderen Ansätzen liegen.

3.1. Ordnungsökonomik / Konstitutionenökonomik

Die Forschungsfragen der Ordnungsökonomik haben als Ausgangspunkt die Unterscheidung zwischen zentralverwaltungswirtschaftlichen und dezentral marktlich organisierten Ordnungen (*Eucken* 1950). Bei der Analyse der Mängel zentral geplanter und gelenkter Wirtschaftsordnungen spielt das Informationsargument von *Hayek* (1945) eine wichtige Rolle. Umgekehrt ist für die Analyse der Defizite einer Marktwirtschaft ohne staatlichen Ordnungsrahmen das Argument von *Böhm* (1933, 1937, 1958) zentral, daß solche Wirtschaftsordnungen sich durch Kartellbildung selbst paralysieren würden. Das Anschauungsmaterial für die Bestätigung dieser Hypothese hatte die Kartellierung der deutschen Wirtschaft und der Weltwirtschaft besonders in der Zeit zwischen den Weltkriegen gegeben.[19] Die Idee der ‚Ordnung' beruht im Grunde auf der Unterscheidung zwischen Entscheidungen innerhalb existierender Regelungen (*decisions within rules*) und den Entscheidungen in bezug auf Regelungen (*decisions on rules*). Eine Marktwirtschaft, so lautete das Credo, kann ihre Überlegenheit in bezug auf die vorteilhaftere Ressourcenallokation und die bessere Lösung des Informationsproblems nur ausspielen, wenn Regelungen geschaffen und durchgesetzt werden, die die Freiheit des Wettbewerbs schützen. Vorausgesetzt wird dann ein starker Staat, der solche Regeln setzt und durchsetzt, eben ein Kartellrecht als ‚Grundgesetz der Wirtschaft'. Der ordnungsökonomische Ansatz war ein Vorreiter der Hinwendung der Ökonomik zu den Problemen, die auf der Regelungsebene liegen.

Eben hier setzt auch die Konstitutionenökonomik an, indem sie Fragen der Finanzverfassung auf die Verfassungsebene hebt. Sie treibt die Unterscheidung verschiedener Ebenen weiter voran, indem sie nicht allein zwischen der Regelungsebene und der Handlungsebene unterscheidet, sondern darüber hinaus zwischen der konstitutionellen und der postkonstitutionellen Ebene und auf der konstitutionellen Ebene zwischen der Ebene des Rechtsschutzstaates (*protective state*) und des Leistungsstaates (*productive state*) (*Buchanan* 1975/1984, 1990, 1991). Die Regelungen auf den verschiedenen Ebenen dienen der Sicherung der individuellen Freiheit der Bürger (normativer Individualismus) (*Buchanan* 1990, S. 7, 13 f.). Es wird insofern konsequent mit dem ökonomischen Paradigma gearbeitet, als auch in bezug auf ‚öffentliche Entscheidungen' von der Annahme eigennutzorientierten Rationalverhaltens ausgegangen wird. Akteure, die im Namen des Staates handeln und Gemeinwohlziele zu verfolgen vorgeben, handeln ebenso eigennutzorientiert rational wie Marktteilnehmer.

---

[19] Vgl. die umfassende Analyse von *Kronstein* (1967).

Der ordnungsökonomische Ansatz unterscheidet sich in den verwendeten Annahmen nur teilweise von denen des konstitutionenökonomischen Ansatzes. Auch hier steht die Freiheit des einzelnen Bürgers im Mittelpunkt. Allerdings ist hier ‚der Staat' den schwächeren Mitgliedern der Gesellschaft gegenüber sozial verpflichtet: Das Ordnungsziel ist nicht die Marktwirtschaft als solche, sondern die ‚soziale Marktwirtschaft' (*Müller-Armack* 1947/1990). Ein wesentlicher Unterschied im Vergleich zur Konstitutionenökonomik ist deren Annahme eigennutzorientierten Rationalverhaltens bei Akteuren, die für den Staat handeln. Konzentriert sich der ordnungsökonomische Ansatz auf die Schaffung und Durchsetzung der rechtlichen Ordnung und betont dies insbesondere für die rechtlich verfaßte Wettbewerbsordnung, so wird unterstellt, daß die betreffenden Regelungen von einer unabhängigen Kartellbehörde und unabhängigen Gerichten durchgesetzt werden, ohne daß die Eigeninteressen der handelnden Akteure ins Spiel kommen. Damit wird das Problem eigennutzorientierten Rationalverhaltens für diese Akteure systematisch ausgeblendet. Dann können Entwicklungen wie die Degeneration eines Systems staatlicher Wettbewerbsregelungen zu einem Regulierungs- und Lenkungsinstrument nicht systematisch erklärt werden. Es wird das ‚Marktversagen' gesehen, nicht aber das ‚Staatsversagen'.

Der konstitutionenökonomische Ansatz geht streng vom normativen Individualismus aus und leitet die Vorzugswürdigkeit von Gestaltungsvorschlägen aus den erzielbaren Kooperationsdividenden ab (*Brennan/Buchanan* 1985/1993). Dann sind Marktversagen und Staatsversagen gleichermaßen zu beachten. Der Schutz des Wettbewerbs wird nicht axiomatisch als Ziel gesetzt, sondern dann, wenn dadurch den Bürgern Vorteile zufließen, die dies ohne diese Ordnung nicht täten. Die zugrundeliegende normative Zielsetzung kann dann darin gesehen werden, daß es Bürgern frei stehen sollte, durch die Setzung und Durchsetzung von Regelungen Kooperationsvorteile zu erzielen. Darin besteht die Freiheitlichkeit der ‚Verfassung'. Wettbewerbsfreiheit ist aus dieser Perspektive eine Zielsetzung auf mittlerer Ebene.

3.2. Ordnungsökonomik / Wohlfahrtsökonomik

Wurden die Unterschiede des ordnungsökonomischen zum konstitutionenökonomischen Ansatz im Vorabschnitt stark betont, so relativieren sich diese dann, wenn man dem ordnungsökonomischen den wohlfahrtsökonomischen Ansatz gegenüberstellt. Ein solcher Paarvergleich erscheint deshalb geboten, weil in der gegenwärtigen europäischen Diskussion um Ziele und Instrumente der Wettbewerbspolitik und des Wettbewerbs- und Kartellrechts[20] der wohlfahrtsökonomische Ansatz der Europäischen Kommission – schönfärberisch als *more economic approach* bezeichnet[21] – im krassen Gegensatz zum ordnungsökonomischen Ansatz steht (zuletzt *Behrens* 2008). Im Vergleich zum wohlfahrtsökonomischen Ansatz läßt sich anhand dieser Kontroverse das Spezifische des ordnungsökonomischen Ansatzes gut herausarbeiten.

Der wohlfahrtsökonomische Ansatz blendet den institutionellen Rahmen aus und konzentriert sich allein auf zu erwartende Wohlfahrtseffekte, die vom Einsatz bestimm-

---

[20] *Schmidtchen/Albert/Voigt* (Hg.) (2007), darin: *Kirchner* (2007c).
[21] Zu diesem Ansatz: *Kirchner* (2007c), S. 7; *Schmidtchen* (2006), (2008).

ter wettbewerbspolitischer Instrumente oder vom Verzicht auf deren Einsatz ausgehen (wirkungsbasierter Ansatz). In der normativen Variante dieses Ansatzes geht es im europäischen Kontext um die Steigerung der Konsumentenwohlfahrt (*Neven/Röller* 2006; kritisch: *Behrens* 2008, S. 467-470). Dient eine im Zuge eines Unternehmenszusammenschlusses eintretende Beschränkung des Wettbewerbs der Steigerung der Konsumentenwohlfahrt, so erscheint diese als gerechtfertigt. Es geht nicht um die ‚Ordnung der Wirtschaft', sondern um die Wohlfahrt der Bürger. Allerdings entscheiden die Bürger nicht selbst, welche Regelungen sie zum Ziele der Wohlfahrtssteigerung vereinbaren wollen. Es geht um die aggregierte Gesamtwohlfahrt der Konsumenten. Das entspricht dem utilitaristischen Konzept neoklassischer Wohlfahrtsökonomik.

Die Zielsetzungen von Ordnungsökonomik und Wohlfahrtsökonomik unterscheiden sich signifikant. Während die Wohlfahrtsökonomik in der Tradition utilitaristischer Nutzenkonzepte steht, basiert die Ordnungsökonomik auf dem Konzept der Sicherung individueller Freiheit. Allerdings erfolgt die normative Ableitung von wünschbaren Regelungen anders als im konstitutionenökonomischen Ansatz. Das Freiheitsziel stellt im ordnungsökonomischen Ansatz eine selbständige Zielgröße dar, das nicht gegen ökonomische Nutzengewinne abgewogen werden kann.

In der Wohlfahrtsökonomik wird das Freiheitsziel nicht einfach ausgeblendet. Es ist in die Präferenzen der Akteure integriert. Bei einer gegebenen Präferenz von Akteuren für individuelle Freiheit wird deren Nutzen dann gemindert, wenn es zu einer Freiheitsbeschränkung kommt. Freiheit wird also im Ergebnis so lange geschützt, wie die Bürger entsprechende Präferenzen haben.

Umgekehrt wird das Wohlfahrtsziel aus der Ordnungsökonomik nicht ausgeblendet. Ziel der freiheitlichen marktwirtschaftlichen Ordnung ist auch die Mehrung der Wohlfahrt der Bürger. Die Sicherung der Freiheit des Wettbewerbs fördert gleichzeitig die Wohlfahrt (Harmoniethese).

3.3. Ordnungsökonomik / Neue Institutionenökonomik

Eine der Wurzeln der Neuen Institutionenökonomik ist ein Paradigmawechsel im Rahmen der neoklassischen Wirtschaftstheorie: die Kritik an der wohlfahrtsökonomischen Staatsintervention und ihre Ersetzung durch vertragliche Lösungen, bei der Akteure durch Konsens – bei gegebenen Restriktionen (etwa in Gestalt existierender Transaktionskosten) – Probleme lösen (*Coase* 1960). Dieser Wechsel betraf insofern die Methodik, als nunmehr streng der methodologische Individualismus zur Anwendung kam: Es ist nicht der Staat, der handelt, sondern die einzelnen Individuen. Auch wurde die Annahme kostenloser Transaktionen sowie die vollständiger Information aufgegeben. Entscheidend war aber, daß neue Fragestellungen eingeführt wurden: Konzentrierte sich die neoklassische Wirtschaftstheorie – als Handlungstheorie – auf die Ressourcenallokation im Kontext des Marktes und verbannte andere Faktoren – wie den Rechtsrahmen – in den Datenkranz, so problematisierte die Neue Institutionenökonomik diesen ausgeblendeten Rechtsrahmen. Sie wandte den ökonomischen Ansatz – mit den Annahmen der Ressourcenknappheit, des Rationalverhaltens und des methodologischen Individualismus – auf die Ebene der Regelungen an. Sie unterschied zwischen der Handlungsebene und der Regelungsebene (Ebene der Handlungsbedingungen), zwischen Entscheidungen innerhalb von Regeln und Entscheidungen in bezug auf Regelungen (*decisions within rules / decisions on rules*) (s. *Homann/Kirchner* 1995, S. 199-204; *Homann/Suchanek* 2005, S. 37-40). In der Neuen Institutionenökonomik ging es jetzt um Entscheidungen in bezug auf Regelungen, um Kollektiventscheidungen, nicht um Individualentscheidungen. Damit stellte sich die Frage, welche mit Sanktionen bewehrte Regelungen (‚Institutionen', s. *Richter/Furubotn* 2003, S. 7) geschaffen werden sollten. Verknüpft mit der positiven Analyse, wie Institutionen tatsächlich wirken und wie sie entstehen und verändert werden, fragte die normative Analyse, wie Institutionen zu gestalten wären (*Pies* 1993). Damit formulierte die Neue Institutionenökonomik in ihrem Forschungsansatz eine Frage, die schon zuvor die Ordnungsökonomik gestellt hatte, wie Institutionen auf den verschiedenen Regelungsebenen zu gestalten wären. Die Schnittmenge zwischen der Neuen Institutionenökonomik und der Ordnungsökonomik stellen also die Metaregelungen dar, die festlegen, wie eine Wirtschaftsordnung zu gestalten ist.

Da in der Neuen Institutionenökonomik sowohl formale wie informelle Regelungen analysiert werden, ist es möglich, nicht nur auf die intentional gestaltete Ordnung abzustellen (wie dies im konstitutionenökonomischen Ansatz naheliegt), sondern auch informelle Institutionen, die sich evolutorisch entwickeln, in die Untersuchung einzubeziehen.

Wenn also in der positiven Analyse der ordnungsökonomische Ansatz als Unterdisziplin des institutionenökonomischen Ansatzes gesehen werden kann, stellt sich die Frage, ob die normativen Positionen beider Ansätze kompatibel sind. Es gibt allerdings nicht einen einheitlichen normativen Ansatz der Neuen Institutionenökonomik. Erinnert man sich daran, daß es anfangs um eine Modifikation des neoklassischen Ansatzes gegangen war, der nunmehr auf neue Fragestellungen angewandt wurde, so nimmt es nicht wunder, daß man den Ansatz der Neuen Institutionenökonomik sehr wohl mit der Normativität der Wohlfahrtsökonomik verbinden kann, wie auch mit dem der Konstitutionenökonomik, also dem normativen Individualismus. Integriert man den institutionenökonomischen Ansatz in die Wohlfahrtsökonomik, geht es schlicht und einfach darum, durch die geeignete Wahl und Gestaltung von Institutionen die Gesamtwohlfahrt – gegebenenfalls auch die Konsumentenwohlfahrt – zu steigern. Dann stellt der institutionenökonomische Ansatz zwar eine gewisse Annäherung an den ordnungsökonomischen Ansatz dar, ohne allerdings den Konflikt zwischen individueller Freiheit und Maximierung der Gesamtwohlfahrt zu lösen. Man kann allerdings auch die normative institutionenökonomische Analyse analog des vertragstheoretischen Ansatzes der Konstitutionenökonomik weiter entwickeln[22] und als theoretisches Konstrukt den ‚hypothetischen Konsens' einführen (*Homann* 1999; *Kirchner* 2002). Dann geht es darum, konsensfähige institutionelle Lösungen im Sinne von Win-Win-Lösungen zu entwickeln. Wie im konstitutionenökonomischen Ansatz wird dann die Zielsetzung nicht axiomatisch bestimmt. Es geht vielmehr um eine Suche autonomer Akteure nach zustimmungsfähigen Regelungen.

---

[22] So der Ansatz von *Homann* und *Pies*: *Homann* (1999); *Pies* (1993).

3.4. Ordnungsökonomik / evolutorische Ökonomik

Die evolutorische Ökonomik befaßt sich mit Fragen des Wandels in ökonomischen Systemen. Sie arbeitet mit dem Instrument des Variations-Selektions-Mechanismus (*Kerber* 1997). Sie geht – mit *Hayek* (1968) – von einer dezentralen Verteilung des Wissens aus. Wandel von Systemen, aber auch von Regelungen, wird von Lernprozessen ausgelöst, in denen die Akteure Anreize haben, Wissen zu erwerben, zu verarbeiten und einzusetzen. Der zentrale Variations-Selektions-Mechanismus ist der Wettbewerb. So ist die Analyse von Wettbewerbsordnungen ein wichtiges Feld für die evolutorische Ökonomik (*Kerber* 1997; *Kerber/Saam* 2004).

Standen sich in der Ordnungsökonomik der *Eucken*sche Ansatz mit der Betonung der planenden Gestaltung und der *Hayek*sche Ansatz der Evolution spontaner Ordnungen gegenüber, so wird mit der evolutorischen Ökonomik an die *Hayek*sche Tradition angeknüpft. Es stellt sich dann aber (erneut) die Frage, wie die verschiedenen Ansätze, die unter dem Dach der Ordnungsökonomik vereint sind, in ein konsistentes Theoriegebäude integriert werden können. Das ist eine Frage, die sich ähnlich auch für das Verhältnis der Konstitutionenökonomik zur evolutorischen Ökonomik stellt.[23]

Das Problem kann in der Weise angegangen werden, daß aus der Neuen Institutionenökonomik die Unterscheidung zwischen formalen und informellen Institutionen übernommen wird, um Entstehungs- und Änderungsprozesse von Wirtschaftsordnungen/Wettbewerbsordnungen besser zu verstehen. Geht man von der Annahme systematisch unvollständiger Information aus, und stellt man fest, daß die Schaffung und Verarbeitung von Information mit Kosten verbunden ist, und schließlich, daß die handelnden Akteure eigennutzorientiert handeln, so kann man ‚Systemwandel' wie folgt begreifen. Akteure mit Informationsvorsprüngen können diese zur Steigerung des eigenen Nutzens einsetzen, wenn sie auf der Grundlage dieser Informationsvorsprünge Produkte (im weitesten Sinne, also auch neue Regelungen) schaffen und diese potentiellen Nachfragern anbieten (Variationsvorgang). Welche dieser neuen Produkte erfolgreich in dem Sinne sind, daß sie nachgefragt werden, entscheiden die Nachfrager (Selektionsvorgang). Beides zusammen, Variation und Selektion, schaffen zusammen neues Wissen, auf dessen Grundlage ein weiterer Variations-Selektionsprozeß laufen kann.

Bezogen auf das Problem von Wirtschafts- und Gesellschaftsordnungen, insbesondere Wettbewerbsordnungen, bedeutet die Verwendung dieses Konstrukts des Variations-Selektions-Prozesses, daß vorhandenes Wissen besser genutzt wird, daß Anreize zur Kreation und Diffusion von Wissen geschaffen werden. Die Annahme systematisch unvollständiger Information besagt zugleich, daß existierende Ordnungen notwendigerweise imperfekt sind (*Richter/Furubotn* 2003, S. 20-22). Dann sollte dem dadurch Rechnung getragen werden, daß bei einer planenden Gestaltung von Ordnungen dieser Offenheit dergestalt Rechnung getragen wird, daß diese so konstruiert werden, daß Anreize für deren Weiterentwicklung eingebaut werden. Es geht um lernfähige Ordnungen. Dann schließen sich der *Eucken*sche und der *Hayek*sche Ansatz der Entstehung/Schaffung von Ordnungen nicht aus. Sie ergänzen sich.

---

[23] Vgl. *Bund* (1984); *Richter/Furubotn* (2003), S: 17 f.; *Vanberg* (1981).

Für die planende Gestaltung von Ordnungen haben diese Überlegungen folgende Konsequenz: Setzt man formale Institutionen als Elemente der planenden Gestaltung von Ordnungen ein und übersieht dabei das Zusammenspiel formaler und informeller Institutionen, wird man die ablaufenden Lernprozesse systematisch falsch einschätzen. Die informellen Institutionen zeichnen sich nicht nur durch die geringere Formalisierung aus, sondern auch dadurch, daß sie schwerer zu ändern sind. Diese Veränderungen laufen in Gestalt evolutionärer Prozesse. Sie entziehen sich weitgehend dem planenden Einfluß derjenigen, die Ordnungen mit Hilfe formaler Institutionen verändern. In Transformationsprozessen von Wirtschafts- und Gesellschaftsordnungen wird dieses Phänomen der unterschiedlichen Geschwindigkeit der Veränderbarkeit formaler und informeller Regelungen sichtbar. Ein Beispiel ist die Transformation der Wirtschafts- und Gesellschaftsordnung Japans in der Periode der Meiji-Restauration.[24] Ähnliche Phänomene ließen sich bei der Transformation der Wirtschafts- und Gesellschaftsordnungen der Länder Mittel- und Osteuropas nach dem Zusammenbruch des Ostblocks beobachten. Die planende Gestaltung der Wirtschafts- und Gesellschaftsordnungen setzte das Wissen um das Zusammenspiel formaler und informeller Institutionen voraus. Dies war und ist im ordnungsökonomischen Ansatz angedacht. Mit Hilfe des Ansatzes der evolutorischen Ökonomik läßt sich nunmehr das Zusammenspiel der zwei Ordnungen besser erklären und somit das Transformationsproblem effektiver angehen.

Dann sind nicht einfach Elemente der Ordnungsökonomik und der evolutorischen Ökonomik miteinander zu verbinden, sondern auch Elemente der Neuen Institutionenökonomik, die sich ja nicht nur mit der Wirkungsweise, sondern auch mit der Entstehung und Veränderung von – formalen und informellen – Institutionen befaßt. Wie bereits betont lassen sich Verfassungen als Meta-Institutionen begreifen.

4. Fazit

Bezieht man in den Vergleich zwischen Ordnungsökonomik und Konstitutionenökonomik auch andere neue Ansätze mit ein und stellt man diese der neoklassischen Wohlfahrtsökonomik gegenüber, so wird deutlich, daß im ordnungsökonomischen Ansatz vieles bereits angedacht worden war, was dann in der Konstitutionenökonomik, in der Neuen Politischen Ökonomie, in der Neuen Institutionenökonomik und der evolutorischen Ökonomik weiterentwickelt worden ist. Diese neueren Ansätze stellen andere, aber oft verwandte Fragen. Sie klären methodische Annahmen, die im ordnungsökonomischen Ansatz noch offen geblieben waren. Insbesondere ist es hier die Annahme eigennutzorientierten Rationalverhaltens bei den Akteuren, die für den Staat handeln, die im ordnungsökonomischen Ansatz noch fehlt. Es läßt sich feststellen, daß es der konstitutionenökonomische Ansatz ist, der heute das Thema der ‚Ordnung von Wirtschaft und Gesellschaft' wieder aufnehmen kann, allerdings verstanden als eine Unterdisziplin der Neuen Institutionenökonomik und erweitert um Grundkonzepte der evolutorischen Ökonomik. Will man heute die Frage der Ordnung von Wirtschaft und Gesellschaft sowohl positiv analysieren als auch praktische Gestaltungsvorschläge erarbeiten, bieten

---

[24] Vgl. zum Zusammenspiel formaler und informeller Regelungen in Japan: *Kirchner* (2007b).

sich zwei gleichwertige Strategien an: (1) Man modifiziert und erweitert den ordnungsökonomischen Ansatz, oder (2) man modifiziert und erweitert den konstitutionenökonomischen Ansatz. Während in der deutschen Diskussion die erste Strategie den Vorteil
der Kontinuität hat, ist die zweite Strategie international besser anschlußfähig. Im Lichte der Tatsache, daß die Ökonomik heute eine internationale Disziplin ist, erscheint die
zweite Strategie vorzugswürdig.

Literatur

Behrens, Peter (2008), Theoretische und praktische Probleme einer Ökonomisierung der Kar-
tellrechtsanwendung, in: *Thomas Eger, Jochen Bigus, Claus Ott* und *Georg von Wangenheim,* (Hg.), Internationalisierung des Rechts und seine ökonomische Analyse, Internationalizsation of the Law and its Economic Analysis, Festschrift für Hans-Bernd Schäfer
zum 65. Geburtstag, Wiesbaden, S. 457-471.

Bernholz, Peter und *Friedrich Breyer,* (1993/1994), Grundlagen der Politischen Ökonomie,
Band 1: Theorie der Wirtschaftssysteme, Tübingen 1993, Band 2: Ökonomische Theorie
der Politik, Tübingen 1994.

Blankart, Charles B. (2008), Öffentliche Finanzen in der Demokratie, 7. Aufl., München.

Böhm, Franz (1933), Wettbewerb und Monopolkampf: Eine Untersuchung zur Frage des wirtschaftlichen Kampfrechts und zur Frage der rechtlichen Struktur der geltenden Wirtschaftsordnung, Berlin.

Böhm, Franz (1937), Die Ordnung der Wirtschaft als geschichtliche Aufgabe und rechtsschöp-
ferische Leistung, Stuttgart und Berlin.

Böhm, Franz (1958), Wettbewerbsfreiheit und Kartellfreiheit, in: ORDO, Band 10, S. 167-203.

Böhm, Franz (1966), Privatrechtsgesellschaft und Marktwirtschaft, in: ORDO, Band 17, S. 75-
151.

Böhm, Franz, Walter Eucken und *Hans Großmann-Doerth* (1937), Unsere Aufgabe, Vorwort in:
Franz Böhm (1937), Die Ordnung der Wirtschaft als geschichtliche Aufgabe und rechts-
schöpferische Leistung, Stuttgart und Berlin, S. VII-XXI.

Boettcher, Erik (Hg.) (1980), Neue politische Ökonomie als Ordnungstheorie Tübingen.

Boettcher, Erik, Philipp Herder-Dorneich und *Karl-Ernst Schenk* (Hg.) (1980), Neue Politische
Ökonomie als Ordnungstheorie, Tübingen.

Brennan, Geoffrey and *James M. Buchanan* (1985/1993), The Reason of Rules: Constitutional
Political Economy, Cambridge u.a. 1985; deutsch: Die Begründung von Regeln: Konsti-
tutionelle Politische Ökonomie, Tübingen 1993.

Buchanan, James, M. (1975/1984), The Limits of Liberty: Between Anarchy and Leviathan,
Chicago 1975; deutsch: Die Grenzen der Freiheit – Zwischen Anarchie und Leviathan,
Tübingen 1984.

Buchanan, James, M. (1990), The Domain of Constitutional Economics, in: Constitutional Political Economy, Vol. 1, pp. 1-18.

Buchanan, James, M. (1991), Constitutional Economics, Cambridge, Mass.

Budzinski, Oliver (2000), Wirtschaftspolitische Implikationen evolutorischer Ordnungsökonomik, Marburg.

Bund, Dorothee (1984), Die ökonomische Theorie der Verfassung: J.M. Buchanans Modell des
Verfassungsvertrags und evolutionstheoretische Kritik, Baden-Baden.

Coase, Ronald H. (1960), The Problem of Social Cost, in: Journal of Law and Economics, Vol. 3, pp. 1-44.

Coase, Ronald H. (1984), The New Institutional Economics, in: Journal of Institutional and Theoretical Economics (JITE), Vol. 140, pp. 229-231.

Eger, Thomas und *Hans G. Nutzinger* (1999), Traditionelle Ordnungstheorie, Neue Institutionenökonomik und Evolutorische Ökonomik im Vergleich, in: *Dieter Cassel* (Hg.), Perspektiven der Systemforschung. Schriften des Vereins für Socialpolitik, Bd. 268, Berlin, S.11-44.

Eggertsson, Thráinn (1990), Economic Behavior and Institutions, Cambridge UK.

Erhard, Ludwig (1948), Deutsche Wirtschaftspolitik, Rede des Direktors der Verwaltung für Wirtschaft vor dem Wirtschaftsrat am 21. April 1948, Frankfurt/Main-Höchst.

Erlei, Mathias, Martin Leschke und *Dirk Sauerland* (2007), Neue Institutionenökonomik, 2. Aufl., Stuttgart.

Eschenburg, Rolf (1977), Der ökonomische Ansatz zu einer Theorie der Verfassung, Tübingen.

Eucken, Walter (1938), Die Überwindung des Historismus, in: Schmollers Jahrbuch für Gesetzgebung, Verwaltung und Volkswirtschaft im Deutschen Reiche, Band 62, S. 63-86.

Eucken, Walter (1940/1990), Die Grundlagen der Nationalökonomie, Jena 1940, 9. Aufl., Berlin u.a. 1990.

Eucken, Walter (1950), Die Grundlagen der Nationalökonomie, 6. Aufl., Göttingen und Heidelberg (zuerst erschienen in Jena 1940).

Fehl, Ulrich und *Alfred Schüller* (2002), Wettbewerb und weltwirtschaftliche Integration : Triebkräfte des Transformationsprozesses , Stuttgart.

Feldmann, Horst (1995), Eine institutionalistische Revolution? Zur dogmenhistorischen Bedeutung der modernen Institutionenökonomik, Berlin.

Feldmann, Horst (1999), Ordnungstheoretische Aspekte der Institutionenökonomie, Berlin.

Forschungsstelle zum Vergleich wirtschaftlicher Lenkungssysteme (Hg.) (1987), Ordnungstheorie: Methodologische und institutionenökonomische Entwicklungstendenzen, Arbeitsberichte zum Systemvergleich Nr. 11, Marburg.

Goebel, Elisabeth (2002), Neue Institutionenpolitik: Konzeption und betriebswirtschaftliche Anwendungen, Stuttgart.

Goldschmidt, Nils und *Michael Wohlgemuth* (Hg.) (2008), Grundtexte zur Freiburger Tradition der Ordnungsökonomik, Tübingen.

Grossekettler, Heinz (1987), Der Beitrag der Freiburger Schule zur Theorie der Gestaltung von Wirtschaftssystemen, Westfälische Wilhelms-Universität Münster, Volkswirtschaftliche Diskussionsbeiträge, Nr. 90, Münster.

Grossekettler, Heinz (2000), Ordnungstheorie und Recht: die Rollen von Ökonomen und Juristen bei der Entwicklung und Verteidigung einer koordinationseffizienten Wirtschaftsverfassung, Münster.

Großmann-Doerth, Hans (1941), Recht der deutschen Wirtschaftsordnung, Berlin und Wien.

Hartwig, Karl-Hans (1988), Ordnungstheorie und die Tradition des ökonomischen Denkens, in: *Dieter Cassel, Bernd Thomas Ramb* und *H. Jörg Thieme* (Hg.), Ordnungspolitik, München, S. 7-34.

Hayek, Friedrich A. von (1945), The Use of Knowledge in Society, in: American Economic Review, Vol. 35, No. 4, pp. 519-530.

Hayek, Friedrich A. von (1960/1991), Die Verfassung der Freiheit, 3. Aufl., Tübingen 1991.

Hayek, Friedrich A. von (1967), Grundsätze einer liberalen Gesellschaftsordnung, in: ORDO, Band 18, S. 11-33.

Hayek, Friedrich A. von (1968), Der Wettbewerb als Entdeckungsverfahren, abgedruckt in: *Friedrich A. von Hayek*, Freiburger Studien, Tübingen, 1994, 2. Aufl., S. 249-265.

Hayek, Friedrich A. von (1969), Die Ergebnisse menschlichen Handelns aber nicht menschlichen Entwurfs, in: *Friedrich A. von Hayek*, Freiburger Studien, Tübingen, S. 97-107.

Hayek, Friedrich A. von (1980/1981), Recht, Gesetzgebung und Freiheit : eine neue Darstellung der liberalen Prinzipien der Gerechtigkeit und der politischen Ökonomie, Band 1: Regeln und Ordnung, Landsberg/Lech 1980, Band 2: Die Illusion der sozialen Gerechtigkeit, Landsberg/Lech 1980, Band 3: Verfassung einer Gesellschaft freier Menschen, Landsberg/Lech 1981.

Herder-Dorneich, Philipp (1989), Ordnungstheorie – Ordnungspolitik – Ordnungsethik, in: Jahrbuch für Neue Politische Ökonomie, Band 8, Tübingen, S. 3-12.

Homann, Karl (1999), Die Legitimation von Institutionen, in: *Wilhelm Korff* u.a. (Hg.), Handbuch der Wirtschaftsethik, 4 Bde., Gütersloh, Bd. 2, S. 50-95.

Homann, Karl und *Christian Kirchner* (1995), Ordnungsethik, in: *Philipp Herder-Dorneich, Karl-Ernst Schenk* und *Dieter Schmidtchen* (Hg.), Jahrbuch für Neue Politische Ökonomie, Tübingen, Band 14, S. 189-210.

Homann, Karl und *Andreas Suchanek* (2005), Ökonomik: Eine Einführung, 2. Aufl., Tübingen.

Kerber, Wolfgang (1997), Wettbewerb als Hypothesentest: Eine evolutorische Konzeption wissenschaffenden Wettbewerbs, in: *Karl von Delhaes* und *Ulrich Fehl* (Hg.), Dimensionen des Wettbewerbs: Seine Rolle in der Entstehung und Ausgestaltung von Wirtschaftsordnungen, Stuttgart, S. 28-78.

Kerber, Wolfgang und *Nicole Saam* (2004), Wettbewerb als Hypothesentest: Ein evolutionsökonomisches Simulationsmodell, in: *Andreas Diekmann* (Hg.), Modelle sozialer Evolution, Baden-Baden, S. 119-140.

Kerber, Wolfgang und *Ulrich Schwalbe* (2007), Ökonomische Grundlagen des Wettbewerbsrechts, in: *Günther Hirsch* u.a. (Hg.), Münchener Kommentar zum Wettbewerbsrecht, Band 1: Europäisches Wettbewerbsrecht, München, S. 238-430; Rdnr. 960-1531, S. 259-263.

Kirchgässner, Gebhard (1994), Constitutional Economics and its Relevance for the Evolution of Rules, in: Kyklos, Band 47, S. 321-339.

Kirchgässner, Gebhard (2004), Ökonomische Theorie der Verfassung, St. Gallen, Discussion Paper 2004-17.

Kirchner, Christian (1978/1993), Ökonomische Analyse des Rechts: Interdiziplinäre Zusammenarbeit von Ökonomie und Rechtswissenschaft, in: *Heinz-Dieter Assmann, Christian Kirchner* und *Erich Schanze* (Hg.), Ökonomische Analyse des Rechts, Kronberg/Ts., S. 75-91; 2. Aufl., Tübingen 1993, S. 62-78.

Kirchner, Christian (1992), Privatization Plans of Central and Eastern European States, in: Journal of Institutional and Theoretical Economics (JITE), Vol. 148, pp. 4-19.

Kirchner, Christian (2002), Gemeinwohl aus institutionenoekonomischer Perspektive, in: *Gunnar Folke Schuppert* und *Friedhelm Neidhardt* (Hg.), Gemeinwohl – Auf der Suche nach Substanz, Berlin, S. 157-177.

Kirchner, Christian (2007a), Public Choice and New Institutional Economics: A Comparative Analysis in Search of Co-operation Potentials, in: *Pio Baake* und *Rainald Borck* (Hg.), Public Economics and Public Choice: Contributions in Honor of Charles B. Blankart, Berlin, S. 19-37.

Kirchner, Christian (2007b), Wandlungen oder Erosion der Privatautonomie: Rechtsvergleichende, rechtsmethodische und rechtspolitische Anmerkungen, Deutsch-japanische Perspektiven des Vertragsrechts, in: Karl Riesenhuber und *Yuko Nishitani* (Hg.), Wandlungen oder Erosion der Privatautonomie? Berlin, S. 307-314.

Kirchner, Christian (2007c), Goals of Antitrust and Competition Law Revisited, in: *Dieter Schmidtchen, Max Albert* und *Stefan Voigt* (Hg.) The More Economic Approach to European Competition Law, Tübingen, S. 7-26.

Kleinewefers, Henner (1988), Grundzüge einer verallgemeinerten Wirtschaftsordnungstheorie, Walter-Eucken-Institut, Vorträge und Aufsätze, Nr. 117, Tübingen.

Kronstein, Heinrich (1967), Das Recht der internationalen Kartelle, Berlin.

Leipold, Helmut (1989a), Das Ordnungsproblem in der ökonomischen Institutionentheorie, in: ORDO, Band 40, S. 129-146.

Leipold, Helmut (1989b), Neue Ansätze zur Weiterentwicklung der Ordnungstheorie, in: Jahrbuch für Neue Politische Ökonomie, Band 8, Tübingen, S. 13-29.

Leipold, Helmut (1990), Neoliberal Ordnungstheorie and Constitutional Economics, in: Constitutional Political Economy, Vol. 1, pp. 47-65.

Leipold, Helmut und *Ingo Pies* (Hg.) (2000), Ordnungstheorie und Ordnungspolitik: Konzeption und Entwicklungsperspektiven, Stuttgart.

Mueller, Dennis C. (1979), Public Choice, Cambridge UK.

Mueller, Dennis C. (1991), Public Choice II, Cambridge UK.

Mueller, Dennis C. (1997), Public Choice in Perspective, in: *Dennis C. Mueller* (ed.), Perspectives on Public Choice: A Handbook, Cambridge UK, pp. 1-17.

Mueller, Dennis C. (2003), Public Choice III. Cambridge UK and New York.

Müller-Armack, Alfred (1947/1990), Wirtschaftslenkung und Marktwirtschaft, Hamburg, Neuauflage München 1990.

Neven, Damien J. und *Lars-Hendrik Röller* (2006), Consumer Surplus vs. Welfare Standard in a Political Economy Model of Merger Control, in: International Journal of Industrial Organisation, Vol. 23, pp. 829-848.

North, Douglas, C. (1990/1992), Institutions, Institutional Change and Economic Performance, Cambridge 1990; deutsch: Institutionen, institutioneller Wandel und Wirtschaftsleistung, Tübingen 1992.

Okruch, Stefan (1999), Innovation und Diffusion von Normen: Grundlagen und Elemente einer evolutorischen Theorie des Institutionenwandels, Berlin.

Pelikan, Pavel (2003), Why Economic Policy Needs Comprehensive Evolutionary Analysis, in: *Pavel Pelikan* und *Gerhard Wegner* (Hg.), The Evolutionary Analyse of Economic Policy, Cheltenham UK and Northhampton US, pp. 15-45.

Pies, Ingo (1993), Normative Institutionenökonomik: Zur Rationalisierung des politischen Liberalismus, Tübingen.

Pies, Ingo (1997), Wettbewerb und Demokratie – Zur Problemstellung einer institutionenökonomischen Ordnungstheorie, in: *Karl von Delhaes* und *Ulrich Fehl* (Hg.), Dimensionen des Wettbewerbs: Seine Rolle in der Entstehung und Ausgestaltung von Wirtschaftsordnungen, Stuttgart, S. 357-377.

Pies, Ingo (1998), Theoretische Grundlagen einer Konzeption der 'sozialen Marktwirtschaft': Normative Institutionenökonomik als Renaissance der klassischen Ordnungstheorie, in: *Dieter Cassel* (Hg.): 50 Jahre Soziale Marktwirtschaft, Stuttgart, S. 97-132.

Pies, Ingo (2000), Institutionenökonomik als Ordnungstheorie: Ein Ansatz für wissenschaftliche Politikberatung in der Demokratie, in: Helmut Leipold und Ingo Pies (Hg.), Ordnungstheorie und Ordnungspolitik: Konzeptionen und Entwicklungsperspektiven, Stuttgart, S. 347-370.

Priddat, Birger P. und *Gerhard Wegner* (Hg.) (1996), Zwischen Evolution und Institution: Neue Ansätze in der ökonomischen Theorie, Marburg.

Richter, Rudolf und *Eirik G. Furubotn* (2003), Neue Institutionenökonomik: Eine Einführung und kritische Würdigung, 3. Aufl., Tübingen.

Riesenhuber, Karl (Hg.) (2007), Privatrechtsgesellschaft – Entwicklung, Stand und Verfassung des Privatrechts, Tübingen.

Röpke, Wilhelm (1944), Civitas Humana: Grundfragen der Gesellschafts- und Wirtschaftsreform, Zürich.

Schenk, Karl-Ernst (1982), „Institutional Choice" und Ordnungstheorie, Tübingen.

Schmidtchen, Dieter (1984), German ‚Ordnungspolitik' as Institutional Choice, in: Journal of Institutional and Theoretical Economics (JITE), Vol. 140, pp. 54-70.

Schmidtchen, Dieter (2006), Der "more economic approach" in der Wettbewerbspolitik, in: Wirtschaft und Wettbewerb, Jg. 56, S. 6-17.

Schmidtchen, Dieter (2008), Der „more economic approch" in der europäischen Wettbewerbspolitik – ein Konzept mit Zukunft, in: *Thomas Eger, Jochen Bigus, Claus Ott* und *Georg von Wangenheim* (Hg.) (2008), Internationalisierung des Rechts und seine ökonomische Analyse, Internationalizsation of the Law and its Economic Analysis, Festschrift für Hans-Bernd Schäfer zum 65. Geburtstag, Wiesbaden, S. 473-488.

Schmidtchen, Dieter, Max Albert und *Stefan Voigt* (Hg.) (2007), The More Economic Approach to European Competition Law, Tübingen.

Schmoller, Gustav von (1900), Grundriß der allgemeinen Volkswirtschaftslehre, Teil 1, Leipzig.

Schüller, Alfred (2002), Marburger Studien zur Ordnungsökonomik, Stuttgart.

Schüller, Alfred und *Hans-Günter Krüsselberg* (Hg.) (1991), Grundbegriffe zur Ordnungstheorie und politischen Ökonomik, Forschungsstelle zum Vergleich wirtschaftlicher Lenkungssysteme der Philipps-Universität Marburg, Arbeitsberichte zum Systemvergleich, Nr. 7, Marburg.

Starbatty, Joachim (2002), Ordoliberalismus, in: *Otmar Issing* (Hg.), Geschichte der Nationalökonomie, 4. Aufl., Tübingen, S. 191-207.

Streit, Manfred E. (1995), Ordnungsökonomik – Versuch einer Standortbestimmung, Max-Planck-Institut zur Erforschung von Wirtschaftssystemen, Diskussionsbeitrag 04-95, Jena.

Streit, Manfred und *Michael Wohlgemuth* (2000), Walter Eucken und Friedrich A. von Hayek: Initiatoren der Ordnungsökonomik, in: *Bernhard Külp* und *Viktor Vanberg* (Hg.), Freiheit und wettbewerbliche Ordnung: Gedenkband zur Erinnerung an Walter Eucken, Freiburg u.a., S.461-498.

Tietzel, Manfred (1991), Der Neue Institutionalismus auf dem Hintergrund der alten Ordnungsdebatte, in: Jahrbuch für Neue Politische Ökonomie, Band 10, Tübingen, S. 3-37.

Vanberg, Viktor (1981), Liberaler Evolutionismus oder Vertragstheoretischer Konstitutionalismus? Zum Problem institutioneller Reformen bei F.A. von Hayek und J.M. Buchanan, Tübingen.

Vanberg, Viktor (1988), Ordnungstheorie as Constitutional Economics: The German Conception of a 'Social Market Economy', in: ORDO, Band 39, S. 17-31.

Vanberg, Viktor (1997), Die normativen Grundlagen von Ordnungspolitik, in: ORDO, Band 48, S. 707-726.

Voigt, Stefan (2002), Institutionenökonomik, München.

Williamson, Oliver E. (2000), The New Institutional Economics: Taking Stock, Looking Ahead, in: Journal of Economic Literature, Vol. 38, pp. 595-613.

Williamson, Oliver E. (1985/1990), Die ökonomischen Institutionen des Kapitalismus, Tübingen 1990; englische Originalausgabe: The Economic Institutions of Capitalism: Firms, Markets, Relational Contracting, New York and London 1985.

Zohlnhöfer, Werner (2000), Ordoliberalismus und Soziale Marktwirtschaft aus evolutorischer Sicht, in: *Bernhard Külp* und *Viktor Vanberg* (Hg.), Freiheit und wettbewerbliche Ordnung: Gedenkband zur Erinnerung an Walter Eucken, Freiburg u.a., S. 75-98.

Alfred Schüller und Stefan Voigt (Hg.), Von der Ordnungstheorie zur Institutionenökonomik
Schriften zu Ordnungsfragen der Wirtschaft · Band 90 · Stuttgart · 2008

Ordnungs- und Konstitutionenökonomik: Einige aktuelle Forschungsperspektiven

Korreferat zu *Christian Kirchner*, Ordnungsökonomik und Constitutional Economics

Wolfgang Kerber

1. Einleitung

Christian Kirchner (2008) hat in seinem Beitrag ausführlich das Verhältnis zwischen Ordnungsökonomik und Konstitutionenökonomik analysiert und vertritt zu Recht die Auffassung, dass der konstitutionenökonomische Ansatz besonders gut geeignet ist, die zentralen Forschungsfragen der in Deutschland entwickelten Ordnungsökonomik auf einer internationalen Ebene voranzutreiben. Im Folgenden sollen drei grundlegende Forschungsfragestellungen vorgestellt werden, die ich als bisher weitgehend ungelöst und besonders spannend ansehe und die gleichzeitig von hoher Aktualität und Relevanz sind. Alle drei Fragestellungen gehen von zentralen Grundproblemen der Ordnungsökonomik und der Konstitutionenökonomik aus, sind aber in beiden Ansätzen bisher nicht befriedigend gelöst worden. Zur Illustration werde ich teilweise auch Beispiele aus der neueren wettbewerbspolitischen Diskussion heranziehen, allerdings stellen sich die Fragen wesentlich allgemeiner.

2. Wirtschaftspolitik / Recht als Anwendung von Regeln

Einer der zentralen Grundsätze der Ordnungsökonomik ist, dass Wirtschaftspolitik sich primär auf die Gestaltung institutioneller Rahmenbedingungen konzentrieren und möglichst wenig direkt in Marktprozesse eingreifen sollte (*Eucken* 1952). Auf diesem Grundsatz basiert die zentrale Differenzierung zwischen der (diese Rahmenbedingungen gestaltenden) Ordnungspolitik und der (mit interventionistischen Eingriffen auf konkrete Marktergebnisse abzielenden) Prozesspolitik. Die Konstitutionenökonomik verfolgt mit ihrer Differenzierung zwischen Entscheidungen über die Regeln eines (Markt-)Spiels und Entscheidungen über Handlungen (Spielzüge) innerhalb eines solchen Spiels dasselbe Ziel, nämlich Wirtschaftspolitik primär als Entscheidung über adäquate Spielregeln für Märkte zu begreifen (*Vanberg* 2005). Sowohl *Hayek* als auch die rechtswissenschaftlichen Vertreter der Freiburger Schule haben diese Grundidee immer als Kern der "Herrschaft des Gesetzes" (rule of law) begriffen, die als unabdingbar für die Funktionsfähigkeit einer marktwirtschaftlichen Ordnung angesehen wird. Für das Recht bedeutet dies, dass die Anwendung von Gesetzen primär als Anwendung allgemeiner Regeln auf spezifische Sachverhalte verstanden werden sollte.

Für die praktische Wettbewerbspolitik folgt hieraus, dass Wettbewerbsbehörden und Gerichte rechtliche Regeln auf Wettbewerbsfälle anwenden und nur in Ausnahmefällen Entscheidungen aufgrund spezifischer zu erwartender Marktergebnisse treffen sollen. In der wettbewerbspolitischen Diskussion war es vor allem *Hoppmann* (1968), der in den 1970er Jahren diese Problematik am deutlichsten herausgearbeitet hat. Unter dem Einfluss des "more economic approach" hat diese Frage in der Praxis der europäischen Wettbewerbspolitik wieder erheblich an Aktualität gewonnen. Auch aufgrund neuerer Entwicklungen in der theoretischen Industrieökonomik und in den empirischen Methoden zur konkreten Fallanalyse ist die Tendenz entstanden, die Frage der Zulässigkeit von Fusionen, Kooperationen und Verhaltensweisen zunehmend von einer konkreten quantitativen Analyse der positiven und negativen Wirkungen auf die Konsumentenwohlfahrt im Einzelfall abhängig zu machen. Die daraus entstehende Tendenz zu einem "case-by-case approach" wird von einer (in der US-amerikanischen Antitrustpolitik bereits weitgehend vollzogenen) Ablösung von Per se-Regeln durch einen Rule of reason-Ansatz begleitet, der eine weitgehende Berücksichtigung von (beliebigen) Umständen des Einzelfalls erlaubt. Der Versuch, in jedem Einzelfall die jeweils wohlfahrtsoptimale Lösung konkret zu bestimmen, ist das Gegenteil einer an Regeln orientierten Wettbewerbspolitik. Diese Entwicklung wird in der aktuellen wettbewerbspolitischen Diskussion auch kritisch gesehen, weil die Voraussagbarkeit wettbewerbspolitischer Entscheidungen verloren zu gehen droht – mit der Folge steigender Rechtsunsicherheit sowie steigender (direkter und indirekter) Verfahrenskosten (*Voigt* und *Schmidt* 2005; *Christiansen* und *Kerber* 2006). Inzwischen ist bei den Wettbewerbsbehörden auch das Bewusstsein für diese Probleme gestiegen.

Tatsächlich steckt hinter diesem Problem aber eine sehr grundsätzliche Fragestellung über die Zweckmäßigkeit einer an Regeln orientierten Wirtschaftspolitik bzw. Rechtsprechung. Zum einen war die Idee von festen gegebenen Regeln, die man nur auf Sachverhalte anwenden müsse, schon immer eine Idealvorstellung, die die Probleme der richtigen Interpretation dieser Regeln, insbesondere angesichts hochkomplexer Sachverhalte und einer sich oft gravierend verändernden Umwelt, zu unterschätzen drohte. Zum anderen zeigt eine nähere Analyse, dass eine Regelorientierung noch nichts darüber aussagt, ob es sich um einfache oder komplexe Regeln handelt, so dass z.B. in der Wettbewerbspolitik ein Abgehen von simplen Per se-Regeln nicht zu einem Verlust an Regelorientierung führen muss: Vielmehr kann es sich auch um den Übergang zu komplexeren (oder differenzierteren) Regeln handeln. Besonders wichtig sind aber auch die Erkenntnisse, die im Rahmen der "Law and Economics" über die Frage "Rules vs. Standards" gewonnen wurden. Aus dieser Perspektive ist es eine Frage der ökonomischen Zweckmäßigkeit, ob die Legislative in ihren Gesetzen eher Regeln formulieren soll, die dann nur direkt anzuwenden wären, oder ob nur ein "Standard" vorgegeben werden sollte, den dann die rechtsanwendenden Behörden und Gerichte erst noch konkret auszufüllen hätten. Je nach den Kosten für die Formulierung von Regeln, den Kosten der Anwendung dieser Standards in konkreten Fällen und des Ausmaßes der Notwendigkeit flexibler Anpassungen an neue Sachverhalte (und weiterer Kriterien) kann das Vorgeben einer Regel oder eines Standards zu geringeren Wohlfahrtsverlusten (durch Rechtsproduktions- und -anwendungskosten sowie falscher Entscheidungen) führen (*Kaplow* 2000; *Kerber* 2008a). Aus dieser rechtsökonomischen Perspektive ist der ordnungs- und konstitutionenökonomische Grundsatz der primären Fokussierung auf die Etablierung eines festen institutionellen Rahmens alles andere als unumstritten. Oft werden deshalb auch von Ökonomen (mit guten Argumenten) Standards statt Regeln empfohlen. Die Tendenz in der Wettbewerbspolitik, sich bei der wettbewerbspolitischen Beurteilung von Verhaltensweisen primär an ihren konkreten Auswirkungen auf die Konsumentenwohlfahrt zu orientieren, kann auch in dieser Weise interpretiert werden.

Die Frage nach der Regelorientierung ist eine Grundsatzfrage für die Ordnungs- und Konstitutionenökonomik. Meines Erachtens haben beide Ansätze keine ausreichend befriedigenden Antworten auf diese hier nur kurz skizzierte Problematik. Bisher gibt es in der Ordnungs- und Konstitutionenökonomik nicht genügend ökonomisch fundierte theoretische und empirische Forschung, die sich dieses Problems annimmt. Zentrale Fragen eines solchen Forschungsprogramms könnten sein:

1. Wie einfach oder differenziert sollten Regeln sein, um negative Wirkungen von falschen Entscheidungen durch zu einfache (der komplexen Wirklichkeit nicht gerecht werdende) Regeln zu vermeiden, ohne gleichzeitig die Kosten der Rechtsanwendung und der Rechtsunsicherheit zu stark in die Höhe zu treiben (Problem der optimalen Komplexität / Differenziertheit von Regeln; *Christiansen* und *Kerber* 2006)?

2. Wie kann der Konflikt zwischen der Erfordernis eines stabilen rechtlichen Rahmens und der notwendigen Flexibilität für seine Anpassung und Weiterentwicklung in einer evolvierenden Welt mit ständigem technologischen, wirtschaftlichen und sozialen Wandel gelöst werden?

3. Dies führt zu der grundsätzlicheren Frage, wie in entwickelten Rechtssystemen überhaupt Rechtsentwicklung stattfindet. Sowohl die Ordnungs- als auch die Konstitutionenökonomik haben bisher in ihren Analysen ein viel zu statisches (und vereinfachtes) Verständnis von Recht verwendet, das der Realität von sich teilweise äußerst dynamisch entwickelnden Rechtsgebieten nicht entspricht.

Die Kernidee von Ordnungspolitik, nämlich Wirtschaftspolitik primär als Gestaltung eines Rahmens von Regeln zu betreiben, ist sicherlich im 21. Jahrhundert von gleicher zentraler Bedeutung wie bisher. Allerdings bedarf es erheblicher interdisziplinärer Forschungsanstrengungen, um dies aus heutiger Sicht überzeugend wissenschaftlich zu begründen und vor allem zu zeigen, wie diese Erkenntnis in den heutigen komplexen und dynamischen Rechtsordnungen konkret umgesetzt werden kann.

3. Freiheit und/oder Wohlfahrt: ungelöste Fragen auf der normativen Ebene

Auf die unterschiedlichen normativen Ausgangspunkte von Wohlfahrtsökonomik einerseits und Konstitutionenökonomik bzw. Ordnungsökonomik andererseits hat *Christian Kirchner* bereits hingewiesen. Aber auch Ordnungs- und Konstitutionenökonomik haben unterschiedliche Herangehensweisen. Die Konstitutionenökonomik arbeitet mit dem Kriterium der freiwilligen Zustimmung (bzw. dem Konsensprinzip), während die Ordnungsökonomik, zumindest in ihren Ursprüngen, von der doppelten Zielsetzung der Lösung des Lenkungsproblems (effiziente Allokation) und der Freiheitssicherung ausgeht. Das letztere Ziel der Sicherung von Freiheit hat in der deutschen wettbewerbspolitischen Tradition eine besondere Bedeutung erfahren, insbesondere bei den Wettbewerbsjuristen. Dies ist vor allem auch stark von *Hoppmann* und seinem Konzept der Wettbewerbsfreiheit befördert worden, das von ihm auch als bewusste Alternative zu einem wohlfahrtsökonomischen Ansatz in der Wettbewerbspolitik entwickelt wurde. In der aktuellen wettbewerbspolitischen Diskussion auf europäischer Ebene hat sich durch den „more economic approach" die normative Diskussion stark auf die Konsumentenwohlfahrt zugespitzt und verengt. Der Schutz von Wettbewerbsfreiheit kommt in der ökonomischen Diskussion überhaupt nicht mehr vor und wird inzwischen primär hauptsächlich von Juristen vertreten.[1]

Aber auch hier liegt das eigentliche Problem tiefer. Meines Erachtens besteht das Hauptproblem darin, dass es bisher nicht wirklich überzeugend gelungen ist, Freiheitsargumentationen theoretisch konsistent in einen ökonomischen Analyserahmen zu integrieren. Auch das *Hoppmann*sche Konzept der Wettbewerbsfreiheit war diesbezüglich nicht erfolgreich. Dies ist aus meiner Perspektive aber bisher nicht nur der Ordnungsökonomik nicht gelungen, vielmehr ist dies ein generelles Problem in der Ökonomie. Besonders bedauerlich ist, dass auch in der „Law and Economics" diesbezüglich ein erhebliches Forschungsdefizit besteht, obwohl hier die Nähe zur Rechtswissenschaft (mit ihrer traditionell starken Betonung von Privatautonomie) eigentlich wesentlich stärker gegeben ist. Insofern ist es letztlich nicht erstaunlich, dass auch in der Wettbewerbspolitik Freiheits- und Wohlfahrtsargumentationen weitgehend unverbunden nebeneinander stehen – und sich wechselseitig mit Unverständnis und Misstrauen begegnen. Diese Problematik führt in der Ökonomie beispielsweise dazu, dass Privatautonomie (mit Privateigentum und Vertragsfreiheit) ausschließlich (!) als Instrument zur Wohlfahrtsmaximierung gesehen wird und keinen darüber hinausgehenden Wert in sich trägt. Im Übrigen ist es auch bedauerlich, dass in der „Law and Economics" bisher nicht genügend darüber nachgedacht wurde, wie Menschen- und Bürgerrechte (als normative Kernbestandteile moderner Rechtsordnungen) in einen ökonomisch konsistenten Analyserahmen integriert werden können. Meines Erachtens kann die Lösung aber nicht darin bestehen, sich dezisionistisch von vornherein für einen der beiden Ansätze (Freiheit oder Wohlfahrt) zu entscheiden, sondern einen theoretischen Weg zu suchen, wie Freiheitsargumentationen konsistent mit rigorosen ökonomischen Analysen verknüpft werden können. Hierzu ist jedoch erhebliche theoretische Grundlagenforschung nötig.

Die Konstitutionenökonomik könnte dazu eventuell einen Beitrag leisten.[2] Die grundlegende Herangehensweise der Konstitutionenökonomik, den Rechtsschutzstaat

---

[1] Zur aktuellen Diskussion über normative Ziele der europäischen Wettbewerbspolitik vgl. beispielsweise *Drexl* (2008).

[2] Vgl. ausführlicher *Kerber* (2008b); für eine konstitutionenökonomische Interpretation des Hoppmannschen Konzepts der Wettbewerbsfreiheit vgl. insbesondere *Vanberg* (2001).

als Ergebnis eines multilateralen Tausches zwischen den Bürgern mit ihren jeweiligen
Präferenzen und Werten zu rekonstruieren (*Brennan* and *Buchanan* 1985), kann auch
dafür verwendet werden, den Schutz individueller Freiheitsrechte als normatives Ziel
abzuleiten. Entscheidend ist dabei aber, dass eine solche Methodik eine differenzierende
normative Analyse erlaubt: Beispielsweise könnten die Bürger auf der konstitutionellen
Ebene sich darauf einigen, dass in bestimmte Kernbestandteile der persönlichen Freiheit
von Individuen und Grundrechte (fast) nie eingegriffen werden darf (wie im Konzept
der „liberalen Rechte"), während andere Freiheitsrechte wie die freie Berufswahl oder
die unternehmerische Freiheit nur bei gravierenden negativen Wirkungen für andere
(oder das Gemeinwohl) beschränkt werden dürfen. Bei einer dritten Gruppe von Freiheitsrechten könnte man sich aber darauf einigen, dass deren Ausgestaltung von einer
reinen wohlfahrtsökonomischen Analyse abhängig gemacht werden kann (z.B. nach
dem Gesamtwohlfahrtskonzept, d.h. dem *Kaldor-Hicks*-Kriterium, oder mit zusätzlichen Kompensationsbedingungen für die negativ Betroffenen). Das Ergebnis einer solchen Herangehensweise wäre eine komplexe Rechtsstruktur, die sich aus den Präferenzen und Werten der Bevölkerung rekonstruieren ließe, bei der verschiedene Typen von
(Handlungs-)Rechten existieren, die in unterschiedlichem Ausmaß einem wohlfahrtsökonomischen Kalkül unterliegen: Bestimmte Rechte würden überhaupt nie einem solchen Kalkül unterliegen ("Abwägungsverbote"), andere in begrenzter Form (z.B. durch
spezielle Gewichtungen) und dritte in reiner Form. Die normative Entscheidung, welche
Rechte welchem normativen Kalkül unterworfen sein sollten, würde aus konstitutionenökonomischer Perspektive durch Rückgriff auf die Präferenzen und Werte der Bürger
gelöst.

Eine solche Herangehensweise würde beispielsweise für die Wettbewerbspolitik
implizieren, dass die Frage, ob Konsumentenwohlfahrt das zentrale und einzige Ziel der
Wettbewerbspolitik sein soll oder ob auch andere Ziele (wie Freiheitssicherung) oder
Gesamtwohlfahrt zu berücksichtigen wären, selbst auf die Präferenzen und Werte der
Bürger zurückzubeziehen wäre. Welche Folgerungen sich hieraus für die konkreten
Ziele der Wettbewerbspolitik ergeben, muss hier offen bleiben. Ich bin allerdings der
Meinung, dass der konstitutionenökonomische Ansatz eine viel versprechende Argu-
mentationsperspektive bietet, um die Frage des Verhältnisses von Freiheitsrechten und
Wohlfahrt im Rahmen eines konsistenten ökonomischen Ansatzes besser als bisher zu
untersuchen und zu klären.

4. Komplexe Mehr-Ebenen-Ordnungen in einer globalisierten Welt

Sowohl die Ordnungsökonomik als auch die Konstitutionenökonomik sind ursprünglich eindeutig auf den Nationalstaat bezogen gewesen. Die Ordnungspolitik, die den
institutionellen Rahmen gestaltet, war als Politik eines Nationalstaates gedacht, ebenso
wie auch die Konstitutionenökonomik auf die Verfassung von Nationalstaaten abstellte.
Selbstverständlich wurde jenseits der Nationalstaaten immer das Problem des Welthan-
dels gesehen – aber primär als Problem der Durchsetzung von Freihandel gegenüber
protektionistischen Tendenzen der Nationalstaaten und weniger als Problem der Gestaltung eines umfassenden Systems der „Global Governance". In den letzten 20 Jahren hat
sich dagegen eine komplexe „Governance"-Struktur auf internationaler und globaler

Ebene entwickelt, die nicht mehr mit diesem Modell von Nationalstaaten und einer darüberliegenden Ebene von Regeln auf der Basis völkerrechtlicher Verträge zwischen den Nationalstaaten ausreichend analysiert werden kann. Vielmehr sind komplexe Mehr-Ebenen-Systeme von „Governance" und Regulierungen entstanden, die zusätzlich durch Wettbewerb zwischen Staaten und Rechts- und Regulierungssystemen sowie durch ein Nebeneinander von staatlichen und privaten Regulierungen geprägt sind. Dies bedeutet, dass drei Fragen zu beantworten sind, die gleichzeitig eng miteinander verknüpft sind: (1) Auf welcher jurisdiktionellen Ebene soll die Kompetenz für bestimmte Regeln und Regulierungen angesiedelt werden (global, EU, Nationalstaaten, Regionen)? (2) Inwieweit sollen die Jurisdiktionen bzw. Regeln oder Regulierungen auch im Wettbewerb zueinander stehen? (3) In welchem Umfang werden staatliche Lösungen benötigt, oder sind auch private Regulierungen ausreichend? Ein zusätzliches, sich stark ausbreitendes Phänomen sind extraterritoriale Auswirkungen nationaler Regulierungen (wie etwa des US-amerikanischen Sarbanes-Oxley Act).

Fragt man nun aus ordnungs- oder konstitutionenökonomischer Sicht nach dem institutionellen Rahmen für Märkte, so wird deutlich, dass die Regeln für Märkte von einer Fülle unterschiedlichster Institutionen auf verschiedenen jurisdiktionellen Ebenen gesetzt werden, d.h. diese Kompetenzen für Ordnungspolitik sind institutionell fragmentiert und nicht mehr primär beim Nationalstaat angesiedelt. In Europa sind sie stark zwischen der Ebene der EU-Mitgliedstaaten, der EU-Ebene sowie einer Fülle von Institutionen auf der internationalen Ebene aufgeteilt. Gleichzeitig entsteht das Phänomen, dass Regeln, die traditionell als institutioneller Rahmen für Märkte galten, jetzt selbst unter Wettbewerb geraten (Regulierungswettbewerb bzw. Wettbewerb zwischen Ordnungspolitiken). Dies ist mit der traditionellen Vorstellung eines Staates, der die Ordnung für Märkte setzt, zunächst einmal nicht vereinbar. Selbstverständlich gibt es seit den 1990er Jahren eine Anzahl von Versuchen, dieses Problem zu lösen. Die Literatur zum Systemwettbewerb bzw. institutionellen Wettbewerb, die einen eindeutig ordnungsökonomischen Hintergrund hat, hat in diesem Wettbewerb gerade ein Heilmittel dafür gesehen, bei nicht adäquat funktionsfähigen Ordnungen durch Wettbewerbsdruck einen Reformprozess in Gang zu setzen. Hier ist aber oft nicht genügend die alte ordnungsökonomische Grunderkenntnis einbezogen worden, dass ein positiv wirkender Wettbewerb immer selbst wieder unter Regeln verlaufen muss, so dass sich die Frage nach dessen Regeln stellt. Was entsteht, ist somit ein Ordnungsproblem (oder Verfassungsproblem) höherer Stufe, d.h. wie müssen die Regeln für einen Wettbewerb zwischen Ordnungen aussehen, damit tatsächlich mit positiven Wirkungen aus diesem Wettbewerb gerechnet werden kann. Dies erfordert eine umfassende Analyse der Wirkungsweisen von interjurisdiktionellem Wettbewerb bzw. Regulierungswettbewerb, von denen wir inzwischen wissen, dass deren Funktionsfähigkeit nicht einfach postuliert werden kann, sondern von der Art der Regulierung, einer Fülle konkreter Umstände und den übergeordneten Regeln für diesen Regulierungswettbewerb selbst abhängig ist.

Für die Ordnung (Konstitution) eines solchen Mehr-Ebenen-Systems von Ordnungen ist jedoch wesentlich mehr erforderlich als die Frage nach den Möglichkeiten und den Grenzen von Ordnungs- oder Regulierungswettbewerb. Mindestens genauso wichtig ist die Frage nach der adäquaten vertikalen Allokation von (ordnungspolitischen) Kompetenzen für rechtliche Regeln und Regulierungen, die eine differenzierte Analyse der jeweiligen vielfältigen Vor- und Nachteile von Zentralität und Dezentralität und damit oft die Lösung komplexer Trade off-Probleme erfordert.[3] Die Diskussion über die Durchsetzung der vier Grundfreiheiten in der EU (Binnenmarktproblem) zeigt dabei die Komplexität dieser Thematik: Wird dies einseitig als Problem des Abbaus von Handelshemmnissen interpretiert, landet man fast zwangsläufig über kurz oder lang bei einer (de facto-) Harmonisierung von rechtlichen Regeln und Regulierungen (auch bei Anwendung des Prinzips der wechselseitigen Anerkennung!), weil dann die vielfältigen Vorteile dezentraler Regulierungen ausgeblendet bleiben und eben nicht mit eventuellen Nachteilen durch Hemmnisse für den Handel durch unterschiedliche Regulierungen abgewogen werden (*Kerber* und *Van den Bergh* 2008). Noch gravierender sind die Forschungslücken in Bezug auf die konkreten rechtlichen Regeln für die horizontale und vertikale Abgrenzung der Kompetenzen zwischen den verschiedenen Rechtssystemen innerhalb eines solchen Mehr-Ebenen-Systems von Jurisdiktionen. In der Rechtswissenschaft werden diese Regeln als Kollisionsrecht (Internationales Privatrecht, conflicts of laws rules, choice of laws rules) bezeichnet. Fragt man aus einer ordnungs- oder konstitutionenökonomischen Perspektive nach den entscheidenden Regeln, die die Ordnung für das gesamte Mehr-Ebenen-System bestimmen und die in ihm ablaufenden Prozesse steuern, so sind es genau diese kollisionsrechtlichen Regeln in Kombination mit den Regeln, die die vertikalen Kompetenzen voneinander abgrenzen (*Muir Watt* 2003). Zur ökonomischen Analyse kollisionsrechtlicher Regeln gibt es erste Ansätze in der „Law and Economics",[4] eine ordnungs- oder konstitutionenökonomische Analyse ihrer Bedeutung und ihrer Wirkungen fehlt bisher fast vollständig.[5]

Gerade für den konstitutionenökonomischen Ansatz gibt es bei solchen Mehr-Ebenen-Systemen von Jurisdiktionen auch neue, bisher nicht adäquat thematisierte normative Fragen. Was sind die normativ relevanten Gruppen von Individuen, auf deren Konsens abzustellen ist? Im traditionellen Nationalstaatskonzept ist dies der Konsens der Bürger eines Staates, während die normative Geltung von internationalen Regeln wiederum aus dem Konsens der souveränen Staaten abgeleitet wird. Der als völkerrechtliche Vertrag konstruierte EG-Vertrag mit der daraus abgeleiteten Erfordernis einer einstimmigen Zustimmung aller Mitgliedstaaten zu seiner Abänderung ist hierfür ein klares Beispiel. In einem globalen Mehr-Ebenen-System, das aus der Perspektive der ökonomischen Clubtheorie auch als Club von Clubs verstanden werden kann und impliziert, dass jedes Individuum Bürger verschiedener Clubs ist (Kommune, Bundesland, Mitgliedstaat, EU, globale Ebene), ist nicht mehr von vornherein klar, auf welchen Konsens welcher Gruppe von Individuen es normativ bei Entscheidungen ankommt.

---

[3] Für die Analyse solcher Mehr-Ebenen-Jurisdiktionssysteme mit umfassenden Überblicken über die einschlägige Literatur vgl. *Feld* und *Kerber* (2006) und *Kerber* (2008c); für Anwendungen auf unterschiedliche Politikbereiche in der EU vgl. die Beiträge in *Heine* und *Kerber* (2007); aus einer stärker konstitutionenökonomischen Perspektive *Kirchner* (1998) und *Vanberg* (2004).

[4] Vgl. z.B. die Beiträge in *Basedow* and *Kono* (2006).

[5] Für eine Anwendung dieser Mehr-Ebenen-System-Perspektive unter Einbezug kollisionsrechtlicher Regeln auf die Wettbewerbspolitik vgl. *Budzinski* (2008).

Kommt es auf den Konsens (oder bestimmte qualifizierte Mehrheiten) aller EU-Bürger oder der EU-Mitgliedstaaten (mit jeweiligem Konsens der Bürger innerhalb dieser Staaten) an? Dieselbe Frage stellt sich auch auf globaler Ebene. Anders gefragt: Was ist jenseits der Individuen die spezielle normative Bedeutung von Gruppen von Individuen, die sich bis heute z.b. in dem Souveränitätsanspruch von Nationalstaaten (oder neuerdings von ethnisch definierten Gruppen) niederschlägt? Diese Problematik kann hier nicht weiter vertieft werden. Gerade aus einer konstitutionenökonomischen Perspektive, die ja von den Präferenzen und Werten der Bürger ausgeht, ist dies aber eine sehr wichtige Frage, die gleichzeitig eine zunehmende Brisanz in dem sich entwickelnden globalen Mehr-Ebenen-System von Jurisdiktionen gewinnt.

5. Folgerungen

Alle drei vorgestellten Forschungsfragestellungen haben gemeinsam, dass sie von zentralen Grundideen der Ordnungs- und Konstitutionenökonomik ausgehen. Bei der ersten Forschungsfrage ist es das ordnungspolitische Grundprinzip, dass Wirtschaftspolitik vor allem über die Etablierung von Regeln für Märkte erfolgen sollte. Die zweite Forschungsfrage über die Einbeziehung von individueller Freiheit in einen ökonomischen Analyserahmen zielt auf den Kern des ökonomischen Liberalismus, zu dessen zentralen Ansätzen gerade der Ordoliberalismus und die Konstitutionenökonomik gehören. Die dritte Forschungsfrage bezieht sich auf zentrale Fragen einer globalen Ordnung in der modernen hocharbeitsteiligen Weltwirtschaft. Ich bin sicher, dass die genannten ordnungs- und konstitutionenökonomischen Grundprinzipien hierbei auch in Zukunft von zentraler Bedeutung bleiben werden. Allerdings besteht in allen drei Fällen ein erheblicher Forschungsbedarf, um theoretisch und normativ mit den hochkomplexen Entwicklungen fruchtbar analytisch umgehen und somit Orientierung für wirtschaftspolitische Gestaltung bieten zu können.

Literatur

Basedow, J. and *T. Kono* (Hg.) (2006), An Economic Analysis of Private International Law, Tübingen.

Brennan, G., and *J.M. Buchanan* (1985), The Reason of Rules: Constitutional Political Economy, Cambridge.

Budzinski, O. (2008), The Governance of Global Competition: Competence Allocation in International Competition Policy, Cheltenham.

Christiansen, A. and *W. Kerber* (2006), Competition Policy with Optimally Differentiated Rules Instead of "Per se Rules vs. Rule of Reason", in: Journal of Competition Law and Economics, Vol. 2 (2), pp. 215-244.

Drexl, J. (2009), Wettbewerbsverfassung, erscheint in: A. von Bogdandy (Hg.), Europäisches Verwaltungsrecht, 2. Aufl., Berlin.

Eucken, W. (1952), Grundsätze der Wirtschaftspolitik, Bern-Tübingen.

Feld, L.P. und *W. Kerber* (2006), Mehr-Ebenen-Jurisdiktionssysteme: Zur variablen Architektur von Integration, in: *Uwe Vollmer* (Hg.), Ökonomische und politische Grenzen von Wirtschaftsräumen, Berlin, S. 109-146.

Heine, K. und *W. Kerber* (Hg.) (2007), Zentralität und Dezentralität von Regulierung in Europa, Stuttgart.

Hoppmann, E. (1968), Zum Problem einer wirtschaftspolitisch praktikablen Definition des Wettbewerbs, in: *H. K. Schneider* (Hg.), Grundlagen der Wettbewerbspolitik, Berlin, S. 9 - 49; wiederabgedruckt in: *E. Hoppmann.* (Hg.), Wirtschaftsordnung und Wettbewerb, Baden-Baden 1988, S. 235-275.

Kaplow, L. (2000), General Characteristics of Rules, in: *B. Bouckaert* and *G. DeGeest* (eds.), Encyclopedia of Law and Economics, Vol. V, Cheltenham, pp. 502-528.

Kerber, W. (2008a), "Rules vs. Standards" or Standards as Delegation of Authority for Making (Optimally Differentiated) Rules, in: *T. Eger* u.a. (ed.), Internalization of the Law and its Economic Analysis, Wiesbaden, pp. 489-498.

Kerber, W. (2008b), Should Competition Law Promote Efficiency? Some Reflections of an Economist on the Normative Foundations of Competition Law, erscheint in: *J. Drexl, L., Idot* and *J. Moneger* (eds.), Economic Theory and Competition Law, Cheltenham.

Kerber, W. (2008c), European System of Private Laws: An Economic Perspective, in: *F. Cafaggi* and *H. Muir Watt* (eds.), The Making of European Private Law, Cheltenham, pp. 64-97.

Kerber, W. and *R. Van den Bergh* (2008), Mutual Recognition Revisited: Misunderstandings, Inconsistencies, and a Suggested Reinterpretation, in: Kyklos, Vol. 61, pp. 447-465.

Kirchner, C. (1998), The Principle of Subsidiarity in the Treaty of European Union: A Critique from the Perspective of Constitutional Economics, in: Tulane Journal of International and Comparative Law, Vol. 6, pp. 291-308.

Kirchner, C. (2008), Ordungsökonomik und *constitutional economics*, in: *A. Schüller* und *S. Voigt* (Hg.), Von der Ordungstheorie zur Institutionenökonomik: Rückblick und Entwicklungsoptionen eines Marburger Forschungsprogramms, Stuttgart, S. 87-107.

Muir Watt, H. (2003), Choice of Law in Integrated and Interconnected Markets: A Matter of Political Economy, in: The Columbia Journal of European Law, Vol. 9, pp. 383-409.

Vanberg, V. (2001), Konstitutionenökonomische Überlegungen zum Konzept der Wettbewerbsfreiheit, in: ORDO, Bd. 52, S. 37-62.

Vanberg, V. (2004), Bürgersouveränität und wettbewerblicher Föderalismus: Das Beispiel der EU, in: *Wolf Schäfer* (Hg.), Zukunftsprobleme der europäischen Wirtschaftsverfassung, Berlin, S. 51-86.

Vanberg, V. (2005), Market and State: The Perspective of Constitutional Political Economy, in: Journal of Institutional Economics, Vol. 1, pp. 23-49.

Voigt, S. and *A. Schmidt* (2005), Making European Merger Control More Predictable, Dordrecht.

Alfred Schüller und Stefan Voigt (Hg.), Von der Ordnungstheorie zur Institutionenökonomik
Schriften zu Ordnungsfragen der Wirtschaft · Band 90 · Stuttgart · 2008

Ordnungsökonomik und Rechtsökonomik[*]

Thomas Eger

Inhalt

---

[*] Für wertvolle Hinweise danke ich den Teilnehmern des Marburger Workshops „Ordnungsökonomik und ...", insbesondere aber meinem Korreferenten Prof. Dr. *Dieter Schmidtchen.*
Alle verbleibenden Irrtümer gehen selbstverständlich zu meinen Lasten.

1. Einleitung

Die Ordnungsökonomik hat ihren Ursprung in der Kooperation zwischen einem
Ökonomen (*Walter Eucken*) und zwei Juristen (*Franz Böhm* und *Hans Grossmann-
Doerth*), die in den 1930er Jahren in Freiburg den Ordoliberalismus ins Leben riefen.
Die Ordoliberalen eint letztlich das Ziel, eine „gute Wirtschaftsordnung" zu konzipieren
und durch einen starken Gesetzgeber, der sich jeglicher punktueller Interventionen zu
Gunsten gut organisierter Sonderinteressen enthält, zu etablieren und funktionsfähig zu
erhalten. *Eucken* (1952/1990, S. 365) sieht in der „Wettbewerbsordnung" (im Unterschied zur Zentralverwaltungswirtschaft) insofern eine „gute Wirtschaftsordnung", als
sie „...[d]en spontanen Kräften der Menschen zur Entfaltung ... [verhilft] und zugleich
dafür ... [sorgt], dass sie sich nicht gegen das Gesamtinteresse wenden", und hat in seinem posthum erschienenen Werk „Grundsätze der Wirtschaftspolitik" eine Reihe von
Grundsätzen entwickelt, die eine Wettbewerbsordnung ausmachen. Hierbei handelt es
sich zum einen um die *konstituierenden Prinzipien*: Herstellung eines funktionsfähigen
Preissystems vollständiger Konkurrenz, Primat der Währungspolitik, offene Märkte,
Privateigentum, Vertragsfreiheit, weitgehend vollständige Haftung und Konstanz der
Wirtschaftspolitik, zum anderen um die *regulierenden Prinzipien*: Monopolaufsicht,
Einkommenspolitik, Korrektur der Wirtschaftsrechnung und Festsetzung von Mindest-
löhnen bei anomalem Arbeitsangebot. Diese Prinzipien haben ganz überwiegend immer
noch eine hohe Aktualität, auch wenn in Einzelfällen – wie beispielsweise die vollstän-
dige Konkurrenz als Leitbild der Wettbewerbspolitik und die starke Skepsis gegenüber
Haftungsbeschränkungen – die Mehrheit der Ökonomen das heute anders sehen dürfte.

Die Rechtsökonomik beschreibt eine spezifische Methode der Kooperation zwischen
Juristen und Ökonomen und beschäftigt sich mit der Frage, wie Menschen auf bestimmte Rechtsnormen reagieren und wie bestimmte Rechtsnormen sich auf wichtige gesellschaftliche Werte wie Effizienz und Gerechtigkeit auswirken. Sie hat ihren Ursprung in
den späten 1940er Jahren an der Universität Chicago, hat sich in den 1960er Jahren in
den USA rapide entwickelt, wurde seitdem ständig verfeinert und ausdifferenziert und
hat sich mittlerweile weltweit verbreitet (*Parisi/Rowley* 2005).

Im folgenden werde ich kurz den Gegenstand der Rechtsökonomik beschreiben (1),
verschiedene Ansätze, die sich dieser Methode bedienen, vorstellen (2), einige interessante Anwendungen der Rechtsökonomik erläutern (3) und abschließend einige Gründe
dafür anführen, warum die Ordnungsökonomik die Zusammenarbeit mit Rechtsökonomen suchen sollte (4).

2. Gegenstand der Rechtsökonomik

Die Ökonomik bietet dem an Rechtsfragen Interessierten eine wissenschaftliche
Theorie an, die erklärt, wie die erwarteten Rechtsfolgen einer Handlung diese und andere Handlungen systematisch beeinflussen. Sie geht davon aus, dass Individuen systematisch zwischen Handlungsalternativen zu wählen haben, dass sie diese Handlungsalternativen anhand der erwarteten Konsequenzen bewerten und dass sie sich für die Alternative mit dem höchsten Nutzen bzw. den geringsten Alternativkosten entscheiden

(*Weise/Brandes/Eger/Kraft* 2005). Für die Rechtsökonomik ist die Erkenntnis leitend, dass rechtliche Sanktionen ähnlich wie Preise menschliche Handlungen mit Kosten belegen und dass insofern erwartet werden kann, dass Menschen auf Änderungen rechtlicher Sanktionen ähnlich reagieren wie auf Änderungen der relativen Preise. Man macht aus diesem Grund mathematisch exakte Theorien (wie die Preistheorie und die Spieltheorie, aber auch verhaltenswissenschaftliche Ansätze) sowie empirische Methoden (wie die Statistik und die Ökonometrie) für die Analyse der Wirkungen spezifischer Rechtsnormen auf individuelles und kollektives Verhalten nutzbar (vgl. etwa *Cooter/Ulen* 2007).

Die Grundidee der Rechtsökonomik besteht somit darin, dass Rechtsnormen keineswegs einen „Rahmen" darstellen, innerhalb dessen sich die ökonomischen Gesetzmäßigkeiten abspielen, sondern dass Rechtsnormen vielmehr Verhalten strukturieren, so wie auch Preise Verhalten strukturieren. (Vielleicht liefert die Rechtsökonomik insofern auch einen Beitrag zur Klärung des *Eucken*'schen Problems der „Interdependenz der Ordnungen").

Diese Grundidee lässt sich in zweierlei Hinsicht nutzbar machen:

1. *Positive Analyse:* Wie reagieren Menschen auf bestimmte Rechtsnormen? Aus welchen Motiven heraus und über welche Mechanismen tragen Menschen zur Entstehung und Veränderung von Rechtsnormen bei?

2. *Normative Analyse:* Wie wirken bestimmte Rechtsnormen auf wichtige gesellschaftliche Werte wie Effizienz und Gerechtigkeit?

Tatsächlich haben Rechtsnormen häufig ganz andere Wirkungen, als es den Anschein hat und als es vom Gesetzgeber beabsichtigt war. Die Rechtsökonomik hilft, (1) Wirkungen von Rechtsnormen, die aus der Anpassung der Menschen an die (erwarteten) Rechtsfolgen bestehen, sichtbar zu machen, (2) alternative rechtliche Methoden, bestimmte Probleme zu lösen, zu identifizieren und anhand ihrer erwarteten Wirkungen zu vergleichen und zu bewerten sowie (3) Unterschiede und Gemeinsamkeiten verschiedener Rechtsordnungen zu analysieren.

Ich möchte im Folgenden anhand einiger Beispiele verdeutlichen, wie die rechtsökonomische Forschung unser Verständnis von Rechtsnormen veränderte:

— So lässt sich beispielsweise zeigen, dass eine verschuldensunabhängige *Haftung für Produktmangelfolgeschäden* nicht notwendig zu einer Verbesserung der Lage der Konsumenten führt. Es ist vielmehr zu beachten, dass umfangreiche Ansprüche der Konsumenten gegenüber den Produzenten für letztere mit höheren Kosten verbunden sind, die tendenziell über die Preise an die Konsumenten weitergegeben werden. Aus der Sicht der Konsumenten geht es letztlich um die Frage, ob es besser ist, ein Risiko, das mit dem Kauf und Konsum eines Gutes verbunden ist, selbst zu tragen, oder sich über den höheren Preis gezwungenermaßen gegen dieses Risiko zu versichern. Die ökonomische Analyse zeigt, dass eine verschuldensunabhängige Produzentenhaftung tatsächlich im wohlverstandenen Interesse der Konsumenten liegt, wenn man davon ausgehen kann, dass diese relativ homogen sind, dass sie schlecht über das entsprechende Risiko informiert sind, dass sie wenig Möglichkeiten haben, das Risiko durch ihr eigenes Konsumverhalten zu beeinflussen, und dass sie vergleichsweise stark risikoavers sind (bzw. sich nur zu vergleichsweise hohen Prämien versichern können). Sind die Konsumenten demgegenüber heterogen, sind sie relativ gut über das entsprechende Risiko informiert, können sie das Risiko in relativ starkem Maße durch ihr eigenes Verhalten beeinflussen und sind sie vergleichsweise wenig risikoavers, so führt eine verschuldensunabhängige Produzentenhaftung dazu, dass Konsumenten gezwungen werden, eine Versicherung abzuschließen, die sie zu den angebotenen Konditionen gar nicht haben wollen, und dass Konsumenten mit geringen erwarteten Schäden gezwungen werden, solche mit hohen erwarteten Schäden zu subventionieren – was zu dem unbeabsichtigten Ergebnis führt, dass die armen und vorsichtigen Konsumenten für die Schäden der reichen und unvorsichtigen Konsumenten mithaften (*Oi* 1973, *Adams* 1987)

– Das seit 2002 geltende *neue Schuldrecht* – eine Umsetzung der EG-Verbrauchsgüterkaufrichtlinie 1999/44/EG – sieht unter anderem vor, dass der in der bisherigen Praxis übliche Ausschluss jeglicher Gewährleistung bei gebrauchten Gütern nicht mehr zulässig ist, sondern dass die nicht abdingbaren Gewährleistungsansprüche des Käufers erst nach mindestens einem Jahr verjähren. Die Folge ist, wie die theoretische Analyse erwarten lässt und empirische Befunde bestätigen, dass es für Autohändler extrem unattraktiv geworden ist, mit älteren Gebrauchtwagen zu handeln. Wie haben sie wohl reagiert? Die Händler haben ihre Bestände an alten Gebrauchtwagen im Vorgriff auf die Umsetzung der Richtlinie an Konsumenten außerhalb der EU verkauft und sind äußerst zurückhaltend, ältere Gebrauchtwagen in Zahlung zu nehmen. Ältere Gebrauchtwagen werden heute praktisch nicht mehr über Händler, sondern fast ausschließlich von privat an privat verkauft, wo die Mindestgewährleistungspflicht nicht greift. Ob der Konsumentenschutz durch die neue Vorschrift verbessert wurde, ist somit zumindest zweifelhaft (*Kirstein/Schäfer* 2007).

– Weiterhin lässt sich anhand ökonomischer Modelle zeigen, dass eine geringe Befriedigungsquote ungesicherter Gläubiger im *Insolvenzfall* weder ein Effizienzproblem noch ein Gerechtigkeitsproblem generiert, wenn die Kreditgeber dies zum Zeitpunkt der Kreditvergabe antizipieren und durch eine entsprechende Risikoprämie in Rechnung stellen können. Probleme ergeben sich lediglich bei nicht-antizipierenden Gläubigern, wie insbesondere Deliktsgläubigern, da hier eine geringe Befriedigungsquote dem Schuldner eine Externalisierung von Risiken ermöglicht (*Bigus/Eger* 2004).

– In den 1980er Jahren erfuhr das *Gesellschaftsrecht* in den USA eine Revolution, die letztlich dem jahrzehntelangen hartnäckigen Wirken von Rechtsökonomen zu danken ist (*Romano* 2005) und inzwischen auch die europäischen Rechtsordnungen erreicht hat. Heute sind sich die maßgeblichen Gesellschaftsrechtler international weitgehend darüber einig, dass bei allen nationalen Unterschieden im Detail das Gesellschaftsrecht insbesondere der Lösung von drei grundlegenden Problemen dient (*Kraakman* et al. 2004): (1) Opportunismus seitens der Manager gegenüber den Anteilseignern, (2) Opportunismus seitens kontrollierender Anteilseigner gegenüber Minderheitsanteilseignern, (3) Opportunismus seitens der Anteilseigner insgesamt gegenüber Gläubigern, Beschäftigten und sonstigen Anspruchsinhabern. Die Rechtsökonomik führte in diesem Bereich beispielsweise zu neuen Einsichten bezüglich der Vor- und Nachteile des Systems der beschränkten Haftung im Gesellschaftsrecht (*Adams*

1991) und der Vor- und Nachteile einer konsequenten Anwendung des Proportionalprinzips „one share – one vote" (*Hertig/Lüchinger* 2007).

– Die Rechtsökonomik hat auch dazu beigetragen, ein tieferes Verständnis hybrider Formen sozialer Kooperation, wie beispielsweise des Franchising, zu entwickeln (*Schanze* 1993). Die hiermit verbundenen *komplexen Langfristverträge* enthalten typischerweise Nicht-Standardklauseln, die häufig als Zeichen der Ausübung von Macht und Beschränkung des Wettbewerbs missverstanden wurden. Die Rechtsökonomik hilft zu verstehen, dass viele dieser Nicht-Standardklauseln dazu dienen, opportunistisches Verhalten der Vertragsparteien zu unterbinden und dadurch zu einem effizienten Wirtschaften beizutragen, und gibt darüber hinaus Hilfestellung, die Kooperationsrente maximierende komplexe Verträge zu entwerfen (Eger 1995).

– Ganz neue Probleme der Gestaltung und Bewertung von Rechtsnormen resultieren aus der zunehmenden *Internationalisierung und Globalisierung wirtschaftlicher Transaktionen*. Bleiben die Rechtsnormen unter diesen Bedingungen national, so werden Unterschiede in den nationalen Rechtsnormen schnell zum künstlichen Hindernis grenzüberschreitender Transaktionen (*Schmidtchen/Schmidt-Trenz* 1990: „The division of labour is limited by the extent of law".). Die Rechtsökonomik macht deutlich, dass aus normativer Sicht letztlich ein Trade-off besteht zwischen den Vorteilen freizügiger grenzüberschreitender Transaktionen und – insbesondere bei der Bekämpfung von Marktversagen durch öffentlich-rechtliche Regulierung – den Vorteilen einer Rechtspolitik, die sich an den spezifischen Präferenzen der nationalen Bevölkerung orientiert. Die ökonomische Theorie des Föderalismus bietet hier ein Instrumentarium an, die optimale Ebene der Gesetzgebung zu bestimmen: Während steigende Skalenerträge und Spillovers für eine Zentralisierung (Harmonisierung) der Gesetzgebung sprechen, begründen heterogene Präferenzen der betroffenen Bevölkerung eine Dezentralisierung der Gesetzgebung und damit auch Unterschiede in den nationalen Rechtsnormen. Im letzteren Fall kann die Behinderung grenzüberschreitender Transaktionen durch wechselseitige Anerkennung der nationalen Rechtsnormen beseitigt oder zumindest reduziert werden, oder sie kann bewusst in Kauf genommen werden, um die autonome Gestaltungsmöglichkeit der nationalen Gesetzgeber im Interesse der eigenen Bevölkerung nicht zu gefährden. Aus positivanalytischer Sicht geht es insbesondere um die Frage, unter welchen Bedingungen die autonome Gestaltungsmöglichkeit der nationalen Gesetzgeber zu einem „Wettbewerb der Jurisdiktionen" führt und ob ein derartiger Wettbewerb die nationalen Gesetzgeber daran hindert, die Sonderinteressen gut organisierter Gruppen zu Lasten der Allgemeinheit zu befördern (Wettbewerb der Jurisdiktionen als „race to the top"), oder ob er die Kosten für die nationalen Gesetzgeber erhöht, eine effiziente Politik der Bekämpfung von Marktversagen durchzuführen (Wettbewerb der Jurisdiktionen als „race to the bottom") (vgl. zu derartigen Fragen beispielsweise *Kirchner* 1997, *Apolte* 1999, *Kieninger* 2002 und *Sinn* 2003).

Seit einigen Jahren befasst sich die Rechtsökonomik auch verstärkt mit dem Völkerrecht (vgl. etwa *Sykes* 2004, *van Aaken* 2005, *Guzman* 2007). Hierbei geht es unter anderem um die Fragen, inwiefern sich Staaten als Völkerrechtssubjekte sinnvoll als rationale Akteure beschreiben lassen, wie sich völkerrechtliche Normen bei Fehlen eines Weltgewaltmonopols durchsetzen lassen, in welchem Zusammenhang die Globalisierung der wirtschaftlichen Transaktionen und der Schutz der Menschenrechte in den beteiligten Staaten stehen u.a.m.

3. Ansätze der Rechtsökonomik

Nun mag der ein oder andere Ordnungsökonom die Rechtsökonomik mit einer gewissen Skepsis betrachten, scheint sie doch nahezulegen, sich zum Sozialtechniker aufzuschwingen, der Kosten und Nutzen alternativer Gesetzesprojekte unter Berücksichtigung aller Folgewirkungen gegeneinander abwägt und sich dabei ein Wissen anmaßt, über das er gar nicht verfügt. Dies kann durchaus geschehen, ist aber nicht notwendig mit der Methode der Rechtsökonomik verbunden (vgl. zum folgenden *Parisi* 2005).

Am ehesten ließe sich diese Skepsis möglicherweise gegenüber Vertretern der „Yale school of law and economics" in der Tradition von *Guido Calabresi* begründen, die einen relativ großen Bedarf rechtlicher Interventionen zur Korrektur von Marktversagen konstatiert und die aus diesem Grund dem Gesetzgeber die Anwendung der Rechtsökonomik zur Suche nach dem „guten" Recht empfiehlt.

Richard Posner, der der „Chicago School" zuzuordnen ist und nicht nur zu den Gründervätern der Rechtsökonomik zählt, sondern auch vermutlich einer ihrer einflussreichsten Vertreter ist, verfolgte zumindest in den 1970er Jahren einen völlig anderen Ansatz. *Posner* ging davon aus, dass das Common Law System in einem evolutorischen Prozess systematisch effiziente Rechtsnormen generiert und dass die Aufgabe der Rechtsökonomik darin besteht, den Effizienzgehalt dieser Normen zu erklären.

Seit den 1990er Jahren hat ein anderer Ansatz an Boden gewonnen, der auch als „functionalist approach" gekennzeichnet wird und systematisch Erkenntnisse der Public-Choice-Theorie in die Rechtsökonomik integriert. Dieser Ansatz sieht die beiden anderen Ansätze kritisch. Zum einen sind die Vertreter des funktionalistischen Ansatzes äußerst pessimistisch, was die Möglichkeit anbelangt, die Rechtsökonomik dazu zu nutzen, direkte Kosten-Nutzen-Vergleiche individueller Gesetzesentwürfe vorzunehmen. Zum anderen halten sie aber auch nichts von der Hypothese, dass das Common Law System systematisch effiziente Rechtsnormen generiert. Sie schlagen daher vor, das Augenmerk stärker auf die Bedingungen und die Anreize zu richten, unter denen die fraglichen Rechtsnormen produziert werden, und Richterrecht, Gesetzesrecht und Verwaltungsverordnungen unter diesem Gesichtspunkt einer Effizienzanalyse zu unterziehen.

4. Anwendungsbereiche der Rechtsökonomik

Aus meiner Sicht liegen fruchtbare Anwendungsmöglichkeiten der Rechtsökonomik insbesondere in drei Bereichen:

1) Optimale Ebene der Rechtssetzung und -fortbildung
2) Optimale Form der Rechtsdurchsetzung
3) Bildung von ökonomisch begründeten Fallgruppen bzw. Ermöglichung effizienter Trade-offs im materiellen Recht.

Diskutieren wir die drei Bereiche etwas näher:

4.1. Optimale Ebene der Rechtssetzung und -fortbildung

Da ich das Problem der optimalen Ebene der Gesetzgebung in einem föderativen System bereits an anderer Stelle diskutiert habe (siehe Kapitel 1), möchte ich an dieser Stelle ein Problem thematisieren, das seit Anfang der 1990er Jahre in der rechtsökonomischen Diskussion verstärkte Aufmerksamkeit gefunden hat: das Problem der Wahl zwischen „rules" und „standards". Ein Gesetz kann sehr präzise Vorschriften („rules") enthalten, die im konkreten Rechtsstreit den Gerichten nur wenig Gestaltungsspielraum eröffnen und einfach anzuwenden sind. Sind die juristischen Kompetenzen in einem Land sehr knapp, so empfiehlt es sich, die wenigen qualifizierten Juristen in der Gesetzgebung zu beschäftigten und präzise Vorschriften auszuarbeiten, die von den zuständigen Behörden und, im Konfliktfall, den zuständigen Gerichten leicht umzusetzen sind. Dies erleichtert auch den Kampf gegen Korruption bei Behörden und Gerichten, wenn diese ein Problem darstellt. Unter derartigen Bedingungen ist der Preis, der für ein solches System zu zahlen ist, nämlich hohe Kosten der Ausarbeitung von Gesetzen und ein hohes Maß an Inflexibilität dieser Gesetze in einer veränderlichen Welt, ökonomisch zu rechtfertigen. Andererseits wird ein Land, das über eine breite Basis gut ausgebildeter Juristen verfügt und in dem das Problem der Korruption von Richtern und Verwaltungsbeamten vernachlässigbar ist, sinnvoller Weise Gesetze erlassen, die einen großen Anteil von Generalklauseln enthalten, welche den Verwaltungsbeamten und Richtern einen erheblichen Gestaltungsspielraum eröffnen („standards"). Hier lassen sich Kosten der Gesetzgebung und der Inflexibilität von Rechtsnormen einsparen, ohne befürchten zu müssen, dass diesen Einsparungen unverhältnismäßig höhere volkswirtschaftliche Verluste aus der Tätigkeit unfähiger oder korrumpierter Verwaltungsbeamter oder Richter gegenüberstehen (*Kaplow* 1992, *Schäfer* 2006).

4.2. Optimale Form der Rechtsdurchsetzung

Das (zivilrechtliche) Haftungsrecht lässt sich als funktionales Äquivalent zur öffentlich-rechtlichen Regulierung verstehen, und der Rechtsvergleich zwischen Kontinentaleuropa einerseits und den USA andererseits macht deutlich, dass sich die gleichen Steuerungsziele grundsätzlich durch ein stärkeres Gewicht öffentlich-rechtlicher Regulierung oder durch eine größere Bedeutung zivilrechtlicher Schadensersatz- und Unterlassungsansprüche erreichen lassen. Am Beispiel des Kartellrechts lässt sich darüber hinaus zeigen, dass sich die gleiche Rechtsnorm (wie beispielsweise ein Kartellverbot) stärker öffentlich, auf Initiative von Wettbewerbsbehörden, oder stärker privat, auf Initiative der Opfer von Verletzungen des Kartellrechts, durchsetzen lässt. Gegenwärtig versucht die Europäische Kommission, die Bedeutung der privaten Durchsetzung des europäischen Kartellrechts durch Schadensersatzklagen seitens der Opfer von Kartellrechtsverletzungen zu erhöhen und sich damit der US-amerikanischen Praxis anzunähern (vgl. etwa *Wagner* 2007).

Die Rechtsökonomik hat deutlich gemacht, dass die Effizienz der Zivilklage generell davon abhängt, inwieweit es gelingt, private und gesellschaftlich wünschenswerte Anreize einer Klage in Übereinstimmung zu bringen. In idealtypischer Sicht hat der Zivilprozess gewisse Ähnlichkeiten mit der von *Adam Smith* beschriebenen „unsichtbaren Hand" des Marktmechanismus. In beiden Fällen divergieren die privaten Motive der Akteure und deren gesellschaftliche Funktion. Der Bäcker verkauft Brötchen, um Geld zu verdienen (privates Motiv), versorgt dadurch aber auch die Bevölkerung mit Nahrungsmitteln (gesellschaftliche Funktion). Das Opfer einer rechtswidrigen Handlung geht vor Gericht, um einen Ausgleich für den erlittenen Schaden zu erhalten (privates Motiv), trägt aber dadurch auch dazu bei, dass die potentiellen Schädiger in Erwartung zukünftiger Schadensersatzklagen mehr Sorgfalt walten lassen und dass insgesamt weniger Schäden entstehen (gesellschaftliche Funktion).

Typischerweise weichen allerdings die privaten und die gesellschaftlich gewünschten Klageanreize systematisch voneinander ab, da nicht alle sozialen Kosten und Erträge von dem Kläger internalisiert werden (*Shavell* 1982). Wird zuwenig geklagt, so dass eine Unterabschreckung von Rechtsverletzungen resultiert, so können die individuellen Klageanreize beispielsweise durch die Zulassung von Sammel- und Verbandsklagen, durch Prozesskostenbeihilfe, durch die Ermöglichung von Strafschadensersatz, durch Beweiserleichterungen für die Kläger u.a.m. erhöht werden. Ein zu großzügiger Umgang mit diesen Instrumenten kann allerdings auch dazu führen, dass zu viel geklagt wird und eine Überabschreckung von risikogeneigten Handlungen resultiert.

4.3. Effiziente Trade-offs im materiellen Recht

Rechtsökonomen bewerten Gesetze und höchstrichterliche Urteile daran, welche erwarteten Wirkungen auf das Verhalten der betroffenen Akteure ausgehen und wie dadurch gesellschaftliche Werte wie Effizienz und Gerechtigkeit beeinflusst werden. Dabei wird aber nicht der Anspruch erhoben, alle Wirkungen und Nebenwirkungen eines Gesetzes oder eines Urteils ex ante in allen Einzelheiten voraussagen zu können. Dies würde ein Wissen erfordern, über das kein Gesetzgeber und kein Rechtsökonom verfügt. Es ist aber trotz aller Beschränkungen des Wissens möglich, Aussagen darüber zu treffen, welche Wirkungen bestimmte Elemente einer Rechtsnorm bei bestimmten Fallkonstellationen typischerweise erwarten lassen.

Nehmen wir als Beispiel den Konsumentenschutz. Ist ein Konsument gut oder zumindest nicht systematisch schlechter als der Verkäufer über die Qualität der Ware oder Dienstleistung informiert, so ist ein zwingendes Kaufrecht im günstigsten Fall überflüssig, im weniger günstigen Fall dagegen nicht im wohlverstandenen Interesse des Konsumenten. Letzterer ist dann gegeben, wenn das zwingende Kaufrecht Mindeststandards definiert und damit den Preis der Leistung in die Höhe treibt, obwohl der Konsument eine schlechtere Qualität zu einem niedrigeren Preis bevorzugen würde. Ist der Konsument demgegenüber systematisch schlechter als der Verkäufer informiert und ist davon auszugehen, dass die Präferenzen der Konsumenten bezüglich der relevanten Qualitätseigenschaften relativ homogen sind, so können zwingende kaufrechtliche Normen den Abschluss wechselseitig vorteilhafter Verträge erleichtern und somit die Arbeitsteiligkeit und Effizienz der Volkswirtschaft steigern.

Während man davon ausgehen kann, dass zumindest ein kommerzieller Verkäufer relativ gut über die relevanten Qualitätseigenschaften der Ware oder Dienstleistung informiert ist, wird der Kenntnisstand des Konsumenten systematisch mit den Eigenschaften der Waren und Dienstleistungen sowie mit der Professionalität des Konsumenten variieren (*Shavell* 1987, p. 54 f.). Über „Inspektionseigenschaften" wie äußere Beschaffenheit eines Apfels oder Design eines Pullovers ist der Konsument sehr gut informiert, über „Erfahrungseigenschaften" wie die Reparaturanfälligkeit von Autos und Waschmaschinen ist insbesondere der Konsument, der derartige Waren relativ selten kauft, deutlich schlechter informiert, und über „Vertrauenseigenschaften" wie die Qualität einer ärztlichen Behandlung ist er am schlechtesten informiert. „Kommerzielle Konsumenten", die kontinuierlich große Mengen kaufen und darin geschult sind, Qualitäten zu vergleichen, sind typischerweise recht gut über die Qualität der Ware oder Dienstleistung informiert, während „nicht-kommerzielle Konsumenten" , die viele unterschiedliche Güter relativ selten und in kleinen Mengen kaufen, typischerweise schlecht informiert sind. Die ökonomische Analyse erleichtert hier die Bildung von Fallgruppen, um diejenigen Konstellationen herauszufiltern, bei denen ein zwingender Konsumentenschutz geboten ist.

Ein weiteres Beispiel ist die bis heute strittige Frage des Ersatzes reiner Vermögensschäden im Deliktsrecht. Standardbeispiel für reine Vermögensschäden ist der vorübergehende Produktionsausfall einer Fabrik infolge der Beschädigung eines Stromkabels bei Straßenarbeiten. In Deutschland werden derartige Schäden bislang im Allgemeinen nicht ersetzt. Die Rechtsökonomik stellt hier ein Instrumentarium zur Verfügung, die verschiedenen Fallkonstellationen zu systematisieren und zu bestimmen, wann ein Ersatz reiner Vermögensschäden aus ökonomischer Sicht geboten ist. (Ein guter Überblick über den Stand der Diskussion findet sich bei *Dari-Mattiacci/Schäfer* 2007).

Die Rechtsökonomik erleichtert es aber auch dem Richter, gewisse Entscheidungsspielräume, die ihm der Gesetzgeber einräumt, sinnvoll zu nutzen (zur Analyse der Rechtsprechung des BGH aus rechtsökonomischer Sicht siehe *Kötz/Schäfer* 2003). Interessanterweise war es ein amerikanischer Bundesrichter, Judge *Learned Hand*, der sich 1947 bei der Klärung der Frage, ob der beklagte Eigentümer einer Barke, die sich bei einem Sturm aus der Vertäuung gelöst und dabei erhebliche Schäden an anderen, sich im New Yorker Hafen befindenden Schiffen angerichtet hatte, fahrlässig gehandelt habe, erstmals einer ökonomischen Betrachtung bediente. Im Unterschied zum Kläger, der sich auf Präzedenzfälle berief, betonte *Learned Hand*, dass es hier keine allgemeine Regel gebe, sondern dass zu untersuchen sei, ob im konkreten Einzelfall der Vorsorgeaufwand, den der Beklagte hätte unternehmen müssen, um den Schaden zu verhindern, größer oder kleiner war als der tatsächlich eingetretene Schaden multipliziert mit der Wahrscheinlichkeit seines Eintretens.

5. Ausblick: Rechtsökonomik und Ordnungsökonomik

Warum sollte sich der Ordnungsökonom mit der Rechtsökonomik beschäftigen? Mir fallen hierzu spontan insbesondere die folgenden Punkte ein:

− Ordnungspolitische Gestaltungsempfehlungen richten sich zu einem großen Teil an den Gesetzgeber, also an Juristen. Ohne ein Gespür für die spezifische Systematik des Rechts hat man nur geringe Chancen, von den Juristen erhört zu werden und ökonomisches Gedankengut in den Gesetzgebungsprozess einzuspeisen.

– Ordnungspolitische Reformen in Transformations- und Entwicklungsländern stoßen immer dann auf Probleme, wenn man versucht, Gesetze, die sich in anderen Ländern als erfolgreich erwiesen haben, im Verhältnis 1 : 1 zu übertragen. Neuere Arbeiten zur Rechtsvergleichung machen beispielsweise deutlich, dass das „verpflanzte Recht" nur dann im Bestimmungsland wirksam wird, wenn es so an die spezifischen Bedingungen angepasst wird, dass die Adressaten auch einen Anreiz haben, das Recht zu nutzen (*Berkowitz/Pistor/Richard* 2003).

– Schließlich darf nicht übersehen werden, dass die Juristen mit ihrem feinen Gespür für Unterscheidungen den Ökonomen wertvolle Tatsacheninformationen über tatsächliche Konflikte und deren Lösungsalternativen liefern.

Eigentlich dürfte somit kein Zweifel daran bestehen, dass die Rechtsökonomik wichtig für die Ordnungsökonomik ist und dass Ordnungsökonomen auch in Zukunft mit Juristen zusammenarbeiten sollten.

Literatur

Adams, M. (1987), Produkthaftung – Wohltat oder Plage. Eine ökonomische Analyse, in: Betriebsberater, Beilage 20/1987 zu Heft 31.

Adams, M. (1991), Eigentum, Kontrolle und beschränkte Haftung, Baden-Baden.

Apolte, Th. (1999), Die ökonomische Konstitution eines föderalen Systems, Tübingen.

Berkowitz, D.,K. Pistor and *J.-F. Richard* (2003), The Transplant Effect, in: American Journal of Comparative Law, Vol. 51(2), pp. 163–203.

Bigus, J. und *Th. Eger* (2004), Insolvenzrecht zwischen privatautonomer Gestaltung und öffentlicher Regulierung, in: Perspektiven der Wirtschaftspolitik, Jg. 5, S. 193–209.

Cooter, R.. and *Th. Ulen* (2007), Law and Economics, 5th edition, Boston et al.

Dari-Mattiacci, G. und *H.-B. Schäfer* (2007), Kernfragen reiner Vermögensschäden, in: *Th. Eger* und *H.-B. Schäfer* (Hg.), Ökonomische Analyse der europäischen Zivilrechtsentwicklung, Tübingen, S. 516–549.

Eger, Th. (1995), Eine ökonomische Analyse von Langzeitverträgen, Marburg.

Eucken, W. (1952/1990), Grundsätze der Wirtschaftspolitik, 6. Auflage, Tübingen.

Guzman, A. T. (2007), How International Law Works: A Rational Choice Theory, Oxford.

Hertig, G. und *S. Lüchinger* (2007), Wenn Ökonometrie im Gerichtssaal zur Alltäglichkeit wird: Neue Entwicklungen in Law and Economics als Horizonterweiterung für Juristen und Ökonomen, in: Neue Zürcher Zeitung vom 24.11.2007.

Kaplow, L. (1992); Rules Versus Standards: An Economic Analysis, in: Duke Law Journal, Vol. 42, pp. 557–629.

Kieninger, E.-M. (2002), Wettbewerb der Privatrechtsordnungen im Europäischen Binnenmarkt, Tübingen.

Kirchner, Ch. (1997), Competence Catalogues and the Principle of Subsidiarity in a European Constitution, in: Constitutional Political Economy, Vol. 8, pp. 71–87.

Kirstein, R. und *H.-B. Schäfer* (2007), Erzeugt der Europäische Verbraucherschutz Marktversagen? Eine informationsökonomische und empirische Analyse, in: *Th. Eger* und *H.-B.*

Schäfer (Hg.), Ökonomische Analyse der europäischen Zivilrechtsentwicklung, Tübingen, S. 369–405.

Kötz, H. und *H.-B. Schäfer* (2003), Judex oeconomicus, Tübingen.

Kraakman, R. R., P. Davies, H. Hansmann, G. Hertig, K. J. Hopt, H. Kanda and E. B. Rock (2004), The Anatomy of Corporate Law: A Comparative and Functional Approach, Oxford.

Oi, W. (1973), The Economics of Product Safety, in: Bell Journal of Economics, Vol. 4(1), pp. 3–28.

Parisi, F. (2005), Methodological Debates in Law and Economics: the Changing Contours of a Discipline, in: *F. Parisi* and *Ch. K. Rowley* (eds.), The Origins of Law and Economics. Essays by the Founding Fathers, Cheltenham, pp. 33-52.

Parisi, F. and *Ch. K. Rowley* (2005) (eds.), The Origins of Law and Economics: Essays by the Founding Fathers, Cheltenham.

Romano, R. (2005), After the Revolution in Corporate Law, in: Journal of Legal Education, Vol. 55 (3), pp. 342–359.

Schäfer, H. – B. (2006), Rules versus Standards in Rich and Poor Countries: Precise Legal Norms as Substitutes for Human Capital in Low-Income Countries, in: Supreme Court Economic Review, Vol. 14, pp. 113–134.

Schanze, E. (1993), Symbiotic Arrangements, in: Journal of Institutional and Theoretical Economics, Vol. 149, pp. 691–697.

Schmidtchen, D. und *H.-J. Schmidt-Trenz* (1990), The Division of Labour is Limited by the Extent of Law: A Constitutional Approach to International Private Law, in: Constitutional Political Economy, Vol. 1, pp. 49-71.

Shavell, S. (1982), The Social versus the Private Incentive to Bring Suit in a Costly Legal System, in: Journal of Legal Studies, Vol. 11, pp. 333–339.

Shavell, S. (1987), Economic Analysis of Accident Law, Cambridge/Mass.

Sinn, H.-W. (2003), The New Systems Competition, Oxford.

Sykes, A. O. (2004), The Economics of Public International Law, John M.Olin Law & Economics Working Paper No. 216, University of Chicago, Law School.

Van Aaken, A. (2005), Making International Human Rights Protection More Effective: a Rational-Choice Approach to the Effectiveness of Provisions of Ius Standi, in: Jahrbuch für Neue Politische Ökonomie, Bd. 23: Analyzing International Conflict Resolution Mechanisms, Tübingen, S. 29–58.

Wagner, G. (2007), Schadensersatz bei Kartelldelikten, in: *Th. Eger* und *H.-B. Schäfer* (Hg.), Ökonomische Analyse der europäischen Zivilrechtsentwicklung, Tübingen, S. 605–664.

Weise, P., W. Brandes, Th. Eger und *M. Kraft* (2005), Neue Mikroökonomie, 5. Auflage, Heidelberg.

Alfred Schüller und Stefan Voigt (Hg.), Von der Ordnungstheorie zur Institutionenökonomik
Schriften zu Ordnungsfragen der Wirtschaft · Band 90 · Stuttgart · 2008

Ordnungsökonomik und Rechtsökonomik

Korreferat zu *Thomas Eger*

Dieter Schmidtchen

Thomas Eger befasst sich in seinem Referat „Ordnungsökonomik und Rechtsökonomik" mit der Herkunft der Ordnungsökonomik, dem Gegenstand der Rechtsökonomik, ihren wichtigsten Ansätzen sowie einigen Anwendungsbereichen und behandelt schließlich in einem kurzen Ausblick die Frage, warum sich der Ordnungsökonom mit der Rechtsökonomik beschäftigen sollte.

Thomas Eger liefert auf knappem Raum einen guten, informativen und zutreffenden Einblick in die Thematik, wobei der Schwerpunkt auf der Darstellung rechtsökonomischer Aspekte liegt. Mein Kommentar hat eher ergänzenden Charakter.

1. Ökonomische Analyse des Rechts, Rechtsökonomik, fragt nach den Folgen, die durch Rechtsnormen und gerichtliche Entscheidungen in der Lebenswirklichkeit ausgelöst werden (positives Erkenntnisinteresse), und bewertet diese Folgen vornehmlich mit Hilfe des Kriteriums der Effizienz. Sie entwickelt Vorschläge, wie Recht zu gestalten ist, damit effiziente Ergebnisse – im Sinne der Gemeinwohlförderung – erzielt werden (normatives Erkenntnisinteresse). Ferner behandelt sie die Mechanismen, die zu Rechtsänderungen führen, und untersucht die Funktionsweise der Justiz. Zum Forschungsgegenstand gehören alle Gebiete des materiellen Rechts sowie die jeweiligen Verfahrensrechte.

   Da die Rechtsordnung Bestandteil der Wirtschaftsordnung ist, **ist** Rechtsökonomik Ordnungsökonomik – und Ordnungsökonomik muss Rechtsökonomik sein, allerdings nicht nur. Zur Wirtschaftsordnung zählen auch die informellen Regeln menschlichen Zusammenlebens, die in ihrer Funktion als Ersatz oder Ergänzung der Regeln der Rechtsordnung von der Ordnungsökonomik zu untersuchen sind.

2. *Thomas Eger* leitet sein Referat mit einer Erinnerung an die Ursprünge der Ordnungsökonomik, insbesondere im Stile von *Eucken*, ein. Die Rechtsordnung – auch Wirtschaftsverfassung genannt – gehörte dort aber zum Datenkranz (oder „Rahmen") und wurde selbst – abgesehen vom Wettbewerbsrecht – nicht als Forschungsgegenstand der Ökonomik begriffen. Das hat sich mit der Rechtsökonomik und der modernen Ordnungsökonomik, die eigentlich eine Institutionenökonomik ist, geändert (siehe *Schmidtchen* 1984). *Thomas Eger* ist zuzustimmen, wenn er schreibt:

„Die Grundidee der Rechtsökonomik besteht somit darin, dass Rechtsnormen keineswegs einen ‚Rahmen' darstellen, innerhalb dessen sich die ökonomischen Gesetzmäßigkeiten abspielen, sondern dass Rechtsnormen vielmehr Verhalten strukturieren, so wie auch Preise Verhalten strukturieren. (Vielleicht liefert die Rechtsökonomik insofern auch einen Beitrag zur Klärung des *Eucken*schen Problems der ‚Interdependenz der Ordnungen')“ (S.119).

3. *Thomas Eger* weist darauf hin, dass „der ein oder andere Ordnungsökonom die
   Rechtsökonomik mit einer gewissen Skepsis betrachten (mag), scheint sie doch nahezulegen, sich zum Sozialtechniker aufzuschwingen, der Kosten und Nutzen alternativer Gesetzesprojekte unter Berücksichtigung aller Folgewirkungen gegeneinander abwägt und sich dabei ein Wissen anmaßt, über das er gar nicht verfügt“ (S.
   122).

   Solche Ordnungsökonomen gibt es, und sie berufen sich häufig auf *von Hayek*, der
   auf die Gefahren einer Anmaßung von Wissen hingewiesen hat. Aber man sollte in
   diesem Zusammenhang dreierlei bedenken:

   a) Es gibt auch eine Anmaßung von Unwissen. Die Rechtsökonomik operiert auf
      der Grundlage der Methodologie der modernen Ökonomik: Sie benutzt Modelle
      und strebt nach empirischer Überprüfung ihrer Aussagen.

   b) Rationale Rechtspolitik verlangt nach Rechtsfolgenabschätzung und -bewertung.
      Welche Sozialwissenschaft liefert da bessere Einsichten als die moderne Öko-
      nomik?

   c) Man sollte das Kind nicht mit dem Bade ausschütten: *Von Hayek*s Kritik an der
      Anmaßung von Wissen bezog sich auf den Versuch, Einzelvoraussagen über das
      Funktionieren komplexer Systeme zu machen, aber bekanntlich hat er die Mög-
      lichkeit von Muster-Voraussagen nie bestritten (als Beispiel nannte er Glei-
      chungssysteme im Stile von *Walras*).

   Man sollte also viele Aussagen der Rechtsökonomik als Muster-Voraussagen im
   Sinne *von Hayek*s interpretieren.

4. Das von *Thomas Eger* behandelte Problem der Wahl zwischen „rules“ und „standards“ ist wichtig. Es lässt sich auch als Trade-off zwischen ex ante- und ex post-
   Transaktionskosten im Sinne *Williamson*s diskutieren. In Entwicklungsländern sind
   die ex post-Transaktionskosten der Anwendung von Recht relativ zu den ex ante-
   Kosten der Schaffung von Recht sehr hoch, deshalb sollten Rechtsregeln vornehmlich als „rules“ ausgestaltet werden; während in entwickelten Ländern mehr für die
   Wahl von „standards“ spricht.

5. Die Aussage von *Thomas Eger*, dass sich das (zivilrechtliche) Haftungsrecht als
   funktionales Äquivalent zur öffentlich-rechtlichen Regulierung verstehen lässt (S.
   123), ist nicht falsch, aber ich empfinde die Aussage gleichwohl als „schief“. Öffentlich-rechtliche Regulierung ist erforderlich, wenn Privatrechtsversagen vorliegt
   und dieses mit Kosten korrigiert werden kann, die geringer sind als die Kosten des
   Nichtstuns.

6. Ordnungspolitik ist zu einem wesentlichen Teil Rechtspolitik. Letztere ist eine Domäne der Juristen. Diese „basteln" sich häufig Verhaltensmodelle und legen sie ihren Gestaltungsempfehlungen zugrunde. Der Jurist denkt, aber Gott – im Sinne der
unsichtbaren Hand von *Adam Smith* – lenkt, mit dem Ergebnis, dass die Rechtsfolgen von denen abweichen, die erwünscht sind.

Ökonomen sind Spezialisten auf dem Gebiet gesellschaftlicher Rechtsfolgenabschätzung. Auf ihre Meinung sollte man hören, bevor man darangeht, die Rechtsordnung zu
ändern. Aber Ökonomen sollten auch die Zusammenarbeit mit Juristen suchen.

Ronald Coase hat vor vielen Jahren Bleibendes für diese Zusammenarbeit formuliert:

„What should characterise modern institutional economics, and does to a considerable extent, is that the problems tackled are those thrown up by the real world. In this institutional economics has been greatly helped by its association with law. Legal cases relate to
actual business practices whereas many of the examples analysed by economists in the
past were imaginary. The result of the infusion of legal material into economics has been
both to force economists to analyse real choices and to bring them to realise the richness
of institutional alternatives" (Coase 1984, S. 230 f.)

Literatur

Coase, Ronald (1984): The New Institutional Economics, in: Zeitschrift für die gesamte
Staatswissenschaft, Journal of Institutional and Theoretical Economics, Bd. 140, Heft 1,
S. 229 – 231.

Schmidtchen, Dieter (1984), German "Ordnungspolitik" as Institutional Choice, in: Zeitschrift
für die gesamte Staatswissenschaft, Journal of Institutional and Theoretical Economics,
Bd. 140, Heft 1, S. 54 – 70.

Alfred Schüller und Stefan Voigt (Hg.), Von der Ordnungstheorie zur Institutionenökonomik
Schriften zu Ordnungsfragen der Wirtschaft · Band 90 · Stuttgart · 2008

Ordnungstheorie, International Economic Order and Globalisation

Razeen Sally[1]

Inhalt

---

[1] London School of Economics; Director, European Centre for International Political Economy, Brussels.

What does *Ordnungstheorie* have to say about the international economic order that is distinctive? What additional light does it shine on international economic integration (or economic globalisation) today? These are questions I have thought about since I first became acquainted with the German neoliberal tradition in the early 1990s, and particularly with the work of *Wilhelm Röpke*. The Marburg gathering in October 2007 – in the castle overlooking the old university town on a splendid, leafy, multi-coloured autumn day – gave me the opportunity to learn once again from *Ordnungstheorie* experts and revisit the connections between the theory and international economic issues.

This commentary starts with the essential insights of the German neoliberal tradition on international economic order, and puts them in the context of the classical-liberal tradition. Then, for comparison, follow some observations on the mainstream neoclassical theory of international trade as it has evolved over the past two centuries. The final section asks: what should scholars in the *Ordnungstheorie* tradition look at?; and follows up with a list of suggestions.

1. *Ordnungstheorie* and international economic order: a basic balance sheet

German neoliberalism – the combination of the legal-economic "ordoliberalism" of the Freiburg School and the sociological-economic tradition of "social market economy" – focuses on *national* economic order and its underpinning of rules, institutions and constitutions. This is the central preoccupation of the Freiburg School's founding fathers, *Walter Eucken* and *Franz Böhm*. It is also at the heart of the thinking of *Wilhelm Röpke, Alexander Rüstow, Alfred Müller-Armack* and *Ludwig Erhard* (who popularised these ideas and did most to put them into practice). The Freiburg School's normative concern is to embed economic processes and policies in a comprehensive framework of "order" that enables a mix of economic efficiency and individual freedom under the law. This puts the Freiburg School in the lineage of classical liberalism from *Hume* and *Smith* through the nineteenth-century economists to twentieth-century luminaries like *Knight* and *Hayek*. There are parallels with recent schools of "Anglo-Saxon" economic thought, for example in public choice and the new institutional economics. And there is a strong connection with the constitutional economics of *James Buchanan*.

Ordnungstheorie has profound implications for *international* economic order, but they have been largely unexplored, at least until recently. The focus has been on national economic order, then on West European economic order (i.e. that of the European Community), and, since the early 1990s, on post-Soviet countries in transition. Analysis of international economic order and modern economic globalisation has not been front and centre. It is striking that *Ordnungstheorie* lacks an overall theory – a set of systematic assumptions and explanations – of how the international economic order works and should work, and thus provides little guidance to policy analysis. Consequently, it lacks a body of concrete empirics – of applied economics, policy analysis and political economy – to explain real-world international economic phenomena. This contrasts dramatically with the mainstream neoclassical economic tradition, which definitely has a theoretical corpus, and a long tradition of applied economics and policy analysis.

Of course there have been individual exceptions to the norm. *Fritz. W. Meyer* wrote on international balance of payments, as did *Friedrich Lutz* on international monetary issues. But the outstanding thinker in the German neoliberal tradition who wrote voluminously on international economic issues was *Wilhelm Röpke*, who was not part of the Freiburg School but was still closely allied to its founding fathers. *Röpke*'s writings on international economic order – summed up in his "International Order and Economic Integration" – did not contribute to international economics or international economic law in the narrow sense. But, in my view, they were significant contributions to international economic policy analysis and political economy.

Röpke's bottom-up sociological view of human beings and markets deeply influences his strong opinions on what went wrong with the international economic order and what should be done to restore its health. It is no accident that the first edition of "International Order and Economic Integration" is the last book in his wartime trilogy, written in exile in Geneva. He starts with local market society, moves to national economic order and culminates with international economic order.

As I have argued elsewhere (*Sally* 1998), *Röpke*'s central insight on international economic order is his contrast between his preferred "liberalism from below" and the twentieth-century conventional wisdom of "liberalism from above". Proponents of the latter have faith in international organisations, rules and cooperation to construct and maintain a liberal international economic order. This was taken to extremes by interwar liberal idealists, and even by *Robbins* and *Hayek*, in their calls for "world government" and "international authorities" to counter protectionism emanating from nation-states. Such Utopianism did not last; but, in much diluted form, it flowed into the thinking behind the post-1945 international economic order, particularly the establishment of the Bretton Woods institutions and the GATT.

Röpke was prepared to go along with a degree of international cooperation, especially in the GATT, but he had no truck with ambitious and abstract designs for constructing a liberal international economic order "from above". To him, grand international designs were built on a sociological *tabula rasa*; and they were oblivious to the rigid bureaucracy, political meddling, shallow conferencitis and assorted government failure that international organisations would bring in their wake. Rather, to *Röpke*, "internationalism, like charity, begins at home", and "you can't build a house starting with the roof". The foundations have to come first, "from within and beneath" in the subsoil of liberal practice in nation-states. Bottom-up laws and policies to safeguard individual freedom and enable markets at home will spill over into liberal international economic policies on trade, payments and capital flows, all secured by respect for foreigners' property rights and the associated moral attitudes and conventions that hold them in place. Hence a liberal international economic order emerges *epiphenomenally* – as a by-product of liberal national economic orders. This accords with the Scottish-English classical-liberal view of international economic order from *Hume* and *Smith* to *John Stuart Mill* and *Alfred Marshall*. Free trade is not brought about by international organisations and reciprocal bargaining; rather it emerges "from below" through unilateral liberalisation and competitive emulation in the international political marketplace. This was indeed British practice from the 1840s until the First World War.

Röpke, with his penchant for polemic and literary *élan,* has what *Schumpeter* calls a "vision" rather than a "theory" of international economic order: an outline of assumptions and ideas, but not a set of analytical tools and systematic explanations – in contrast to (mainly British and American) international economists in the classical and then neoclassical traditions.

2.   Neoclassical trade theory: strengths and weaknesses

I focus here on mainstream theories of international trade, leaving out other aspects of international economic order such as monetary policy, exchange rates, financial markets and population.

International trade theory, centred on the notion of comparative advantage, has been progressively refined through the nineteenth and twentieth centuries. Ricardian theory based on differences in labour productivity gave way to *Hecksher-Ohlin* theory based on differences in factor proportions. The latter has been further refined over the course of the twentieth century.

The theory of trade policy has undergone parallel changes. The nineteenth-century presumption in favour of free trade was coupled with fixed exchange rates (based on the gold standard), limited government and *laisser faire* at home. The post-1945 theory of commercial policy severed the link between free trade and *laisser faire.* It gave the green light to government intervention to remedy market failures. If the latter are international (as might be the case with an adverse shift in the international terms of trade), departures from free trade may be justified (e.g. by means of an optimum tariff). If a market failure is domestic, it can be remedied by a "first-best" domestic intervention while maintaining free trade. This theoretical decoupling of free trade and *laisser faire* mirrored post-1945 international economic policies and institutions in practice: the latter combined progressively freer international trade, payments and capital flows with expanding government intervention at home (dubbed "*Smith* abroad and *Keynes* at home").

These developments in trade theory and the theory of commercial policy can be criticised on several counts. From *Ricardo* onwards, theory became dependent on ever-narrower assumptions, culminating in its incorporation into a maximisation-and-equilibrium framework. It focused exclusively on static allocative-efficiency effects and became "institution-free", veering ever-farther away from the dynamic, institution-rich trade theories of *Hume* and *Smith* (of which more later).

That said, one should not lurch to the dogmatic extreme of rejecting neoclassical trade theory and recommending its replacement with *Ordnungstheorie,* Hayekian, Austrian, institutional or whatever other theory of international trade. That would be scholastic game-playing; a plainly silly exercise, not least because *Ordnungstheorie,* Hayekian, Austrian and institutional economics have no rival theories of international trade. Mainstream theory retains enduring insights and powerful explanatory force. Differences between it and classical-liberal approaches exist, but they should not be exaggerated.

3.   What should Ordnungstheorie look at?

What follows is a suggestive list of aspects of international economic order that *Ordnungstheorie* could profitably examine. As always, I draw inspiration from *David Hume* and *Adam Smith*, but seek to make their insights consonant with 21st-century realities. The first three points concern theory; the rest are related to policy.

1. Focus on the dynamic, long-run gains from international trade and factor movements. That has been sorely neglected by mainstream theory and policy analysis. *Hume* and *Smith* were far more interested in the dynamic gains from opening to the world economy – technology transfer, widening the market to reap scale economies, exposure to world-class competition and best practice, and so on – than in short-run allocative-efficiency gains. It is these medium- to long-run gains that are the core stuffing of globalisation, in its 19th, 20th and 21st-century incarnations.

2. Explore the links between openness to the world economy, domestic institutional change and economic growth. This brings institutions into the picture – essential to an understanding of the dynamic gains mentioned above. As *Hla Myint* (1977) argues, this is central to *Adam Smith*'s theory of development. Opening to the world economy spontaneously stimulates domestic institutional changes. It provides incentives to governments to improve property rights, public administration, infrastructure and other aspects of the domestic business climate. That in turn increases the gains from external trade and foreign investment. Again, such institutional analysis would fill a gap left by mainstream trade theory.

3. Use a dynamic, open-ended model of competition for external as well as internal trade and factor mobility. This is the Smithian method. Admittedly in a rough-and-ready manner, *Smith* combines all three factors of production (as opposed to just one in *Ricardo* and two in *Hecksher-Ohlin*), and allows for cross-border capital mobility and transport costs. This method provides better guidance to policy and institutional analysis than an exclusive focus on static effects.

4. Recouple free trade and *laisser faire*. Mainstream theory and policy analysis work with an implicit "globalisation and social democracy" model. As mentioned earlier, the post-1945 theory of commercial policy decoupled free trade from *laisser faire*. The post-1945 international economic policy consensus has been one of "*Smith* abroad and *Keynes* at home". The conventional wisdom among distinguished economists and commentators today – *Larry Summers, Paul Krugman* and *Martin Wolf* come to mind – is that *more* government intervention is needed to protect losers from globalisation and allay their anxieties in order to prevent an anti-globalisation backlash and keep markets open. This entails higher taxation and expenditure (especially on health care, education and safety nets), and possibly harmonisation of international standards (e.g. labour, environmental and tax standards) (*Summers* 2008; *Wolf* 2008). This is all the more important to relieve the stresses caused by China's and India's global integration, which presages the biggest transformation in the world economy since the entry of the USA, Germany and Japan into the world economy in the last third of the nineteenth century.

Globalisation and Social Democracy is full of holes. By advocating even more Big Government, it ignores the long history of government failure at home. It is also remarkably complacent about government failure abroad, given the inevitable protectionism against developing countries that would result from international standards harmonisation. Conceptually, its weakness stems from the artificial and schizoid divide between free trade abroad and interventionism at home. Globalisation makes this divide increasingly untenable as it bites ever deeper into the domestic fabric.

It is time to fold free trade back into an 18th and 19th-century classical-liberal framework. Free trade is part and parcel of the larger case for economic liberalism: limited government, secure private property rights and free trade at home (in addition to free trade abroad). This package must be made relevant to 21st-century political and economic realities. The key challenge is to adapt as smoothly and speedily as possible to changing external conditions in order to maximise the gains and minimise the stresses from globalisation (see *Greenspan* 2007). The state has core *Ordnungspolitik* functions in this scheme. That includes the provision of public goods in a market-compatible manner while minimising government failure; enabling weaker elements of society to adapt better to globalisation; and maintaining public support for globalisation. None of this presupposes Big Government at home and standards-harmonisation abroad. On the contrary, it demands further liberalisation and structural reforms, extending to all manner of domestic regulatory barriers to trade and investment, and even to traditionally state-monopolised services such as education and health care.

5. Make the international movement of people part of a 21st-century free-trade agenda. This was integral to the 19th-century conception of free trade. That was erased in the 20th century. Now there are large gains to be had from easing border restrictions on the movement of people and workers, in developed as well as developing countries. But, politically, this is far more difficult than liberalising trade and capital flows. Opening to labour movement and migration involves the "company of strangers", as *Paul Seabright* (2004) puts it. It brings extra stresses in terms of competition with domestic workforces, claims on welfare states and, not least, integration of foreigners with different ways of life into settled societies with their implicit social contracts. In short, the freedom of people to move hither and yon is a worthwhile long-term goal on economic and other grounds, but it has to be pursued gradually and incrementally. This is analogous to the liberalisation of trade and capital flows over the past sixty years.

6. Make trade policy more an extension of domestic economic policy and less a plaything of international institutions. Post-1945 trade policy has been seen as a top-down product of international organisations and reciprocal bargaining. This was politically expedient in the immediate aftermath of the Second World War. But it is subject to diminishing returns today, as the recent record of the WTO and preferential trade agreements shows. It is time to return to a 19th-century emphasis on unilateral liberalisation and competitive emulation. That requires a strong link with *Ordnungspolitik* at home. Put another way, what is needed in trade policy is more "liberalism from below" and "less liberalism from above".

7. Rethink the role of international institutions, but not in terms of hyperabstract, politically naïve "global governance". That is the trap *Robbins* and *Hayek* fell into in the 1930s and '40s. Rather, following the subsidiarity principle, an *Ordnungspolitik* for international institutions should be seen in terms of second-line assistance to *Ordnungspolitik* at the (primary) national level of governance. What is required, therefore, is a serviceable multilateralism, with modest and realistic goals and instruments – not least in the WTO.

8. Explore the links with international politics and foreign policy. A liberal international economic order cannot survive by spontaneous forces alone. That was a 19th-century liberal-idealist myth. It depends on a global *Pax*, an orderly framework of international peace and security. That raises questions about the role of US leadership in providing international security, relations between the USA and other powers (including a rising China), and cooperation in multilateral and regional institutions.

4. By way of conclusion: an international private-law society

The issues I have raised above, reflected in my talk in Marburg, concern the interdependence of political and economic, and domestic and international, orders. But, conspicuously, they omit one essential component: the law, and particularly private law with beyond-the-border ramifications. This was pointed out in discussion by *Anne van Aaken* and *Dieter Schmidtchen* – for which I am grateful.

Professor *van Aaken* emphasised the internationalisation (or "deterritorialisation" in her words) of "soft law" involving non-state actors enmeshed in cross-border self regulation. Professor *Schmidtchen* stressed the spread of cross-border contracting among private agents, which organically shapes the evolution of international private law. Both aspects evolve more-or-less spontaneously. They are elements of a Hayekian "international spontaneous order" and, at the same time, a Böhmian "international private law society".

It strikes me that *Ordnungstheorie* has much to say apropos that is not said by mainstream international economists and lawyers, whose implicit model of the world economy and international economic policy is based on the "constructed order" of public international law. The proof of the pudding, however, is in empirical analysis: for that there is no substitute.

Literature

Greenspan, Alan (2007), The Age of Turbulence: Adventures in a New World, New York.

Myint, Hla (1977), Adam Smith's theory of international trade in the perspective of economic development, in: Economica, Vol. 44,3, pp. 231-248.

Sally, Razeen (1998), Classical Liberalism and International Economic Order: Studies in Theory and Intellectual History, London.

Seabright, Paul (2004), The Company of Strangers: a Natural History of Economic Life, Princeton.

Summers, Lawrence (2008), America needs to make a new case for trade, in: Financial Times, April 28, 2008.

Wolf, Martin (2008), How to preserve the open economy at a time of stress, in: *Financial Times*, May 21, 2008.

Ordnungsökonomik and Multi-Level Governance:

Comment on *Razeen Sally*, Ordunugstheorie, International economic order and Globalisation

Anne van Aaken

This short comment follows up on the paper of *Razeen Sally*. He concentrates on the importance of the insights of the Freiburg School for international economic law, mainly trade law. I would like to enlarge those insights to questions of the international order more generally with a special (legal) focus on institutions and actors. My main hypothesis is that within the age of globalization, *Ordnungsökonomik* can not be conceptualized anymore in a purely national realm, rather it has to be applied to a multi-level governance approach. The core of the research agenda of *Ordnungsökonomik* is the search for national institutions to uphold liberty and it has been mainly concerned with the state as the main actor for setting those institutions. Economic actors were safely guarded under the order of the national territory. These prerequisites have changed profoundly in times of globalization and I will deal shortly with the level of generation of order, with the legal forms used to create order and with the actors involved.

Although the national level is still relevant as the institutional frame, it is deeply influenced by European and international law. Many problems which have to be regulated are not purely national anymore because transnational externalities have become omnipresent. To name just four examples of wastly different fields: financial crisis, terrorism, corruption and environmental protection. Furthermore, private actors are increasingly active on a transnational plane; that holds true not only for Multinational Enterprises but also for Non-Governmental Organizations (NGOs). Problems, actors and actions are increasingly de-territorialized from the national state. Ever more, institutional and legal solutions to those problems have to be and are found on a supranational and international level. Thus, the order faced by market actors is by no means confined to the national realm. Rather, restrictions to action possibilities can also be found on the international plane. Furthermore, the institutional order is not confined to ordinary laws anymore but consists of all kinds of regulatory mechanisms, from purely informational recommendations to soft law mechanisms and self-regulatory standards (which might or might not be adopted as national law). Additionally, enforcement of those restrictions is also not confined to the national realm anymore. Whereas those insights are well known in international economic law as dealt with by *Razeen Sally*, they are also applicable to the wider realm of order. For illustration, I draw mainly on the example of capital market order but the insights are widely applicable.

The creation of the financial market order takes place to a large extent on the international plane. Soft law standards are generated by transnational regulatory networks constituted by representatives of regulatory agencies or central banks, e.g. Basel II for capital requirements for banks. The standard setting involves representatives of the industry in order to mitigate knowledge problems. Although those standards are not legally binding as such, they acquire immense force as an informative guideline for the industry, even before they are transformed into national law. International standards are sometimes substantially copied into European laws (incorporation); European laws may dynamically refer to international standards (reference) or the European legislator abstains from law-making with a view on the international standards (abstention). The most prominent example of incorporation is the adoption of the capital adequacy norms for banks of Basel I and II in the relevant European directives. Sometimes, the European Union practices open delegation by (dynamically) referring to the international standards. The International Organization of Securities Commissions (IOSCO), e.g., issued the „International Disclosure Standards for Cross-Border Offerings and Initial Listings by Foreign Issuers" in 1998.[1] The European Union issued within the frame of the Financial Services Action Plan the prospectus directive[2] which in Art. 20 refers dynamically to the IOSCO Standards. Similarly, the German implementing law dynamically refers in § 20 WpPG[3] to the principles. A procedure of refraining from legislation is to be found in the codes of conduct for rating agencies. In September 2003, IOSCO published its principles for the activities of rating agencies (Code of Conduct Fundamentals for Credit Rating Agencies[4]). The European Commission considered it unnecessary to initiate its own legislation as it considered the self-regulation of rating agencies based on the IOSCO codes to be sufficient.[5] After the latest financial crisis of sub-prime lending in the US, the Commission is reconsidering its position.[6]

This example shows prominently how the setting of order for the market takes place today on multiple levels in very intricate and intertwined forms. But the setting of order does not only take place vertically. It is also generated horizontally: we currently find administrative law-making in and by international expert networks that lead to diminishing importance of legislative power in nation states. Horizonzal law-making can be

---

[1] <http://www.iosco.org/library/pubdocs/pdf/IOSCOPD81.pdf>.

[2] Directive 2003/71/EC of the European Parliament and of the Council of 4 November 2003 on the prospectus to be published when securities are offered to the public or admitted to trading and amending Directive 2001/34/EC, OJ 2003 L 345/64.

[3] Gesetz über die Erstellung, Billigung und Veröffentlichung des Prospekts, der beim öffentlichen Angebot von Wertpapieren oder bei der Zulassung von Wertpapieren zum Handel an einem organisierten Markt zu veröffentlichen ist (Wertpapierprospektgesetz – WpPG) of 22th June 2005 (BGBl. I S. 1698).

[4] <http://www.iosco.org/library/pubdocs/pdf/IOSCOPD180.pdf>.

[5] Communication from the Commission on Credit Rating Agencies (2006/C 59/02) of 11.3.2006, OJ 2006 C 59/2.

[6] Financial Times of 15.8.2007, Rating agencies hit by subprime probe, by *Tobias Buck*.

conceived of being one means of harmonization. This in turn is a prerequisite for mutual recognition and the continuance of open markets in regulated industries. From a regulatory point of view, administrative law-making is necessary to cope with international(ized) problems, including regulatory arbitrage, through cooperation, also in order to mitigate horizontal and vertical information asymmetries between different national regulators as well as between regulators and firms.[7]

Furthermore, the enforcement and sanctioning of the legal order is no more a sole task of the state. Rather, there are many forms of enforcement by private actors, be it through market actors, by market mechanism or through monitoring by NGOs, e.g. in the environmental sphere.[8] Predominently, the state has to set the frame (often under international treaty obligations) but for the implemention and effectuation of the frame different instruments and a variety of actors are involved.

This description calls for some desiderata: *Ordnungsökonomik* should be conceptualized in a multi-level frame of order. It should include in its analysis new actors in the setting as well as the enforcement of the order. It should also include new forms of governance, such as soft law and self-regulation. In an ever more complicated and quickly changing world, *Hayek's* insight of scarcity of knowledge and the need for an order which permits quick learning and adaptation is of utmost importance. Economists are not only called upon taking note of this ever more complicated structure of order but also to make, based on sound theoretical and empirical knowledge, suggestions how an order may be built which is not static but enables learning within the institutions of the order itself.

---

[7] See for a detailed discussion *A.v. Aaken*, Transnationales Kooperationsrecht nationaler Aufsichtsbehörden als Antwort auf die Herausforderung globalisierter Finanzmärkte, in: *C. Möllers, A. Voßkuhle* und *C. Walter* (Hg.), Internationalisierung des Verwaltungsrechts, Tübingen 2008, S. 219-258.

[8] See for details *A.v. Aaken*, Effectuating Public International Law through Market Mechanisms, in: Journal of Institutional and Theoretical Economics, 2008, forthcoming.

Alfred Schüller und Stefan Voigt (Hg.), Von der Ordnungstheorie zur Institutionenökonomik
Schriften zu Ordnungsfragen der Wirtschaft · Band 90 · Stuttgart · 2008

Ordnungsökonomik in der Bundesrepublik Deutschland

Karen Horn

„Ordnungsökonomik in der Bundespolitik" – das ist eigentlich ein trauriges Thema. Denn das ordnungspolitische und erst recht das ordnungstheoretische Denken gerät in der praktischen Alltagspolitik mehr denn je zum knappen Gut. In der Bundespolitik wird heute im Wesentlichen eine bewusst ergebnisorientierte „Prozesspolitik" betrieben. Eine nur den äußeren Rahmen absteckende und damit weitgehend ergebnisoffene „Ordnungspolitik" auf der Grundlage von abstrakten, allgemeinen Regeln gibt es kaum noch. Der Staat hat seinen Einflussbereich im Laufe der Jahre so stark ausgeweitet, dass er heute nicht mehr nur in aller Zurückhaltung als Hüter der 'allgemeinen gesellschaftlichen Spielregeln auftritt, sondern vielmehr auch gleich selbst die Tore schießt.

Was genau ist unter Ordnungsökonomik zu verstehen? Wie es *Manfred Streit* im Gablerschen Volkswirtschaftslexikon prägnant definiert, geht es auf diesem Feld um das Verständnis und die „zielorientierte Gestaltung von Ordnungen". Schließlich zählt die Ordnungsökonomik zwei Hauptabteilungen, die Ordnungstheorie und die Ordnungspolitik. *Streit* schreibt: „Zur Ordnungstheorie gehören die Beschreibung, die Erklärung und Prognose der Entstehung und Wirkung von Regeln im Hinblick auf die Interaktion von Individuen. Abhängig von dem ordnungstheoretischen Erkenntnisstand kann ordnungspolitisch relevantes Wissen abgeleitet werden. Es bezieht sich auf die Möglichkeiten und Grenzen zielorientierter Gestaltung von Ordnungen" (*Streit* 1996, S. 815).

Historischer Ausgangspunkt der Ordnungsökonomik in Deutschland war bekanntlich die Freiburger Schule, die auf der Vision eines starken Staates fußte. Weiterführendes kam von der Österreichischen Schule, die demgegenüber auf ein notorisches Staatsversagen hinwies. Insbesondere *Friedrich August von Hayek* thematisierte das Wissensproblem, das die Möglichkeit jeder gezielten staatlichen Gestaltung in Schranken verweist. Die Neue Politische Ökonomie bzw. die Public-Choice-Theorie schließlich endogenisierten den Staat, und wir lernten das ordnende Handeln des Staates als ein Ergebnis vielschichtiger und komplexer politischer Verhandlungsprozesse zu begreifen, die von einzelnen Akteuren mit sehr unterschiedlichen Interessenlagen geführt werden. Mit der Fortentwicklung ihres wissenschaftlichen Ansatzes sind die Ökonomen realistischer geworden mit Blick darauf, was sie von der Politik erwarten können. Das ist gewiss nicht von Schaden. Die gesellschaftliche Notwendigkeit, einen Ordnungsrahmen zu setzen, bleibt jedoch. So gibt uns *Friedrich August von Hayek* in seinem Werk „Law,

Legislation, and Liberty" die Absolution für die Aufgabe, die „spontane Ordnung", in der das Individuum die größten Chancen hat, nach den eigenen Vorstellungen leben zu können, mit durchaus nicht rein spontanen, sondern bewusst gesetzten Regeln abzusichern.[1] Für *Hayek* – und später auch für die vor allem kontrakttheoretisch fundierte Public-Choice-Schule um *James Buchanan* – war klar, wie das geht: mit abstrakten, allgemeinen, das heißt nicht-diskriminierenden Regeln.[2] Das ist die wichtigste ordnungspolitische Erkenntnis schlechthin.

Diese Erkenntnis, dass wir allgemeine Regeln brauchen, wird in der praktischen Politik indes heute zunehmend zur Mangelware. Stattdessen sind die Orientierung an verbalisierten Gruppeninteressen und ein prozesspolitischer Interventionismus gang und gäbe – genau wie es der Public-Choice-Ansatz erklärt. Ordnungspolitik bedeutet Arbeit an der Verfassung und an Institutionen – aber im politischen Alltagsgeschäft kommt sie kaum vor. Sie ist zumeist den außenstehenden Mahnern vorbehalten, das heißt der Wissenschaft, den aufgeklärten und aufklärenden Medien oder dem einen oder anderen Think Tank. Wenn sich ein heutiges Exemplar des *zoon politikon* auf die Ordnungstheorie und die Ordnungspolitik beruft, wenn ein Politiker oder eine Politikerin gar *Ludwig Erhard* als Vorbild für sich adoptiert und gleich öffentlichkeitswirksam die ganze Soziale Marktwirtschaft erneuern will – dann ist Vorsicht angebracht. Zumeist lässt sich nur allzu mühelos erkennen, dass das alles nichts als ein Marketinginstrument ist.[3]

---

[1] „... while the rules on which a spontaneous order rests, may also be of spontaneous origin, this need not always be the case. Although undoubtedly an order originally formed itself spontaneously because the individuals followed rules which had not been deliberately made but had arisen spontaneously, people gradually learned to improve those rules; and it is a least conceivable that the formation of a spontaneous order relies entirely on rules that were deliberately made. The spontaneous character of the resulting order must therefore be distinguished from the spontaneous origin of the rules on which it rests, and it is possible that an order which would still have to be described as spontaneous rests on rules which are entirely the result of deliberate design ..." (Hayek 1982, pp. 45/46). And: „... we can endeavour to improve a spontaneous order by revising the general rules on which it rests ..." (Hayek 1982, p. 51). Und James Buchanan betont: „... many of our social-legal institutions have 'grown' independent of design and intent. But man must look on all institutions as potentially improvable. Man must adopt the attitude that he can control his fate; he must accept the necessity of choosing" (Buchanan 2001, p. 108).

[2] *Hayek* formuliert das – bei ihm evolutionstheoretisch untermauerte – Prinzip der Universalisierbarkeit wie folgt : „... eine allgemeine Regel gerechten Verhaltens (gilt) für eine unbekannte Zahl zukünftiger Fälle und gleichermaßen für alle Personen (...), auf welche die in der Regel beschriebenen objektiven Umstände zutreffen, ungeachtet der Folgen, welche die Befolgung der Regel in einer speziellen Situation auslösen mag" (*Hayek* 1968, S. 156). *Buchanan* wiederum leitet das Universalitätsprinzip positiv aus seinem grundlegenden kontrakttheoretischen Ansatz ab: „Constraining rules that emerge from general agreement will tend to be general in application" (*Buchanan/Congleton* 2003, p. 8). „Law ... becomes legitimate only if all persons could have agreed conceptually, and such agreement is most likely when all persons affected are generally and reciprocally constrained in their behaviour ... Differential treatment under the operation of the law, say, on the basis of gender, age, race, class, location, or political access, is to be condemned as violative of the central normative principle ..." (*Buchanan/Congleton* 2003, pp. 10/11).

[3] So sagte Bundeskanzlerin *Angela Merkel* anlässlich des Festaktes des Ludwig-Erhard-Initiativkreises zu Ehren Ludwig Erhards am 18. Juli 2007 in Fürth: „Die Soziale Marktwirtschaft schöpft damals wie heute ihre Lebenskraft und Dynamik aus der Freiheit des Einzelnen, aus der Freiheit des Unternehmers, des Arbeitnehmers und des Verbrauchers. Die Soziale Marktwirtschaft hat sich als der geeignete Ordnungsrahmen erwiesen, in dem sich Talente und Ideen der Menschen so stark wie möglich entfal-

Denn immerhin *das* ist dem Denken in Ordnungen erhalten geblieben: es gilt gemeinhin als edel. Dass dem so ist, hat einerseits mit dem legendären ökonomischen Erfolg der Sozialen Marktwirtschaft zu tun, mit dem – etwas irreführend – sogenannten Wirtschaftswunder, das die Bundesrepublik nach dem Zweiten Weltkrieg erlebt hat, nach der „Stunde Null", dank wichtiger ordnungspolitischer Weichenstellungen, die freilich auch damals durchaus nicht leicht durchzusetzen waren. Denn die junge Demokratie war erst einmal reichlich skeptisch – man denke nur an das Ahlener Programm der Union, in dem noch weitreichende Verstaatlichungen vorgesehen waren. Andererseits ist es wenigstens manchen Kreisen durchaus noch bekannt, dass eine Vielzahl der „ordoliberalen" Vordenker der deutschen Nachkriegsordnung in Freiburg beheimatet war und dem Widerstand gegen den Nationalsozialismus zugerechnet werden kann – unter anderem *Walter Eucken* und *Franz Böhm* (siehe u.a. *Goldschmidt* 2005 und *Horn* 1997). Auch diese Tatsache besetzt den Begriff der „Ordnungspolitik" im kollektiven Gedächtnis noch immer positiv.

Heute indes hat der politische Betrieb mit seinem Aufeinanderprallen von Interessen, mit dem vorhersehbaren, üblichen Spiel des „Rent-seeking" von organisierten Machtgruppen, mit prozesspolitischen Eingriffen und einer fast regelmäßigen, wenn auch je nach Opportunität rotierenden Privilegienvergabe die Oberhand gewonnen.[4] Das keynesianische Gedankengut, das vor allem in den siebziger Jahren modern geworden ist, hat diese Entwicklung noch nachhaltig beschleunigt. Schließlich sah es im Lichte der keynesianischen Erkenntnisse so aus, als ob eine veritable makroökonomische Globalsteuerung möglich sei. Viele glauben noch heute daran. Dementsprechend konnte und kann man aktive staatliche Eingriffe auch heute noch lautstark einklagen – und damit vor allem die eigenen Partikularinteressen durchsetzen.

Aber was passiert da nun eigentlich in Berlin, in der Bundespolitik? Erst die gute Nachricht. Einige Fixsterne der Ordnungspolitik strahlen tatsächlich bis hinein in die Bundespolitik. Manche jüngere Lehre aus der ordnungspolitisch ausgerichteten Ökonomie hat sich in der praktischen Politik schon niedergeschlagen und dort segensreich gewirkt. Die Erkenntnis, was ökonomische Fehlanreize sind und was diese insbesondere auf dem Arbeitsmarkt an Schaden anrichten, hat immerhin zur Agenda 2010 mit der

---

ten können ... Sie verweigert sich heilsversprechender Staatsgläubigkeit, denn die mangelnde Planbarkeit äußerst komplexer wirtschaftlicher und sozialer Vorgänge ist unwiderlegbare Tatsache. Stattdessen basiert sie auf einer evolutionären Anpassung des ordnungspolitischen Rahmens, der immer wieder erneuert und fortentwickelt werden muß ... Die Prinzipien der Sozialen Marktwirtschaft sind unverändert gültig. Das Bewusstsein dafür ständig wach zu halten und diese Prinzipien vor allem auch in die Praxis umzusetzen, ist und bleibt eine zentrale politische Aufgabe. Hierin sehe ich das eigentliche Vermächtnis Ludwig Erhards. Ich denke, wir sollten es als Verpflichtung für unser zukünftiges Handeln begreifen, damit wir auch in einer globalen Welt Wohlstand für alle sicherstellen können" (*Merkel* 2007).

[4] Dies sah *Hayek* allerdings schon vor vielen Jahren verwirklicht: „Die heute praktizierte Form der Demokratie ist zunehmend ein Synonym für den Prozess des Stimmenkaufs und für das Schmieren und Belohnen von unlauteren Sonderinteressen, ein Auktionssystem, in dem alle paar Jahre die Macht der Gesetzgebung denen anvertraut wird, die ihren Gefolgsleuten die größten Sondervorteile versprechen, ein durch das Erpressungs- und Korruptionssystem der Politik hervorgebrachtes System mit einer einzigen allmächtigen Versammlung, mit dem Wortfetisch Demokratie belegt" (*Hayek* 1980, Bd. I).

Reform der Arbeitsmärkte in Deutschland geführt. Dass diese Reform jetzt aktuell Gefahr läuft, massiv zurückgedreht zu werden, ist eine andere Geschichte.

Dass man in Netzindustrien tunlichst Netz und Betrieb voneinander trennt und Wettbewerb zulässt und dass im Fall sogenannter natürlicher Monopole nicht etwa staatliches Eigentum, sondern privates Eigentum mit Regulierung ein gangbarer Weg ist, das sind ebenfalls ordnungspolitische Erkenntnisse, die mittlerweile in der praktischen Politik angekommen sind und die – gelegentlich mit europäischer Hilfe – auf manchen Märkten inzwischen durchaus segensreich realisiert sind. Dass sich allerdings die Regierung mit der Deutschen Bahn, die es vollständig zu privatisieren und von ihrem Netz zu trennen gilt, einigermaßen schwertut, steht wieder auf einem anderen Blatt. Aber immerhin: Das alles sind greifbare, tatsächliche Fortschritte, und sie sind vor allem sauberer ordnungstheoretischer Analyse und langjährigem ordnungspolitischem Engagement aus Wissenschaft und Politik zu verdanken. Ebenso braucht man heute längst nicht mehr darüber zu diskutieren, dass Zentralbanken unabhängig sein sollten. Es gibt zwar immer wieder Politiker, die sich bemühen, die gegebene Unabhängigkeit der Währungshüter faktisch zu unterlaufen – aber zumindest institutionell lässt sich das Rad der Geschichte auf diesem Feld wohl kaum noch zurückdrehen.

Soweit das Positive. Das Negative überwiegt in der Realität allerdings. Denn im Grunde ist die Berliner Republik ein Biotop der Besserwisser. Die Politik sieht ihre Aufgabe nicht mehr bloß darin, spontane gesellschaftliche Entwicklungen zurückhaltend zu begleiten und überhaupt zu ermöglichen. Sämtliche Parteien gerieren sich vielmehr als Sozialingenieure. Alle Politik ist ergebnisorientiert. Der Bürger wird so zum weitgehend ungefragten Erfüllungsgehilfen auf dem Weg zu den angeblich höheren gesellschaftlichen Zwecken, die zu kennen die Politiker vorgeben. Er wird schlichtweg instrumentalisiert.

Ein gesellschaftlich besonders heikles Thema in diesem Zusammenhang ist wohl die Familienpolitik. Man fragt sich gelegentlich: Warum finanzieren wir eigentlich mit erheblichem Aufwand staatliche Betreuungseinrichtungen für die Kleinen, statt einfach bestehende Diskriminierungen und Bürokratie abzubauen und so endlich einen Markt für private Kindertagesstätten entstehen zu lassen? Dass gerade auf diesem Gebiet der Markt angeblich systematisch versagt, ist völlig unplausibel. Und, viel grundsätzlicher: Woher glaubt die Politikerzunft eigentlich zu wissen, wie wir – als Individuen und als Gesellschaft – leben wollen? Warum eigentlich sollen wir alle ein Dasein fristen wie die Bundesfamilienministerin selbst, mit einem Beruf, einer Karriere und zugleich einer ganzen Kinderschar? Gibt es nicht auch noch andere Lebensmodelle? Warum dürfen wir uns nicht einfach ausprobieren, unseren eigenen Weg gehen, ohne jegliche staatliche Bevormundung und ohne gleich steuerlich und sonst wie abgestraft zu werden? Vor diesem Hintergrund ist es geradezu ein Segen, dass sich die Koalitionsparteien in ihrem ähnlichen, aber inhaltlich widerstreitenden Konstruktivismus freilich hinsichtlich der vorzugswürdigen Lebensmodelle uneins sind – denn so verliert die Förderung an Stringenz, die Lenkungswirkung schwächt sich ab, und der Bürger gewinnt an Freiheit.

In der Berliner Republik verschwindet das Individuum zunehmend hinter dem Kollektiv, die Politik begeht mit ihrem prozesspolitischen Aktionismus die moralische Verfehlung der Bevormundung und des mangelnden Respekts gegenüber den Bürgern, denen sie doch eigentlich dienen soll. Es ist offenbar in Vergessenheit geraten, dass unsere Gesellschaft kein fertiges, bestehendes, großes Ganzes ist. Wie wir doch eigentlich wissen sollten, setzt sich unsere Gesellschaft aus einer riesigen Zahl von höchst unterschiedlichen Individuen zusammen, von denen viele irgendwie und zumeist abstrakt miteinander interagieren. „Die Gesellschaft" als solche gibt es nicht; der Begriff beschreibt nichts anderes als eine Art fotografische Momentaufnahme der Interaktion höchst unterschiedlicher Menschen. Als Mensch, als Teil der Schöpfung ist das Individuum jedoch Selbstzweck und genießt Vorrang vor dem Kollektiv. Jedes Individuum hat ein Anrecht auf ein freies und selbstbestimmtes Leben nach seinem eigenen Willen – soweit und natürlich nur soweit damit nicht die Freiheitsrechte anderer Menschen verletzt werden.

Die wesentliche Erkenntnis, die in Berlin, der Stadt der politisch aktiven Gestalter, der Sozialingenieure, einigermaßen abhanden gekommen zu sein scheint, ist das Wissen um die unglaubliche schöpferische Kraft der „spontanen Ordnung": Sie koordiniert nicht nur, sondern sie schafft nebenbei ein gesellschaftlich verwertbares Wissen, das weit über die Summe des individuellen Wissens hinausgeht (*Hayek* 1945). Dies ist die tiefere Bedeutung des Schlagworts vom „Wettbewerb als Entdeckungsverfahren" (*Hayek* 1985). Da der freiwillige Prozess der Interaktion dieses gesellschaftliche Wissen überhaupt erst entstehen lässt, ist ein politisches Vorgreifen immer eine Anmaßung und zwangsläufig schädlich. Mit guten oder schlechten Absichten hat das gar nichts zu tun – es ist nur so, dass die Politik überhaupt nicht wissen *kann*, was für die aus lauter Individuen zusammengesetzte Gesellschaft gut ist, bevor diese Individuen das im Zuge der spontanen Ordnung selbst herausgefunden haben. Und daher brauchen wir spontane, wettbewerbliche Prozesse, die so offen sind, dass die Menschen selber herausfinden können, wie sie jeweils konkret leben wollen und was gut für sie ist.

In der Bundespolitik indes wird der Bürger an allen Ecken und Enden bevormundet, und die Zahl der Verstöße gegen sauberes ordnungsökonomisches Denken ist Legion. Man denke nur an die diversen politischen Vorstöße – und ordnungspolitischen Verstöße – des Herbstes 2007, zum Beispiel branchenspezifische Mindestlöhne, Wiedereinführung der Pendlerpauschale, Verlängerung der Bezugsdauer von Arbeitslosengeld I für Ältere, teilweises Zurückschrauben der Rente mit 67. Gerade in letzterem Fall fragt sich, was der Zickzackkurs soll. Am saubersten wäre es, der Staat ließe die Arbeitgeber und die Arbeitnehmer im Einzelfall und freiwillig aushandeln, wie lange das jeweilige Arbeitsverhältnis währen soll. Wenn nun aber schon ein allgemeines Rentenalter vorgeschrieben wird, warum wird es dann durchlöchert von allen möglichen Sonderregelungen und Ausnahmen?

Man denke auch an die Klimapolitik mit ihren marktfernen, dirigistischen Vorgaben – so sollen die Deutschen bis zum Jahr 2020 mindestens 14 Prozent der im Hause verwendeten Energie aus regenerativen Quellen beziehen. Man denke aber auch an die vergemeinschaftete deutsche Gesundheitspolitik mit dem geplanten, bürokratisch ungeheuer aufwendigen Fonds. Angeblich stärkt die Gesundheitsreform den Wettbewerb. Das ist allerdings nur der Name des einschlägigen Gesetzes („Gesetz zur Stärkung des Wettbewerbs in der gesetzlichen Krankenversicherung", kurz GKV-Wettbewerbsstärkungsgesetz oder GKV-WSG). Vor allem besteht die sogenannte Reform aus Ein-

schränkungen, Deckelungen und schlichten Kostendämpfungen. So sieht die ordnungspolitische Ermöglichung eines spontanen Prozesses bestimmt nicht aus. Das Ganze ist
das Ergebnis eines Kuhhandels unter Sozialingenieuren, die – weil in einer großen Koa-
lition aneinander gebunden – in ihren Verhandlungen am Ende eine Lösung finden
müssen, bei der beide das Gesicht wahren können.

Aber warum ist das so, warum erleben wir all diese Bevormundung? Ganz einfach,
ordnungspolitische Bescheidenheit bereitet den Akteuren naturgemäß nun einmal wenig
Vergnügen. Wie auch? Gestalten fühlt sich besser an als Zurückhalten. Zudem ist die
gezielte Bedienung bestimmter Klientels in kurzfristiger politischer Perspektive viel
lohnender. Und so bescheidet sich die Politik rationalerweise nicht mehr damit, mit Hilfe von allgemeinen Regeln die Bedingungen dafür zu schaffen, dass ein Prozess der
spontanen Ordnung möglichst frei und offen ablaufen kann und dass so ein nicht vor-
hersagbares gesellschaftliches Erfahrungswissen entsteht – ein Wissen darüber, wie wir
leben wollen. Ganz im Gegenteil, die Politik befleißigt sich vielmehr, diese sozialen
Prozesse zunehmend zu verstopfen, indem sie der Gesellschaft im Wege der Prozesspolitik die Endergebnisse diktiert und die Vielfalt nimmt. Sie sagt uns, wie wir leben sollen.

Damit unterbindet sie gerade das, was in der kulturellen Evolution unserer Gesellschaft entscheidend ist: die freie, die spontane Koordination. Diese immer wieder zu
begründen und ihre Ermöglichung anzumahnen, ist und bleibt die normative Aufgabe
der Ordnungsökonomik.

Literatur

Buchanan, James M. (2001), Law and the Invisible Hand, in: Moral Science and Moral Order,
    The Collected Works of James M. Buchanan, Vol. 17, Indianapolis.

Buchanan, James M. and *Roger D. Congleton* (2003), Generality, Law, and Politics, in: Politics
    by Principle Not Interest: Toward Nondiscriminatory Democracy, The Collected Works
    of James M. Buchanan, Vol. 11, Indianapolis.

Goldschmidt, Nils (Hg.) (2005), Wirtschaft, Politik und Freiheit, Tübingen.

Hayek, Friedrich August von (1945), The Use of Knowledge in Society, in: American Eco-
    nomic Review, Vol. XXXV, No. 4; pp. 519-30.

Hayek, Friedrich August von (1968), Die Sprachverwirrung im politischen Denken, mit einigen
    Vorschlägen zur Abhilfe, in: Gesammelte Schriften in deutscher Sprache, Tübingen,
    2002, S. 150-177.

Hayek, Friedrich August von (1980), Recht, Gesetzgebung und Freiheit, Vol. I, München.

Hayek, Friedrich August von (1982), Law, Legislation, and Liberty, Vol. I, London.

Hayek, Friedrich August von (1985), Competition as a Discovery Procedure, in: *F. A. von
    Hayek*, New Studies in Philosophy, Politics, and Economics, Chicago, pp. 179-190.

Horn, Karen Ilse (1997), Moral und Wirtschaft, Tübingen.

Merkel, Angela (2007), „Für Ludwig Erhard war die Freiheit unteilbar". Rede anlässlich des
    Festaktes des Ludwig-Erhard-Initiativkreises zu Ehren Ludwig Erhards am 18. Juli 2007
    in Fürth. http://www.angela-merkel.de/070718-rede-merkel-fuerth-erhard.pdf

Streit, Manfred E. (1996), Ordnungsökonomik, in: Gablers Volkswirtschaftslexikon, Wiesba-
    den, S. 814-843.

Alfred Schüller und Stefan Voigt (Hg.), Von der Ordnungstheorie zur Institutionenökonomik
Schriften zu Ordnungsfragen der Wirtschaft · Band 90 · Stuttgart · 2008

Ordnungsökonomik in der Bundesrepublik Deutschland
Anmerkungen zum Beitrag von *Karen Horn*

Dirk Wentzel

Inhalt

1.   Ordnungsökonomik als politische und wissenschaftliche Aufgabe

Ordnungspolitik, so formuliert es *Karen Horn* gleich im ersten Satz ihres Beitrags, sei in Deutschland ein eher trauriges Kapitel. Es gibt gute Gründe, ihr uneingeschränkt zuzustimmen, etwa mit Blick auf die nach wie vor ungebrochene und parteienübergreifende Neigung zur staatlichen Verschuldung und auf einen Sozialstaat, der jenseits volkswirtschaftlich vernünftiger Grenzen der Finanzierbarkeit dahintreibt. Doch gibt es nicht auch Lichtblicke in der praktischen Wirtschaftspolitik und neuere Forschungsansätze, die ordnungspolitisch ein wenig hoffnungsvoll stimmen können?

Bei der Erörterung der gestellten Frage sind die beiden Dimensionen der Bezeichnung „Ordnungsökonomik" zu unterscheiden – Ordnungspolitik und Ordnungstheorie. Zum einen geht es um die tatsächlich realisierte Ordnungspolitik und um folgende Fragen: Kann die deutsche Wirtschaft auf dieser Grundlage die Herausforderungen der Globalisierung meistern? Sind die einzelnen Teilordnungen – etwa die Sozialordnung, die Wettbewerbsordnung, die Außenhandelsordnung – mit ihrem engen Wirkungszusammenhang international wettbewerbsfähig? Konkreter: Wie schneidet der Wirtschaftsstandort Deutschland ab, etwa im Verhältnis zu den wichtigsten europäischen Partnern oder aber zu den USA?

Zum anderen geht es um die Frage, wie es um die Ordnungsökonomik in Forschung und Lehre bestellt ist. Wenn, wie *Karen Horn* es formuliert, das „Denken in Ordnungen als edel gilt", dann müßte eigentlich jede wirtschaftswissenschaftliche Fakultät in Deutschland gut beraten sein, sich kontinuierlich um die Vermittlung und Weiterentwicklung jener klassischen und modernen Erkenntnisprogramme zu bemühen, die für ein systematisches Denken in Ordnungen konstitutiv und für wirtschaftspolitische Entscheidungen im Rahmen der gewünschten Gesamtordnung unverzichtbar sind.

1.1. Wirtschaftsstandort Deutschland zwischen Reform und Beharrung

Deutschland präsentiert sich zurzeit vergleichsweise in einer wirtschaftlich erstarkten Verfassung. Nachdem die deutsche Volkswirtschaft in den Jahren vor 2004 nur geringe, teilweise sogar negative Wachstumsraten hatte, konnte 2007 erstmalig wieder ein zweiprozentiges Wachstum festgestellt werden (*Europäische Zentralbank* 2007). Der Euro hat sich als vergleichsweise stabile Währung erwiesen und das Vertrauen der internationalen Finanzmärkte gewonnen. Die Unabhängigkeit der Europäischen Zentralbank wird außer von Vertretern extremer Parteien bisher in Deutschland nicht ernsthaft in Frage gestellt. Die Arbeitslosenquote ist auf den niedrigsten Stand seit 1993 gesunken. Die Reformen am Arbeitsmarkt auf der Grundlage der sog. *Agenda 2010* wurden auch vom *Sachverständigenrat* (2006) als grundsätzlich richtig erachtet, stehen jedenfalls vom Ansatz her nicht im Widerspruch zu einer ordnungspolitisch fundierten Politikberatung. Viele Sektoren der Wirtschaft klagen über Fachkräftemangel, was einerseits für eine Sogwirkung der Arbeitsnachfrage spricht, andererseits aber auch als das Ergebnis gescheiterter Erziehungs- und Bildungsexperimente in Deutschland interpretiert werden kann. Die Entwicklung am Arbeitsmarkt, in der zumindest das Bemühen um beschäftigungsfördernde Reformen ersichtlich wird, könnte durchaus als ein ordnungspolitischer Lichtblick interpretiert werden, nach dem einleitend gefragt wurde. Allerdings ist dieser

Sektor zugleich auch ein Beispiel für die Fragilität von Veränderungen, wie *Karen Horn* es ebenfalls andeutet. Wichtige Grundelemente der Agenda 2010 waren im politischen Raum von Anfang an massiv umstritten und drohen dem Einfluss von extremen politischen Umverteilungsforderungen zum Opfer zu fallen. Selbst die Heraufsetzung des Rentenalters auf 67, angesichts der demografischen Entwicklung eine ökonomische Notwendigkeit und sozialpolitische Zumutbarkeit, ist nicht mehr konsensfähig. Auch dieser Punkt ist bestens geeignet, die These von *Karen Horn* über das düstere Erscheinungsbild der Ordnungspolitik in Deutschland zu untermauern.

Ordnungspolitik ist stets herausgefordert, auf veränderte Bedingungen des wirtschaftlichen Umfelds angemessen zu reagieren. Die Grundsatzfrage, welche Wirtschaftsordnung als leistungsstärker eingeschätzt wird, ist nach fast sieben Jahrzehnten Erfahrung mit der Zentralverwaltungswirtschaft eindeutig zu beantworten – sowohl wissenschaftlich als auch in der politischen Praxis. In regierungsamtlichen Äußerungen gilt die Wahl der marktwirtschaftlichen Ordnung als unzweifelhaft entschieden (vgl. *Horn* mit Verweis auf *Merkel* 2007). Freilich zeigen demoskopische Untersuchungen, dass die Akzeptanz der Sozialen Marktwirtschaft in ihrem heutigen Verständnis seit der Wiedervereinigung vielfach fragwürdig geworden ist, vor allem in Ostdeutschland; und dies trotz fortbestehender starker politischer Neigungen zu einer „schleichenden Kollektivierung" auf einem „Weg in die Knechtschaft", wie ihn *von Hayek* (1944/1991) in einem anderen ordnungspolitischen Zusammenhang mit bestechender Schärfe analysiert hat.

Dies ist deshalb alarmierend, weil sich die Rahmenbedingungen wirtschaftlichen Handelns unter dem Einfluss der sog. Globalisierung zum Teil grundlegend verändert haben. Der technische Fortschritt (Internet; E-Commerce), offene Handelsgrenzen und die zunehmende Integration rasch aufstrebender Länder in die Weltwirtschaft – wie etwa China – erfordern im Wettbewerb der Systeme eine Öffnung der nationalen Gesetzgebung für größere unternehmerische Handlungsspielräume (siehe *Friedman* 2000; *Wentzel* 1999). Um die bestehende Wirtschaftsordnung an die neuen und gestärkten Elemente des internationalen Wettbewerbsgeschehens anzupassen, bedarf es einer freiheitlicheren Ausrichtung der Ordnungspolitik. Wenn konkurrierende Länder ihre Sozialsysteme im Wettbewerb der Systeme attraktiver gestalten oder die Belastung der Unternehmen mit Steuern und Abgaben senken, hat dies beschäftigungs- und wachstumswirksame Konsequenzen für den Wirtschaftsstandort Deutschland und den Strom von Direktinvestitionen.

Die Entwicklung der deutschen Wirtschaftsordnung unterliegt zunehmend dem Einfluss der Europäischen Union (EU) (siehe *Wentzel* 2006). 80 Prozent der neu geschaffenen Rechtsvorschriften in Deutschland kommen direkt aus Europa (siehe Beitrag *Schmidtchen* i. d. Bd.) oder entstehen aus der Umsetzung europäischer Direktiven. In der EU schlagen jedoch, frei nach *Goethe*, zwei ordnungspolitische Herzen. Das eine ist wettbewerblich-marktwirtschaftlich ausgerichtet und manifestiert sich in den vier Grundfreiheiten, die Europa zum größten Binnenmarkt der Welt haben werden lassen. Das andere ist eher politisch-administrativ ausgerichtet und sieht in der Harmonisierung der Ordnungsbedingungen und in der Umsetzung des „acquis communautaire" den notwendigen Weg zu mehr Wohlstand. Ordnungspolitisch ist der ersten Ausrichtung der

Vorzug zu geben, weil sie dem Grundsatz der Ergebnisoffenheit von ordnungspolitischen Weichenstellungen entspricht.

Wie stark die deutsche Wirtschaftsordnung von europäischen Institutionen geprägt
wird, zeigt die Tatsache, dass wichtige Bereiche der nationalen Handlungsautorität direkt an Europa delegiert wurden. So gibt es beispielsweise nur noch eine gemeinsame
europäische Handelspolitik oder Agrarpolitik. Aus ordnungsökonomischer Sicht hat die
EU allein schon wegen der bekannten dirigistischen Agrarpolitik einen schlechten Ruf.
Nicht unbegründet ist auch die Kritik an der verstärkten politisch-administrativen Ausrichtung der Integrationspolitik im Gefolge des Maastrichter Vertrages, etwa im Bereich
der Industriepolitik. Beim Hinweis auf diese und andere Ansatzpunkte für einen von
Brüssel ausgehenden verstärkten ordnungspolitischen Interventionismus wird vielfach
übersehen, dass die Union auch ihre ordnungspolitischen Lichtblicke vorzuweisen hat.
So gehen beispielsweise wichtige Schritte zur Liberalisierung der Medien und der Telekommunikation, der Energiemärkte und auch der Verkehrsmärkte in erster Linie von
der EU aus – nicht zuletzt gegen den massiven Widerstand nationaler politischer und
wirtschaftlicher Interessen. Eine Beschneidung des Einflusses des öffentlich-rechtlichen
Rundfunks in Deutschland und eine Zulassung privater Fernsehanbieter wären ohne den
Druck der EU-Kommission niemals möglich gewesen. Auch die ursprüngliche Dienstleistungsrichtlinie, mit der die Liberalisierung aller Dienstleistungen in Europa beabsichtigt wurde, war ein ordnungspolitisch positiver Vorstoß der Kommission für mehr
Wettbewerb und den Abbau von Handelsschranken, der jedoch durch die deutsche Regierung im Dienste protektionistisch eingestellter Verbände verhindert wurde.

Je zwiespältiger die ordnungspolitische Ausrichtung der EU ist, desto besser wäre
die Ordnungspolitik in Deutschland beraten, sich verstärkt um eigenständige ordnungspolitische Vorstöße und Beiträge im Wettbewerb der Systeme gerade auch auf europäischer Ebene zu bemühen, sich also nicht allein auf Liberalisierungsanstöße von außen in
der Annahme zu reagieren, diese im Inneren politisch leichter durchsetzen zu können.
Die Liste der Handlungsfelder, auf denen ordnungspolitische Veränderungen aus eigenem Antrieb dringend einzufordern sind, ist lang. Die demografische Entwicklung,
rückläufige Geburtenzahlen und die steigende Lebenserwartung sind Herausforderungen, denen z. B. in der Rentenpolitik nur bei Verleugnung von Vernunft und Verantwortung für künftige Generationen länger ausgewichen werden kann. Als *Ludwig Erhard 1957* seinen „Wohlstand für Alle" publizierte, war die durchschnittliche Lebenserwartung ca. 10 Jahre niedriger als heute. Wird daran gemessen die Heraufsetzung des
Renteneintrittsalters auf 67 Jahre für unzumutbar gehalten, zeugt dies von einer wirklichkeitsfremden Problemsicht.

Auch in anderen Bereichen sind Reformen dringend notwendig, etwa im Gesundheitswesen oder in der Bildungspolitik, in denen Deutschland in den letzten Jahren zunehmend und regelmäßig schlechte Noten im internationalen Vergleich (etwa der O
ECD) erhält. So ist eine Reform des deutschen Hochschulwesens dringend geboten, um
den wichtigsten Rohstoff der deutschen Volkswirtschaft, die Innovationsfähigkeit, dauerhaft zu erhalten. Allerdings muß diese Reform ihren Namen auch wirklich verdienen
und darf nicht nur in einer schematischen Übertragung von bestimmten (amerikanischen) Etiketten bestehen (Bachelor, Master). Immer mehr deutsche Spitzenforscher

zieht es ins Ausland, weil dort die Arbeitsbedingungen besser sind und der bürokratische Aufwand, der mit einer Forschungs- und Lehrtätigkeit verbunden ist, sehr viel geringer ausfällt. Aber auch die Studenten zieht es zunehmend ins Ausland, und bei den finanzierenden Eltern steigt die Bereitschaft, die hierfür international marktüblichen Preise zu zahlen. Deutschland muß endlich Abschied nehmen von der Überzeugung, akademische Spitzenleistungen seien „kostenlos" zu erhalten.

Das Beispiel der Hochschulpolitik belegt die Kurzatmigkeit ordnungspolitischen Handelns. Ordnungspolitik sollte jedoch langfristig angelegt sein und auf allgemeinen, nicht-diskriminierenden Regeln beruhen. Dieser Anspruch ist allerdings mit einem grundsätzlichen Problem der öffentlichen Wahrnehmung konfrontiert, der für eine mediale Präsentation und Vermittelbarkeit, wie sie heute als modern gilt, eine besondere Herausforderung darstellt. Jede praktische Politik ist tagesgeschäftlich und kurzfristig ergebnisorientiert. Nach vier Jahren muß sich ein Politiker zur Wiederwahl stellen und seiner Gefolgschaft die Liste seiner Erfolge präsentieren. Die Zeitfenster für langfristig orientierte Ordnungspolitik beschränken sich unmittelbar auf die beiden ersten Jahre nach der Wahl. Ab der Mitte der Legislaturperiode wirft die nächste Wahl schon ihre Schatten voraus, und damit sinkt – empirisch nachweisbar – die Bereitschaft, ordnungspolitisch notwendige Reformen voranzutreiben.

Zusammenfassend läßt sich festhalten, dass die praktische Ordnungspolitik in Deutschland Licht und Schatten aufweist. Allerdings empfiehlt sich hier aus wissenschaftlicher und methodischer Perspektive ein Blick in die Nachbarländer: Die Bedeutung *systemvergleichender Forschung* hat ja gerade in Marburg eine große Tradition. Viele europäische Partner – etwa Frankreich oder Italien – haben ebenfalls mit großen Herausforderungen zu kämpfen. Die osteuropäischen Partner, die noch alle mit den Spätfolgen der Zentralverwaltungswirtschaft zu kämpfen haben, dürften auf Jahre hinaus nicht in der Lage sein, den Euro einzuführen, weil die Stabilitätsvoraussetzungen hierfür nicht erfüllt sind. Und auch die USA, lange Jahre Vorbild für eine wettbewerbliche Ordnung der Wirtschaft, bereiten vielen Ordnungsökonomen große Sorgen durch die Anhäufung von Defiziten im Haushalt und in der Außenwirtschaft sowie durch eine nachhaltige Dollarschwäche. Der Reformstau ist ein Problem in Deutschland, aber keineswegs nur ein deutsches Problem. Eine systemvergleichende und länderübergreifende Betrachtung, seit 50 Jahren Domäne der Forschungsstelle zum Vergleich wirtschaftlicher Lenkungssysteme, ist hier wissenschaftlich wie auch politisch von großem Gewinn.

1.2. Akademische Ordnungsökonomik: Ein Auslaufmodell?

Der Zustand der akademischen Ordnungspolitik in Deutschland erscheint sehr viel bedenklicher. Die wenigen noch existenten Lehrstühle für Ordnungspolitik sind mit vergleichsweise älteren Kollegen besetzt und werden zumeist bei Neu-Besetzungen umgewidmet, entweder in eine eher quantitativ-makroökonomische VWL oder aber gleich in Richtung Betriebswirtschaftslehre. Dabei ist das Studium der „Meilensteine der Ordnungsökonomik" im Kontext der modernen institutionen- und konstitutionenökonomischen Weiterentwicklungen in den universitären Ausbildung weiterhin für die Kenntnis und vergleichende Beurteilung von Wirtschaftssystemen und ihrer Gestaltungsmöglichkeiten unverzichtbar. Die Vertreter der Österreichischen, der Freiburger und Marburger Schule der Erforschung von Wirtschaftssystemen und des Systemwandels haben in den brennenden Fragen der nationalen und internationalen Ordnungspolitik nach wie vor Bedeutendes zu sagen und können mit ihren Versuchen, ein Gesamtbild wirtschaftlicher Zusammenhänge zu vermitteln, als Autoren des 21. Jahrhunderts genannt werden. Auch zu *Ludwig Erhard* sollte den künftigen Absolventen mehr einfallen als die Frage: „War das nicht der mit der Zigarre?"

Die Ordnungsökonomik ist ein schwieriges Fach, weil die Fragestellungen vielschichtig sind. Komplexität ist gewissermaßen ein Systemspezifikum sich permanent ausdifferenzierender Ordnungen (ausführlich *Schenk* 2004). Mit dem Verweis auf komplexitätsbedingt unscharfe Ergebnisse oder Mustervorhersagen (*von Hayek* 1975) kann Wünschen nach eindeutig quantifizierbaren Ergebnissen, deren Validität schon von vorneherein höchst fragwürdig ist, vielfach nur unzureichend gedient werden.

Ein Beispiel für die Nachfrage nach „exakter" Wissenschaft sind Prognosen über Wechselkursentwicklungen. Wer Wirtschaftssendungen verfolgt (etwa n-tv oder Börse aktuell), wird feststellen, dass volkswirtschaftliche Experten, etwa von Großbanken, gefragt werden, wo sie mittelfristig den Dollar in Relation zum Euro sehen. Die Antwort beginnt nicht selten mit der Floskel: „Aufgrund unserer quantitativen Studien kommen wir zu dem Ergebnis, dass ...". Die tatsächliche Qualität der Prognosen ist jedoch relativ gering. An der Erkenntnis, daß Devisenmärkte auf Angebot und Nachfrage reagieren und es wegen der Komplexität der dahinter stehenden Einflussfaktoren kaum vorhersehbar ist, wie sich diese Faktoren etwa innerhalb von sechs Monaten konkret entwickeln, hat sich bis heute nichts geändert. Für eine moderne Nachrichtensendung scheint sich eine solche unscharfe Erkenntnis jedoch nicht zu eignen, weil sie den fundamentalen Gesetzen des Medienmarktes widerspricht (vgl. *Tietzel* und *Wentzel* 2005).

Aus medienökonomischer Perspektive ist der Hang zur vermeintlichen exakten Vorhersage durchaus erklärbar, sogar verständlich. Bemerkenswert ist freilich der Sachverhalt, daß diese Neigung auch an deutschen Universitäten in Forschung und Lehre Überhand und von hier aus in mediengerechten simplifizierten Wissensanmaßungen Einfluß gewinnt. Ein junger Wissenschaftler wird dazu angehalten, einfache Modelle zu studieren, sie zu kritisieren und ggf. weiterzuentwickeln („refinement"). Hierdurch soll wissenschaftlicher Fortschritt in kleinsten Schritten ermöglicht werden („incremental progress"). Die Arbeiten mögen formal sauber modelliert sein, doch ist nicht selten die Neigung unübersehbar, dem Ausgangsmodell und seinen Verfeinerungen für die behandelten Probleme oder Anwendungsfälle vorschnell eine hinreichende Tragfähigkeit zuzuschreiben und daraus weitreichende Einschätzungen und Folgerungen zu ziehen. Das erscheint problematisch, vor allem wenn die Modellannahmen – auch hinsichtlich des menschlichen Verhaltens im Alltag – auf einer zu radikalen Reduktion von Komplexität, mit der es die Wirtschaftswissenschaft zu tun hat, beruhen.

Die Übertreibung des sog. Homo oeconomicus-Ansatzes ist Ausdruck einer solchen Vorgehensweise, die die Vielschichtigkeit menschlicher Verhaltensweisen noch stärker ignoriert, als es bisweilen in der traditionellen neoklassischen Theorie und in bestimmten Ausprägungen der Makroökonomie geschehen ist. Eine enge Ausrichtung auf maschinenartig funktionierende Verhaltensmodelle folgt aber vielfach dem Versuch, den mathematischen Optimierungsanforderungen gerecht zu werden. *Franz Böhm* (1954, S. 85) hat sich hierzu wie folgt kritisch geäußert: Es gibt Wissenschaftler, die sich „in die modellgerechte marktwirtschaftliche Ordnung aus gar keinem anderen Grunde verliebt haben als deshalb, weil diese Ordnung so ungemein interessante technische Probleme aufgibt, an denen theoretisch herumzubasteln und einen nicht gewöhnlichen Scharfsinn zu wetzen, eine wahre Götterspeise für philosophiefremde Interdependenz- und Gleichgewichtsvirtuosen ist".

Der Homo oeconomicus will immer mehr, ist nie zufrieden, nützt jede „goldene Gelegenheit" (auch zum Betrug) und hat nichts anderes im Sinn, als seinen Nutzen zu maximieren. Wenngleich es in der Volkswirtschaftslehre eine sehr interessante methodologische Debatte gibt, ob aus der Realistik der Prämissen Rückschlüsse auf die Qualität einer Theorie gezogen werden können (siehe *Bettina Wentzel* 1999), so kann doch festgehalten werden, dass eine Erweiterung der methodischen Basis dringend geboten ist. Neuere Forschungen, die auch durch die letzten Nobelpreise belohnt wurden, sind geeignet, das Feld der Hypothesen über menschliches Verhalten zu erweitern und wieder Anschluß an ein Verständnis der Volkswirtschaftslehre zu finden, wie es beispielsweise bei *Adam Smith* (1776/2005) angelegt ist. Fairneß und Reziprozität sind Elemente menschlichen Verhaltens, die sich auch in wirtschaftlichen Aktionen und Reaktionen widerspiegeln.

Auch die simple Annahme der vollkommenen Rationalität wird problematisch, wenn diese mit Rücksicht auf karrierespezifische Anforderungen einer Formalisierung volkswirtschaftlichen Denkens gewählt wird. Die Arbeiten zur beschränkten Rationalität („bounded rationality") oder die Forschungen zu den sog. „Verhaltensanomalien" verdeutlichen, daß Emotionen Teil des menschlichen Lebens sind und einen beachtenswerten Einfluß auf die Handlungsspielräume der Menschen haben. Bei den Klassikern des ordnungsökonomischen Denkens wie *Wilhelm Röpke* finden sich viele Beispiele für die Auffassung, dass das Entscheidende auch im Wirtschaftsleben vielfach in Dingen besteht, die „so vertrackt sind wie ein Liebesbrief oder eine Weihnachtsfeier" (*Röpke* 1961, S. 369). Von *Röpke* stammt auch die Einsicht, dass die Nationalökonomie nur dann zu einer geistigen und gestaltenden Macht werden kann, wenn sie sich um die Einbeziehung vielfältiger Erkenntnisquellen bemüht und sich einer einfachen lebendigen Sprache bedient, mit der intelligente Leser aus allen Berufskreisen erreicht werden können, vor allem, wenn es darum geht, brennende gesellschafts- und wirtschaftspolitische Probleme der Zeit zu diagnostizieren und zu therapieren. Wenn heute in der Gesellschaft und Politik beängstigende ordnungspolitische Wahrnehmungsdefizite vorherrschen und eine unbedachte „Reform" die andere jagt, dann ist dies vielfach ein Ausdruck dafür, dass die medienwirksame Schau für die Wirklichkeit gehalten und der gute soziale Wille für das ordnungspolitisch Gute genommen wird (siehe *Schüller* 2003, S. 43 f.). Wenn neue Fragen und wissenschaftliche Werkzeuge präzisere analytische und empirische Zugriffe auf das Wirtschaftsgeschehen versprechen und sich hierdurch die Perspektiven für praktisch verwertbare Ergebnisse und verallgemeinerungsfähige Erkenntnisse verbessern, so ist das wünschenswert. Jedoch spricht manches dafür, dass hierfür das „Denken in Ordnungen" à la *Eucken* oder *Röpke* und das „Denken in Mustervorhersagen" (*von Hayek* 1975) unverzichtbare Ausgangs- und Orientierungsgrundlagen bieten.

Die Lehren von *Smith*, *Eucken* und *Hayek* und anderen Freiburgern sollten weiterhin ebenso zu den universitären Curricula gehören wie die damit in einem engen Zusammenhang stehenden Erkenntnisse der modernen Institutionen- und Verfassungsökonomik sowie der evolutorischen Ordnungsökonomik. Damit kann verhindert werden, dass bei der Arbeit mit hoch formalen Modellen folgender Eindruck entstehen kann: Alle sozialen Probleme sind einfach abbildbar und damit steuerbar. Dem Sozialingenieur, wie *Karen Horn* es mit Bezug *Tinbergen* nennt, sind keine Grenzen gesetzt. Die Gefahr der „Anmaßung von Wissen" (*von Hayek* 1975) und die tatsächliche Anmaßung von Können gehen häufig Hand in Hand.

2. Quo vadis, Ordnungsökonomik?

Der Werbeslogan eines großen Wirtschaftsmagazins lautet: „Nichts ins spannender als die Wirtschaft". Alltägliche Nachrichtensendungen widmen in der Regel deutlich mehr als die Hälfte der Sendezeit wirtschaftlichen Themen, vom Börsengeschehen, über geld- und währungspolitische Fragen, von den Arbeitsmarktzahlen bis zu den internationalen Handelsbeziehungen, von Unternehmensentwicklungen bis zur Renten- und Gesundheitspolitik.

Fragen dieser Art zeigen, dass Betriebs- und Volkswirtschaftslehre in vieler Hinsicht zusammengehören. Unternehmungen sind Teil der gesamten Wirtschaftsordnung, unternehmensinterne und -externe Prozesse Teilhergänge der jeweils realisierten Gesellschafts- und Wirtschaftsordnung. Umgekehrt kann man von der Wirtschaftsordnung in nationalen und internationalen Bezügen nichts verstehen, wenn man vom Unternehmensgeschehen nichts versteht. Die modernen institutionenökonomischen Bemühungen zur Integration von Unternehmens-, Markt- und Wettbewerbstheorie tragen z. B. dieser ordnungsökonomischen Erkenntnis Rechnung. Für deren Vermittlung und Weiterentwicklung wird auch in Zukunft in Forschung und Lehre nicht auf Ordnungsökonomen verzichtet werden können, die auf solidem theoretischem Fundament mit starker internationaler Ausrichtung arbeiten und dazu beitragen können, dass eine Auseinanderentwicklung von quantitativer Nationalökonomie und Ordnungsökonomik überwunden wird und beide geistigen Strömungen zusammengeführt werden.

Literatur

Böhm, Franz (1954), Freiheitsordnung und soziale Frage, in: Grundsatzfragen der Wirtschaftsordnung, ein Vortragszyklus der Wirtschafts- und Sozialwissenschaftlichen Fakultät der FU Berlin, Berlin.

Eucken, Walter (1952/90), Grundsätze der Wirtschaftspolitik, Tübingen 1990.

Europäische Zentralbank (2007), Monatsbericht Oktober.

Friedman, Thomas L. (2000), The Lexus and the Olive Tree: Understanding Globalization, New York.

Hayek, Friedrich August von (1944/1991), Der Weg in die Knechtschaft, München 1991.

Hayek, Friedrich August von (1975), Die Anmaßung von Wissen, in: ORDO, Band 26, S. 12-21.

Röpke, Wilhelm (1961), Jenseits von Angebot und Nachfrage, 3. veränderte Auflage, Erlenbach-Zürich und Stuttgart 1961.

Sachverständigenrat (Hg.) (2006), Jahresgutachten.

Schenk, Karl-Ernst (2004), Economic Institutions and Complexity, Structures, Interactions and Emergent Properties, London.

Schüller, Alfred (2003), Wilhelm Röpke – Werk und Wirken in Marburg: Lehren für die Gegenwart und die Zukunft, in: ORDO, Band 54, S. 21-48.

Smith, Adam (1776/2005), An Inquiry into the Nature and Causes of the Wealth of Nations", deutsch: Untersuchung über Wesen und Ursachen des Reichtums der Völker, herausgegeben und eingeleitet von *Erich W. Streissler*, Tübingen 2005.

Tietzel, Manfred und *Dirk Wentzel* (2005), Pressefreiheit: Erfolg oder Mißerfolg einer Institution, in: *Thomas Eger* (Hg.), Erfolg und Versagen von Institutionen, Berlin, S. 53-88.

Wentzel, Bettina (1999), Der Methodenstreit, Frankfurt.

Wentzel, Dirk (1999), Globalisierung als Ordnungsproblem, in: *Peter Engelhard* und *Heiko Geue* (Hg.), Theorie der Ordnungen – Lehren für das 21. Jahrhundert, Stuttgart, S. 335-369.

Wentzel, Dirk (Hg.) (2006), Europäische Integration – Ordnungspolitische Chancen und Defizite, Stuttgart.

158

Anschriften der Autoren

Professor Dr. *Anne van Aaken*, Universität St. Gallen, Rechtswissenschaftliche Abteilung Guisanstr. 36, CH-9010 St.Gallen, anne.vanaaken@unisg.ch

Professor Dr. *Leszek Balcerowicz*, Department of International Comparative Studies, Warsaw School of Economics, ul. Niepodległości 162, 02-554 Warszawa/Polen, lbalce@sgh.waw.pl

Professor Dr. *Thomas Eger*, Universität Hamburg, Fakultät für Rechtswissenschaft, Rothenbaumchaussee 36, 20148 Hamburg, thomas.eger@uni-hamburg.de

Dr. *Karen Horn*, Institut der deutschen Wirtschaft Köln, Wallstr. 15/15a, 10179 Berlin, karen@karenhorn.de

Professor Dr. *Wolfgang Kerber*, Philipps-Universität Marburg, Fachbereich Wirtschaftswissenschaften, Am Plan 2, 35032 Marburg, kerber@wiwi.uni-marburg.de

Professor Dr. *Christian Kirchner*, Humboldt-Universität Berlin, Juristische Fakultät, Unter den Linden 6, 10099 Berlin, christian.kirchner@rewi.hu-berlin.de

Dr. *Razeen Sall*y, London School of Economics, International Relations Department, Houghton Street, London WC2A 2AE, U.K., R.Sally@lse.ac.uk

Professor Dr. *Dieter Schmidtchen*, Universität des Saarlandes, Lehrstuhl für Nationalökonomie, insbes. Wirtschaftspolitik, Postfach 15 11 50, 66041 Saarbrücken, csle@rz.uni-sb.de

Professor Dr. *Alfred Schüller*, Philipps-Universität Marburg, Fachbereich Wirtschaftswissenschaften, Universitätsstr. 25a, 35032 Marburg, schueller@wiwi.uni-marburg.de

Professor Dr. *Stefan Voigt*, Philipps-Universität Marburg, Fachbereich Wirtschaftswissenschaften, Barfüßertor 2, 35032 Marburg, voigt@wiwi.uni-marburg.de

Professor Dr. *Dirk Wentzel*, Hochschule Pforzheim, Tiefenbronner Str. 65, 75175 Pforzheim, dirk.wentzel@fh-pforzheim.de

Teilnehmer der Festveranstaltung

Allmann, Prof. Dr. Rudolf, Philipps-Universität Marburg
Allmann, Gudrun, Marburg
Aaken, Prof. Dr. Anne van, Universität St. Gallen
Altendorf, Ingrid, Lichtenfels-Sachsenberg

Balcerowicz, Prof. Dr. Leszek, Warsaw School of Economics, Warschau
Bardt, Dr. Ruprecht, IHK-Marburg
Beuthien, Prof. Dr. Volker, Philipps-Universität Marburg
Bing, Dr. Wilhelm, Korbach
Bing, Stephanie, Korbach
Bischoff, PD Dr. Ivo, Philipps-Universität Marburg
Bohnet, Prof. Dr. Dr. Armin, Universität Gießen
Borscheid, Prof. Dr. Peter, Philipps-Universität Marburg
Breuer, Gabriele, Frankfurt am Main
Brockmeier, Dr. Thomas, IHK Halle/Saale
Buck, Dr. Hannsjörg, Bad Honnef
Budzinski, PD Dr. Oliver, Philipps-Universität Marburg

Cassel, Prof. Dr. Dieter, Universität Essen-Duisburg, Duisburg
Clapham, Prof. Dr. Ronald, Universität Siegen
Clapham, Dipl.-Vw., Dipl.-Betriebsw. Gisela, Köln

Daumann, Prof. Dr. Frank, Friedrich-Schiller-Universität Jena
Dauner, Matthias, Philipps-Universität Marburg
Dehnhardt, Dipl.-Vw. Michael, Fulda
Delhaes, Dr. Karl von, Herder-Institut, Marburg
Diederichs, Dr. Henning, Maintal
Dierkes, Prof. Dr. Stefan, Philipps-Universität Marburg
Dülfer, Prof. Dr. Dres. h.c. Eberhard, Philipps-Universität Marburg

Eger, Prof. Dr. Thomas, Universität Hamburg
Eichelkraut, Sascha, Hochschule Pforzheim
Eickhof, Prof. Dr. Norbert, Universität Potsdam
Engelhard, Dr. Peter, Essen

Fandel, Prof. Dr. Dr. h.c. Günter, FernUniversität Hagen
Fandel, Dipl.-Vw. Gabi, Hagen-Emst
Fehl, Prof. Dr. Ulrich, Philipps-Universität Marburg
Fehl, Barbara, Marburg
Fetsch, Dr. Cornelius G., Düsseldorf
Fetsch, Barbara, Düsseldorf
Fey, Dr. Gerrit, Deutsches Aktien-Institut Frankfurt a. M.
Fleischer, Prof. Dr. Karlheinz, Philipps-Universität Marburg

Geer, Dr. Thomas, Essen
Geruschkat, Dr. Ralf, Deutscher Industrie- und Handelskammertag (DIHK), Berlin
Geue, Dr. Heiko, Bundesministerium der Finanzen, Berlin

Göbel, Jana, Philipps-Universität Marburg
Görgens, Prof. Dr. Egon, Universität Bayreuth
Gornig, Prof. Dr. Dr. h.c., Gilbert, Philipps-Universität Marburg
Greif, Dr. Siegfried, München
Greif, Margret, München
Gröteke, Dr. Friedrich, Bundesministerium für Wirtschaft und Technologie, Berlin
Günzel, Barbara, Emil-von-Behring-Bibliothek, Marburg
Günzel, Hermann, Universitätsbibliothek, Philipps-Universität Marburg
Gutmann, Prof. Dr. Dres. h.c. Gernot, Universität zu Köln
Gutmann, Dipl.-Vw. Ursula, Bergisch-Gladbach
Gutnik, Dr. Vladimir, Staatliche Universität – Hochschule für die Wirtschaft, Moskau

Haake, Prof. Dr. Manfred, Philipps-Universität Marburg
Haake, Erika, Marburg
Hagemann, Dr. Michael Hagemann, Wiesbaden
Hagemann, Doris, Wiesbaden
Hamel, Dr. Hannelore, Philipps-Universität Marburg
Hamel, Dr. Günther, Philipps-Universität Marburg
Hamm, Prof. Dr. Walter, Philipps-Universität Marburg
Hartung, Gerhard, Bensheim
Hasenkamp, Prof. Dr. Ulrich, Philipps-Universität Marburg
Hasse, Prof. Dr. Rolf, Universität Leipzig
Hayo, Prof. Dr. Bernd, Dekan der Philipps-Universität Marburg
Heimann, Dr. Christian, Jersleben
Heine, PD Dr. Klaus, Freie Universität Berlin
Hennecke, PD Dr. Hans Jörg, Universität Duisburg-Essen
Hennecke, Studienrätin Juliane, Heiligenstedten
Hilf, Prof. Dr. Eckehard A., Gernsbach
Hof, Prof. Dr. Hans-Joachim, Hochschule Pforzheim
Höhmann, Bernd, Kanzler i. R. der Philipps-Universität Marburg
Horn, Dr. Karen, Institut der deutschen Wirtschaft, Berlin

Jaehne, Dr. Günter, Universität Gießen
Jansen, Dr. Paul, Bundesministerium der Verteidigung, Bonn
Jungraithmayr, Prof. Dr. Herrmann, Universität Frankfurt

Karzel, Tobias, Philipps-Universität Marburg
Keil, Prof. Dr. Dr. h. c., Siegfried, Philipps-Universität Marburg
Keil, Ingeborg, Marburg
Kerber, Prof. Dr. Wolfgang, Philipps-Universität Marburg
Kirchner, Prof. Dr. Dr. Christian, Humboldt-Universität zu Berlin
Kirk, Prof. Dr. Michael, Philipps-Universität Marburg
Klein, Dr. Werner, Universität zu Köln
Klein, Erika, Brühl
Klemencic-Hartung, Dr. Alenka, Bensheim
Klüßendorf, Prof. Dr. Niklot, Hessisches Landesamt für geschichtliche Landeskunde Marburg
Knauff, Dr. Rudolf, Kassel

Korn, Prof. Dr. .Evelyn, Philipps-Universität Marburg
Krag, Prof. Dr. Joachim, Philipps-Universität Marburg
Krause, Dr. Hans-Peter, Friedberg-Bruchenbrücken
Kriszeleit, Dr. Rudolf, Industriebank Hessen AG., Frankfurt/Main
Krüsselberg, Prof. Dr. Hans-Günter, Philipps-Universität Marburg

Leder, Dr. Matthias, IHK Gießen-Friedberg
Leipold, Prof. Dr. Helmut, Philipps-Universität Marburg
Leipold, Ursula, Marburg
Lenel, Prof. Dr. Hans Otto, Universität Mainz
Leßmann, Prof. Dr. Herbert, Philipps-Universität Marburg
Lith, Prof. Dr. Ulrich van, Mülheim/Ruhr
Lith, Schulleiterin, Barbara van, Mühlheim/Ruhr
Lucius, Prof. Dr. Wulf D. von, Verlag Lucius&Lucius, Stuttgart
Ludwig, Dipl.-Vw. Sandra, Bundesministerium des Inneren Berlin

Michler, PD Dr. Albrecht F., Heinrich-Heine-Universität Düsseldorf
Müller-Graff, Prof. Dr. Dres. h. c. Peter-Christian, Ruprecht-Karls-Universität Heidelberg
Meyer, Prof. Dr. Wilhelm, Philipps-Universität Marburg
Meyer, Erika, Marburg

Nave-Herz, Prof. Dr. Dr. h.c. Rosemarie, Carl von Ossietzky Universität Oldenburg
Nienhaus, Prof. Dr. Volker, Präsident der Philipps-Universität Marburg
Nietert, Prof. Dr. Bernhard, Philipps-Universität Marburg

Oehler, Prof. Dr. Wolfgang, Universität Bielefeld
Opitz, Dr. Gerhard, Marburg
Opitz-Eschenbach, Valeria, Marburg

Panther, Prof. Dr. Stephan, Universität Flensburg
Paraskewopoulos, Prof. Dr. Spiridon, Universität Leipzig
Paraskewopoulos, Elke, Köln
Pausch, Dr. Monika, Wiesbaden
Pausch, Hans-Wilhelm, Wiesbaden
Pechel, Dr. Dieter, Philipps-Universität Marburg
Peterhoff, Dr. Reinhard, Philipps-Universität Marburg
Peters, Prof. Dr. Hans-Rudolf, Baden-Baden
Pinter, Reg. Dir.Bernhard, Philipps-Universität Marburg

Reimer, Dr. Franz, Albert-Ludwigs-Universität Freiburg i. Br.
Reuter, Prof. Dr. Hans Georg, Wolfenbüttel
Reuter, Margaret, Wolfenbüttel
Rhiel, Dr. Alois, Staatsminister für Wirtschaft, Verkehr und Landesentwicklung, Wiesbaden
Richter, Prof. Dr. Dr. h.c. Rudolf, Universität des Saarlandes Saarbrücken

Sally, Razeen, London School of Economics
Satzer, Dipl.-Vw. Janina, Philipps-Universität Marburg
Schanze, Prof. Dr. Dr. h.c. Erich, Philipps-Universität Marburg
Schenk, Prof. Dr. Karl-Ernst, Universität Hamburg

162

Schiemenz, Prof. Dr. Bernd, Philipps-Universität Marburg
Schiemenz, Rita, Marburg
Schmidtchen, Prof. Dr. Dieter, Universität des Saarlandes Saarbrücken
Schmidtchen, Birgitta, Saarbrücken
Schneider, Dr. Georg, Swisttal-Buschhoven
Schneider, Dr. Hermann, Konrad-Adenauer-Stiftung, St. Augustin
Schöttler, Hermann, Dipl.-Kfm. und Wirtschaftsprüfer, Frankfurt am Main
Schröder, Dr. Guido, Universität Bayreuth
Schüller, Prof. Dr. Alfred, Philipps Universität Marburg
Schüller, Christa, Marburg
Smeets, Prof. Dr. Heinz-Dieter, Heinrich-Heine-Universität, Düsseldorf
Starke, Dr. Rainer Dieter, Vöhringen
Stauder, Dr. Jochen, Kirchhain
Streit, Prof. Dr. Manfred E., Saarbrücken

Thieme, Prof. Dr. H. Jörg, Heinrich-Heine-Universität, Düsseldorf
Thieme, Dipl.-Vw. Uta, Essen
Tonigold, Dipl.-Vw. André, Lahnau

Viersbach, Dipl.-Vw. Hans und Frau Elfriede Schoenau, Grafschaft
Voigt, Prof. Dr. Stefan, Philipps-Universität Marburg

Wagner, Prof. Dr. Ulrich, Hochschule Pforzheim
Wagner, Prof. Dr. Adolf, Universität Leipzig
Wagner, Ursula, Tübingen
Watrin, Prof. Dr. Christian, Universität zu Köln
Watrin, Helga, Rodenkirchen
Welsch, Dipl.-Vw., Thomas, Philipps-Universität Marburg
Wentzel, Prof. Dr. Dirk, Hochschule Pforzheim
Wenzler, Dr. Hariolf M., Bucerius Law School, Hamburg
Werner, Prof. Dr. Dietrich, Philipps-Universität Marburg
Werner, Traute, Marburg
Willgerodt, Prof. Dr. Hans, Universität zu Köln
Willgerodt, Dipl.-Vw. Lotte, Bergisch Gladbach
Wößmann, Prof. Dr. Ludger, Ludwig-Maximilian-Universität, München
Wolff-Wölk, Dr. Andrea, Philipps-Universität Marburg

Zechlin, Dr. Hans-Jürgen, Kronberg
Zimmermann, Prof. Dr. Dr. h.c. Horst Philipps-Universität Marburg
Zimmermann, Dipl-Vw. Amrei, Marburg

Schriften zu Ordnungsfragen der Wirtschaft

Lucius&Lucius Verlags-GmbH, Stuttgart, ISSN 1432-9220

Herausgeber:
Prof. Dr. Gernot Gutmann, Dr. Hannelore Hamel, Prof. Dr. Helmut Leipold
Prof. Dr. Alfred Schüller, Prof. Dr. H. Jörg Thieme, Prof. Dr. Stefan Voigt

In Vorbereitung:

Band 89: *Dirk Wentzel* (Hg.),
Medienökonomik heute: Ordnungsökonomische Grundfragen und
Gestaltungsmöglichkeiten, 2008.

Bereits erschienen:

Band 88: *Helmut Leipold,*
**Die Ordnung von Wirtschaft und Gesellschaft als zentrale
Aufgabe:** Ordnungsökonomische und kulturvergleichende Studien,
2008, 307 S., 38 €, ISBN 978-3-8282-0436-2.

Band 87: *Katharina Wacker,*
Wettbewerb und Regulierung auf dem deutschen Fernsehmarkt:
Deregulierungsbedarf und Umsetzungsbedingungen, 2007, 220 S.,
36 €, ISBN 978-3-8282-0414-0.

Band 86: *Albrecht F. Michler* und *H. Jörg Thieme* (Hg.),„
Systeme monetärer Steuerung: Analyse und Vergleich geldpoliti-
scher Strategien, 2007, 420 S., 44 €, ISBN 978-3-8282-0410-2.

Band 85: *Friedrich Gröteke,*
Europäische Beihilfenkontrolle und Standortwettbewerb: Eine
ökonomische Analyse, 2007, 336 S., 38 €, ISBN 978-3-8282-0401-0.

Band 84: *Dieter Starke,*
**Unternehmensinsolvenzen im Wandel der Gesellschafts- und
Wirtschaftssysteme:** Eine Untersuchung im Lichte des Kritischen
Rationalismus und der Evolutionsökonomik, 2007, 333 S., 38,00 €,
ISBN 978-3-8282-0395-2.

Band 83: *Klaus Heine* und *Wolfgang Kerber* (Hg.),
Zentralität und Dezentralität von Regulierung in Europa, 2007,
355 S., 42,00 €, ISBN 978-3-8282-0383-9.

Band 82: *Dirk Wentzel* (Hg.),
**Europäische Integration – Ordnungspolitische Chancen und
Defizite,** 2006, 284 S., 34,00 €, ISBN 978-3-8282-0382-2.

Band 81: *Martin Dietz,*
Der Arbeitsmarkt in institutionentheoretischer Perspektive, 2006,
314 S., 38,00 €, ISBN13: 978-3-8282-0365-5.

Band 80: *Gerrit Fey,*
**Banken zwischen Wettbewerb, Selbstkontrolle und staatlicher
Regulierung:** Eine ordnungsökonomische Analyse, 2006, 332 S.,
38,00 €, ISBN10: 3-8282-0364-7, ISBN13: 978-3-8282-0364-8.

Band 79: *David Nguyen-Thanh,*
**Steuerreformen in Transformationsländern und wirtschaftspoliti-
sche Beratung:** Eine Fallstudie am Beispiel der Politik des IWF in
Kroatien und Bosnien-Herzegowina, 2005, XXIV/287 S., 38,00 €,
ISBN 3-8282-0318-3.

Band 78: *Helmut Leipold* und *Dirk Wentzel* (Hg.),
Ordnungsökonomik als aktuelle Herausforderung, 2005, X/413 S.,
36,00 €, ISBN 3-8282-0319-1.

Band 77: *Werner Pascha* und *Cornelia Storz* (Hg.),
Wirkung und Wandel von Institutionen: Das Beispiel Ostasien,
2005, X/287 S., 48,00 €, ISBN 3-8282-0312-4.

Band 76: *Rolf Hasse* und *Uwe Vollmer* (Hg.),
Incentives and Economic Behaviour, 2005, X/134 S., 32,00 €, ISBN
3-8282-0308-6.

Band 75: *Martin Leschke* und *Ingo Pies* (Hg.),
Wissenschaftliche Politikberatung: Theorien, Konzepte, Institutionen, 2005, X/432 S., 38,00 €, ISBN 3-8282-0304-3.

Band 74: *Thomas Apolte, Rolf Caspers* und *Paul J.J. Welfens* (Hg.),
**Ordnungsökonomische Grundlagen nationaler und internationa-
ler Wirtschaftspolitik,** 2004, X/236 S., 34 €, ISBN 3-8282-0293-4.

Band 73: *Hubertus Bardt ,*
**„Arbeit" versus „Kapital" – Zum Wandel eines klassischen
Konflikts,** 2003, X/177 S., 32,00 €, ISBN 3-8282-0277-2.

Band 72: *Dieter Cassel* und *Paul J.J. Welfens* (Hg.),
**Regionale Integration und Osterweiterung der Europäischen
Union,** 2003, VIII/543 S., 42,00 €, ISBN 3-8282-0278-0.

Band 71: *Alfred Schüller* und *H. Jörg Thieme* (Hg.),
Ordnungsprobleme der Weltwirtschaft, 2002, VIII/524 S., 42,00 €,
ISBN 3-8282-0231-4.

Band 70: *Alfred Schüller,*
Marburger Studien zur Ordnungsökonomik, 2002, X/348 S.,
32,00 €, ISBN 3-8282-0221-7.